Über dieses Buch Wer unser Geldwesen wirklich verstehen will, muß nicht nur analysieren, wie es gegenwärtig funktioniert oder jedenfalls funktionieren sollte, sondern auch, wie es entstanden ist. Bei dieser Frage setzt das Buch an. Die Suche nach den frühen Formen des Geldwesens fördert spannende historische Details zutage; fast eine ›Kulturgeschichte des Geldes‹, die nicht nur von den sakralen Ursprüngen bis zur modernen Finanzwirtschaft führt, sondern auch eine für den Laien verständliche Einführung in die verschiedenen Geldtheorien bietet. Im Hinblick auf die Gesellschaftssysteme in Ost und West ergibt sich eine Analyse der Ursachen für das »kranke« Geld, ein Begriff, der angesichts fortdauernder Finanzkrisen einleuchtet. Hier setzt die Utopie des Buches an: Auf dem Hintergrund der sozialen Dreigliederung, die jedoch ohne dogmatische Ambitionen verfolgt wird, wird eine deutlichere Gliederung der Geldfunktionen vorgeschlagen. Der sich daraus ergebende »organische« Geldkreislauf wird als Voraussetzung für eine Stabilisierung der Weltwirtschaft angesehen.

Der Autor Hans Georg Schweppenhäuser, 1898 in der Pfalz geboren, war kaufmännisches und technisches Vorstandsmitglied verschiedener Gesellschaften der Energiewirtschaft. Referent im Wirtschaftsministerium von Schleswig-Holstein. Industrieberatung, Gründung des »Instituts für soziale Gegenwartsfragen e. V.« Zahlreiche Veröffentlichungen zu sozialwissenschaftlichen Themen.

Hans Georg Schweppenhäuser

Das kranke Geld

Vorschläge
für eine soziale Geldordnung
von morgen

Fischer Taschenbuch Verlag

Perspektiven der Anthroposophie

Herausgegeben von
Johannes M. Mayer und Wolfgang Niehaus

Ungekürzte Ausgabe
Fischer Taschenbuch Verlag
Dezember 1982
Umschlaggestaltung: Jan Buchholz / Reni Hinsch
Fischer Taschenbuch Verlag GmbH, Frankfurt am Main

Gesamtherstellung: Hanseatische Druckanstalt GmbH, Hamburg
Printed in Germany
1280-ISBN-3-596-25523-6

Inhalt

I

Einleitung: Verteufelt und vergöttert

1. Der häßliche Gott

Egon Friedell schrieb eine Kulturgeschichte der Neuzeit mit der Sicherheit und Universalität, mit der Vision des geborenen Historikers, blendend durch die Leuchtkraft sublimierter historischer Wahrheit. In der ihm eigenen künstlerisch inspirierten Sprache schreibt er da auch über das Geld in der Kulturzeit, in der wir leben. Für ein Unternehmen, das sich *das Geld in der Ordnung der Dinge* als Problem des Menschen vornehmen will, ist dieses Kapitel über das Geld – bei Friedell *Der neue Gott* überschrieben – ein wahrhaft glücklicher Fund. Wohlhabender, wohnlicher ist die Welt durch den ›Siegeszug der Technik‹ und den neuen Gott gewiß geworden, aber um wieviel grauer, alltäglicher. Wo ist da der Zusammenhang mit dem Geld als *Kultureinrichtung?*

»Durch die Anbetung des Geldes ist die Menschheit ausnahmslos und rettungslos verarmt, völlig mechanisiert, also verdummt.« Für den Historiker Friedell gelangt der Mensch der Neuzeit mit dem Eintritt in die Gegenwart »in den innersten Höllenkreis seines ebenso absurden wie notwendigen Leidensweges«. Wer aber auch den *»Leidensweg«* des Geldes in der Geschichte des Geldes zu sehen vermag, muß auf die künftige *Kulturmission* des Geldes den Blick richten.

»Hegel sagt in seiner Religionsphilosophie: ›Unsere Zeit hat das Ausgezeichnete, von allem und jedem, von einer unendlichen Menge von Gegenständen zu wissen, nur nichts von Gott. Früher hatte der Geist darin sein höchstes Interesse, von Gott zu wissen und seine Natur zu ergründen... Unsere Zeit hat dieses Bedürfnis, die Mühen und Kämpfe desselben beschwichtigt; wir sind damit fertig geworden, und es ist abgetan... Diesen Standpunkt muß man dem Inhalt nach für die letzte Stufe der Erniedrigung des Menschen achten, bei welcher er freilich zugleich um so hochmütiger ist, als er sich diese Erniedrigung als das Höchste und als seine wahre Bestimmung erwiesen zu haben glaubt.‹ Diese Zeit hatte es aber nicht mehr notwendig, vom christlichen Gott zu wissen, denn sie besaß bereits einen neuen Gott: nämlich das Geld.

Wir erinnern uns, daß eines der großen Ereignisse, die die Neuzeit heraufführten, der Untergang der Naturalwirtschaft war, an deren Stelle die Geldwirtschaft oder richtiger gesagt: die Goldwirtschaft trat, daß aber auch diese noch lange Zeit mit schlechtem Gewissen betrieben wurde. Allmählich verloren sich die Bedenken. Aber noch bis ins Rokoko hinein verhielt es sich so, daß die herrschende Kaste nur den Grundbesitz kannte und zum Geld nur im Verhältnis des Ausgebens und Schuldigbleibens stand und auch in den übrigen Schichten der Erwerbstrieb etwas Infantiles, Dilettantisches, Rudimentäres behielt. Wir haben auch darauf hingewiesen, daß die Einführung des Geldstücks die Seelen der Menschen nivellierte, denn es identifiziert ihre Besitztümer und Leistungen mit einer gewissen Anzahl uniformer Metallprodukte, die man nach Belieben untereinander auswechseln kann. Aber ein Stück gemünztes Gold ist noch immer eine Wirklichkeit, wenn auch eine sehr niedrige; jetzt aber tritt an seine Stelle etwas noch Seelenloseres: der Bankzettel, der nichts ist als die leere Fiktion einer Ziffer. Und gerade vor diesem wesenlosen Nichts fand jetzt ein allgemeiner Kniefall der Menschheit statt, seine Erringung wird nicht bloß eine Sache des guten Gewissens, sondern des rastlosen Ehrgeizes, der leidenschaftlichen Liebe, der religiösen Inbrunst ...

Das Geld entkleidet alle Objekte ihrer Symbolik, da es sich ihnen als Generalnenner unterschiebt und sie damit ihrer Einmaligkeit und ihrer Seele beraubt. Das Geld ist das stärkste Vehikel des Plebejismus, da es für jedermann ohne Ansehung der Grade und Gaben erreichbar ist. Das Geld ist der tausendgestaltige charakterlose Proteus, der sich in alles zu verwandeln vermag, und mußte daher das Sinnbild und Ideal einer Menschheit werden, die in alles hineinkriechen kann, aber selbst nichts ist, alles beschreibt und nichts liebt, alles weiß und nichts glaubt.

Zudem besteht ein enger Zusammenhang zwischen Geldwirtschaft und exakter Naturwissenschaft, überhaupt aller modernen Wissenschaft. In beiden wirkt die Begabung und Neigung, ›rechnerisch‹ zu denken, womöglich alles in weltgültigen Abstraktionen, Generalbegriffen auszudrücken. Die Forderung, eine solche Formel zu sein, unter die sich schlechterdings alles bringen läßt, erfüllt das Geld in hohem Maße, und daher bildet seine Weltherrschaft einen der großartigsten Triumphe, obschon Scheintriumphe des Rationalismus: alle Werte und Realitäten, selbst die innerlichsten und intensivsten, wie Glück, Persönlichkeit, Gottesgabe, lassen sich durch das Geld arithmetisch darstellen (oder gilt seitdem etwa nicht der Reichste als der Glücklichste und Bewunderungswürdigste und haben Balzac und Daumier etwa ihre Werke für ›unbezahlbar‹ gehalten?)

Nun haben wir aber schon mehrfach betont, daß jede Kultur sich nicht nur ihre Poesie und Sitte, Strategie und Gartenkunst, Jurisprudenz und Erotik, sondern auch ihre Naturwissenschaft macht; und es besteht daher eine tiefe Verwandtschaft zwischen der damals emporgekommenen Plutokratie oder vielmehr Plutolatrie und der ebenfalls damals geschaffenen Lehre von der Erhaltung der Kraft, die besagt, daß Licht, Wärme, Bewegung, Elektrizität, ja sogar die Lebenserscheinungen nur Formen ein und derselben neutralen Energie sind und daher ineinander verwandelt werden können, oder mit anderen Worten: daß alle Qualitäten nur Quantitäten sind. Und in der Tat reduzieren sich ja in dem Augenblick, wo man zugibt, daß alle Werte durch Geld ausdrückbar sind, sogleich alle seelischen Beziehungen der Menschen und alle ihre Schicksale: ihr Glück und Elend, ihr Triumph und Fall, ihre Seligkeit und Verdammnis auf Formveränderungen der Geldkraft, deren Summe, ganz ebenso wie das Energiekapital des Weltraums, eine fixe Größe darstellt...

Da man nicht gleichzeitig an Gott und das Geld glauben kann, so wird das Geld zum Gottesersatz. Und ebendarum: weil es ein überreales Prinzip, weil es Gegenstand einer Religion ist, hat es auch die Tendenz, Selbstzweck zu werden. Man betet zu ihm nicht mehr, wie dies der Religiöse auf primitiver Stufe tut, um etwas von ihm zu erlangen, man betet es an, weil es anbetungswürdig, weil es die Gottheit ist. Der wahrhaft Geldgläubige verehrt das Geld nicht, weil man sich damit alles kaufen kann, sondern weil es seine höchste Instanz, sein Polarstern, der Sinngeber seines Daseins ist. Man wird zugeben müssen, daß dies kein kompakter roher Aberglaube nach Art der Fetischisten und Wallfahrer ist, sondern ein Götzendienst von hoher Sublimationskraft, kein einfacher Materialismus, sondern die Prostration vor einem *geistigen* Prinzip, wie ja auch der Teufel eines ist. Und alsbald erheben sich in den Städten mächtige Hauptheiligtümer namens Börsen und Scharen kleinerer Tempel, Banken genannt; in ihnen wird etwas Magisches, Allmächtiges, Allgegenwärtiges, aber Unsichtbares angebetet;

vorgeblich eingeweihte Priester (meist freilich Ignoranten oder Betrüger) verkünden seinen Willen; zahllose Gläubige bringen opferfroh ihre Habe dar, in heiliger Scheu unverständliche Beschwörungsformeln einer fremden Sprache murmelnd. Das Credo ist zum Credit geworden.«[1]

Die Massenproduktion an Literatur ist eine Zumutung an die, die damit aufgefordert sind, sie zu lesen. Sie ist eine Inflation besonderer Art. Das Mißverhältnis von Angebot und Konsumfähigkeit an ernsthafter, vor allem wissenschaftlicher Literatur wird immer unüberbrückbarer durch den tatsächlichen oder eingebildeten allgemeinen Mangel an Zeit: Gut dann – man fühlt sich dem Gedruckten irgendwie verpflichtet. Was tut man? Man liest ›diagonal‹; man fängt von hinten an, um das Resultat mit möglichst wenig Zeitaufwand und Anstrengung zu vereinnahmen; man legt das Buch ›für später‹ beiseite. Wo es um der Sache willen zur Urteilsbildung und zu einer Auseinandersetzung kommen müßte, ist sein Zweck verfehlt; es geht uns wie dem Geldmacher Mephistopheles im *Faust:* »ein großer Aufwand schmählich! ist vertan«.

Möge diese Vorbemerkung nicht mißverstanden werden! Damit soll dieser Arbeit, was Inhalt und Ergebnisse betrifft, weder ein besonderes Gewicht gegeben, noch ein ähnlicher Anspruch erhoben werden, wie man es bei der Zunft der Geldreformer gewohnt ist; damit hat diese Darstellung nichts zu tun. Sie rechnet um so mehr mit dem Mitdenken des Lesers im Sinne echter wissenschaftlicher Forschung. Und wäre dies nicht bitter notwendig?

Das Geldungeheuer von heute ist eine Herausforderung an das soziale Bewußtsein der Zeitgenossen.

Das düstere Kapitel des Geldes steht in diesem Buch nur im Hintergrund. Aber gedacht wird, daß gerade dieses auch den Leser bewegt, der sich vor eine ihm mehr oder weniger fremde und schwierige wissenschaftliche Materie gestellt sieht: das Geld. Man muß es sich stets bewußt machen, daß die Geldfrage uns alle zutiefst angeht – wie das tägliche Brot, durch das wir auch mit seinem Doppelgänger Geld untrennbar verbunden sind; Inflation, Deflation, Kriege, Zusammenbrüche, allgemeine und persönliche Krisen, jeder mag die Aufzählung nach eigenen Erfahrungen fortsetzen. Immer steht dahinter das Rätsel Geld.

Aber könnte es nicht sein wie im Märchen? Steckt nicht in

dem ungezähmten Tier ein verzauberter Prinz? Wer spricht das erlösende Wort und bricht den Zauber? Könnte das Geld dann nicht wieder in seinem ursprünglichen Rang und Glanz erscheinen? Ähnlich dem, als es in den Tempeln noch ›heiliges‹ Geld war? Aber wer ist kompetent, das Wort zu sprechen? Gibt es doch die Eingeweihten der Geldwissenschaft, die man seit einiger Zeit gewöhnt ist, die ›Weisen‹ in Währungsfragen zu nennen. Die Auserwählten, die die hohen Ämter der Notenbanken bekleiden. »Das Vorhandensein einer breiten Schicht von leitenden Bankmännern, die entschlossen sind, mit allen Mitteln eine Wiederkehr jener Zustände zu verhindern, wie wir sie in der Vergangenheit erlebt haben, bedeutet eine starke und lebendige Garantie der Stabilität.« So zu lesen in *Das Parlament* (39, 1957), das ist gerade ein Vierteljahrhundert her. Würde man heute noch von der Garantie für die Stabilität des Geldes sprechen – oder von wissenschaftlicher Scharlatanerie?

Wir leben in den Geburtswehen einer neuen Gesellschaft. Die jetzige ist wahrhaftig keine Kulturgesellschaft, wie wir sie uns wünschen; nur ein gesellschaftlicher Pluralismus. Unzählige Arbeiten wissenschaftlicher und kulturkritischer Art bemühen und drehen sich um diesen Vorgang – eine neue Gesellschaft. Darin spielt das Geld eine entscheidende Rolle. Von der Überschau aus, die das Geldwesen dabei vermittelt, und von der Rolle aus gesehen, die es in diesem Prozeß spielt, erkennt man, was sich alles in diesem pluralistischen Chaos von heute ändern, neu gestalten muß, damit aus der Unausweichlichkeit dieser Neugeburt der Gesellschaft nicht eine Mißgeburt der alten wird. Man betrachte diese Arbeit als ein Bemühen, die Rolle des Geldes in diesem kritischen Augenblick zu fassen. Dabei zeigt sich, daß das undeutliche Bild der neuen Gesellschaft gerade von da aus deutlichere Konturen erhält.

Auf dem Geldgebiet sind die routinemäßigen Praktiken mit machtvollen Institutionen nahtlos verbunden, so daß Vorstellungen von einem in seinen Grundlagen verwandelten Geldwesen an den stählernen Festungen des traditionellen Geldsystems zerplatzen müssen wie Schneebälle an einer Panzerplatte. Weder der Laie noch der Fachmann – am wenigsten derjenige, der in der Wirtschaft oder im Leben viel mit der institutionalisierten Großmacht des modernen Geld- und Währungswesens zu tun hat – wird diesen Vergleich als Übertreibung ansehen, wenn er sich in die Lage dessen hineindenkt, der im Begriffe steht, das Räderwerk des modernen Geld-Leviathan gewissermaßen auseinanderzunehmen und das mit ihm verbundene Ungeheuer, von dem Hobbes sagte: non est potestas super terram quae comparetur ei, keine Macht der Welt kann mit ihm verglichen werden, menschlich zugänglich zu machen, selbst wenn er einsieht, daß dies möglich und unausweichlich ist. Also bleibt alles doch theoretisch?

Der Präsident der Bank Deutscher Länder, Geheimrat Wilhelm Vocke, sagte aus Anlaß seines fünfundsechzigsten Geburtstages zu Journalisten, seiner Meinung nach dürften sich mit Geld und Währungsproblemen nur solche Leute befassen, die etwas davon verstünden. Gleichsam als ein Vermächtnis langer Berufserfahrungen an obersten Stellen des Geldwesens wollte er damit vor seiner Emeritierung autoritativ vor laienhaften Spekulationen über das gegenwärtige Geldsystem warnen. Eine solche Äußerung bestätigt nur das allgemein herrschende Gefühl, daß das Geldwesen eine neuzeitliche Art von Geheimwissenschaft sei; sie ist geeignet, den heillosen Respekt noch zu vergrößern, der allgemein gegenüber dem Wissen der obersten Geld- und Währungsexperten vorhanden ist.

Aber fragen wir uns unbefangen, durch welche Tatsachen es berechtigt sein könnte, fachliche Exklusivität auf dem Geldgebiet nicht nur in Anspruch zu nehmen, sondern sie auch von seiten der ›Laien‹ hinzunehmen. Man spricht heute, wie im Maschinenbau, von der (internationalen) ›Geldmaschine‹[2]. Die Berechnung und Konstruktion beispielsweise großer Turbinenaggregate erfordert spezielles Fachwissen und gründliche Erfahrung, die eine laienhafte Kritik ausschließen. Solche Maschinen werden gebaut, in Betrieb genommen und sie müssen funktionieren. Daß sie es wirklich tun, das begründet die fachmännische Kompetenz und das Recht, nichtfachliche Kritik als nicht kompetent von vornherein zurückzuweisen.

Indessen, so kann man fragen, um bei diesem Vergleich zu bleiben: Funktioniert die Geldmaschine denn richtig? Sie funktioniert imponierend. Stelle einen Scheck auf deine hiesige Bank aus und lasse ihn in Tokio präsentieren: er wird honoriert, wenn dein Konto in Ordnung ist. Mit der Exaktheit einer Präzisionsmaschine funktioniert dieses komplizierte Zahlungs-, Wechsel- und Lombardsystem – auf Heller und Pfennig; nicht anders das Aktiv- und Passivgeschäft der Geschäftsbanken und seine Koppelung mit der Notenbank. Fachmännisches Wissen ist für seine Handhabung ebenso erforderlich wie für die Herstellung und den Betrieb von Großturbinen. Was soll dann dieser Vergleich?

Er sollte verdeutlichen, was der Ausdruck ›Maschine‹ verschleiert: Es geht in diesem Buch nicht um die routinemäßigen Funktions*vorgänge* im modernen Geldwesen, sondern um das Funktions*prinzip*. Daher: Eine Maschine der genannten Art funktioniert dadurch, daß ihre Funktionsgesetze Naturgesetze und in ihrem Prinzip bekannt sind, das unwandelbar ist.

Anders auf dem Gebiet des Geld- und Währungswesens. Diese Geldmaschine hat gewiß auch ihre Gesetze, Prinzipien, ihre Mechanismen, ihre Funktionsweise; aber die Geldordnung beruht eben nicht auf der Naturordnung – das wissen wir ja; sie ist nicht, wie diese, unwandelbar. Ihre heutige Funktionsweise ist Ergebnis zeitbedingten Denkens und Wollens, und als Apparatur ist sie pragmatisch hervorgegangen aus Gewohnheiten, die sich teilweise seit Jahrhunderten fortschleppen. Darauf muß man hinweisen dürfen, wenn durch die Empfindlichkeit der Geldexperten gegenüber Laienkritik der Anschein erweckt wird, als ob das Geldwesen wie ein Naturprinzip hinzunehmen sei. Gegen diese Fiktion rennen die Geldreformer an. Der einzelne erlebt, daß etwas falsch sein muß an der ›Bescherung‹, die das Geld vielleicht in seinem Leben angerichtet hat; er sieht ein gerüttelt Maß von Schuld des Geldes an den sozialen Gegensätzen und Katastrophen. Der bewährte Fachmann sieht in erster Linie Unvollständigkeit im Mechanismus des Geldumlaufs, und er hat recht, wenn er auf die Schuld der Gesellschaft: den Staat, die Wirtschaft, die Außenfaktoren und die Menschen selbst deutet. Als Spezialist jedoch steht er fest in der Routine und denkt routinemäßig; deshalb ist es so schwer, mit ihm zu reden.

Das Ausweichen gegenüber Grundproblemen ist dadurch im sozialen Bereich und auf dem Geldgebiet leichter als auf dem (um auf den Vergleich zurückzukommen) Gebiet des Maschinenbaus, wenn eine Konstruktion versagt. Im Blick auf das *soziale* Versagen des Geldwesens müssen sich die Experten entgegenhalten lassen: Wenn ein soziales System funktionieren soll, dann müssen die Menschen, für die es da ist, etwas davon wissen und es mitverantworten können, damit es in einem *sozialen Sinne* funktionieren kann. Die meisten Geldleute und Währungsreformer leben in der Illusion, man müsse nur den Geld*mechanismus* ändern, um das Geld*problem* zu lösen.

Man versucht, mit den mechanistischen Vorstellungen, die

mit Übermacht heute das Denken bestimmen, die Probleme des sozialen Lebens zu lösen. Daran sind aber bisher die Versuche der Währungsfachleute gescheitert, die Währungen zu stabilisieren. Man muß über die Grenze der Geldapparatur hinausdenken, die Konsequenzen erweitern auf die Wirtschaftsordnung, ja die Gesellschaftsstruktur selbst. Es wird sich ergeben, daß der Zusammenhang zwischen Wirtschaftsordnung, Gesellschaftsordnung und Geldordnung von vorrangiger Bedeutung ist.

Um es auf einen Nenner zu bringen: der Zeitpunkt ist gekommen, an dem es durch die Technik der Banknote und des Kreditwesens, durch ein weltumspannendes organisatorisches Netz für geldmäßige Abwicklungen unausweichlich ist, das Geldprinzip in einer altruistischen Gestalt zu entwickeln. Wenn die Geldapparatur sich so verselbständigen ließe, daß sie *nur* ihrer unentbehrlichen Aufgabe als universeller Wertmesser und Vermittler dient, dann dürfte man hoffen, das Geld sozial zu entgiften, zu bändigen, ja ihm einen leisen Schimmer von dem Goldglanz wiederzugeben, mit dem es einstmals hinausging in die säkularisierte Welt.

Blickt man zurück in die Kulturvergangenheit, dann kann man trotz aller Geldbarbarei doch nicht daran vorbeisehen, daß das Geld der Kunst und der Geisteskultur große Dienste geleistet hat. Ein ganz großer Teil des Geldes floß in diese Kulturschöpfungen. Man mag sagen, das lag am Kulturbewußtsein, nicht am Geld, und das sei es, was heute fehle. Mögen sich also die Menschen ändern. Geschähe dies aber, sie würden als erstes die Geldordnung ändern. Denn wenn sich das Geld weiterhin so wie heute allein in das Ökonomische verkrallt, geht der Weg humaner Kultur steil abwärts. Sollen denn unsere Nachfahren nur verrostete Eisenteile unbestimmten Gebrauchs ausgraben?

2. Das Wesen des Geldes – Theorien und Abstraktionen

»Das rätselhafte Phänomen des Geldes ist bis auf den heutigen Tag weder befriedigend erklärt worden noch besteht Einverständnis über die grundsätzlichen Fragen seiner Natur und seiner Funktionen.« Wilhelm Gerloff stellt diesen Satz eines Aufsatzes von Karl Menger aus dem Jahre 1897 an den Anfang seines Buches über die Entstehung des Geldes, das er 1947 veröffentlichte. Und er fügt hinzu, daß sich an dieser Feststellung des bedeutenden Gelehrten der nationalökonomischen Wissenschaft seitdem nichts geändert habe. Das gilt heute noch. In der theoretischen Geldwissenschaft sind hauptsächlich drei Theorien entwickelt worden, über welche zeitweilig heftige Gegensätze entstanden sind: der *Metallismus,* der *Chartalismus* und der *Dynamismus.* Das klingt abschreckend wissenschaftlich und ist es auch.

Das Geld sei selbst ›absatzfähige Ware‹; also ein Tauschgut, und zwar ein Zwischentauschgut, wofür sich infolge ihrer besonderen Eignung die Edelmetalle als Geld im Laufe der Zeit definitiv durchgesetzt hätten, sagten zuerst die *Metallisten.* Wie könnte man auch bereit sein, im Tausch Waren fortzugeben, ohne etwas entsprechend Wertvolles dafür einzutauschen? Jede in genügender Menge verfügbare Einheit einer Ware könne schon als Tauschmittel dienen: Vieh, Kupferringe, Muscheln usw., wie die Geschichte des Geldes zeigt. Nachdem sich die Gepflogenheit herausgebildet habe, dafür die am besten geeigneten Edelmetalle zu verwenden, habe man auch gelernt, den Wert anderer Waren darin auszudrücken. Und um den Umlauf zu erleichtern, habe man die Barren in kleine Stücke geteilt, danach Gewicht und Qualität durch den Prägestempel gewährleistet. Werteinheit sei damit eine Menge des gewählten Metalls geworden – bis zum Januar 1934: ein Dollar = 1.5047 g Feingold. Wo unterwertige Münzen gleichwertig umlaufen, führte man dies auf gewohnheitsmäßigen Gebrauch zurück. Banknoten sind nach dieser Auffassung von einem Bankier ausgestellte Schuldscheine, Substitute, ›Zeichen‹, die dieser auf Wunsch in entsprechender Metallmenge auszuzahlen hat.

Diese metallische Definition gilt wissenschaftlich als überwunden. Mit dem nicht mehr in Gold oder Silber konvertierbaren Papiergeld kam diese Theorie in Schwierigkeiten. Daß Papier zu Geld werden konnte, mußte man auf die Gewohnheit oder die Erwartung einer späteren Einlösung schieben. Trotz heftiger Kritik seit Beginn unseres Jahrhunderts behauptete diese Theorie der klassischen Nationalökonomie bis zum Ersten Weltkrieg das Feld. Sie hat erst mit dem Zusammenbruch des Goldstandards in den dreißiger Jahren (England hob die Einlösungspflicht 1931 auf) den Todesstoß erhalten: »Was Argumente nicht vermochten, das vollbrachten die Lehren der Geschichte.«[3] Das gilt nicht absolut; zur ›Deckung‹ und im internationalen Währungsausgleich hat das Gold seine Rolle als ›absatzfähigste Ware‹ noch nicht ausgespielt; es ist paradox: Nicht Praxis gegen die Theorie, sondern Praxis gegen die Erfahrungen der Praxis. Das Papiergeld hat sich zwar aus den metallischen Vorstellungen herausgewunden, aber es ist noch nicht mündig geworden.

Die zweite Theorie dekretiert nun diese Mündigkeit des Geldes durch Rechtsakte. Das ungewohnte Wort *Chartalismus* (charta, Verfassungsurkunde) sagt nichts anderes, als daß das Geld seine Geltung erhalte allein durch gesetzliche Regelung. Die Recheneinheit sei nicht durch eine bestimmte Menge Metall definiert, sondern durch Übergabe geprägter Metallstücke oder Papierscheine, die laut gesetzlicher Vorschrift gültige Zahlungsmittel sind, »gezeichnete Stücke, welche proklamatorisch gelten«. Die chartalische Theorie wurde 1905/06 von Georg Friedrich Knapp[4] entwickelt.

Zwei Theorien stehen sich somit einander ausschließend gegenüber, die ›metallistische‹ und die ›nominalistische‹, wie die staatsrechtliche auch genannt wird. Während die erste ganz von dem Wert des Zahlungsmittels ausgeht, gründet sich die staatsrechtliche auf den Vorgang und den juristischen Begriff der Zahlung; juristisch gesehen ist nach Knapp jede Zahlung eine Nominalzahlung, auch da, wo sie durch Übergabe gezeichneter Stücke mit staatlich proklamatorischer Geltung erfolgt, die Knapp »Chartalistik« genannt hat. Die Rechnungseinheit ist danach vom Staate nur »zum Zwecke der Festsetzung von Schulden geschaffen«.

Mit beiden Erklärungen kommt man nicht aus, weil offenbar bei der einen die Rolle des Geldstoffes, bei der anderen die Rolle des Staates überschätzt wird, wie sich zur Genüge gezeigt hat. Die dritte Version des Geldes, der *Dynamismus,* geht von seiner Tätigkeit aus, womit das ›Vermögen‹, die potentielle Kraft der organisierenden, der ›veranlassenden Handlungen‹ in den Mittelpunkt gestellt wird (wie im Worte Anlagevermögen, Umlaufvermögen oder Anlagekapital, Betriebskapital). Dabei werden »auf der einen Seite Preise und Schulden in Geld ausgedrückt«, das heißt in Geldeinheiten, und Zahlungen geleistet. Auf der anderen Seite erscheint das Geld »als Organisationsmittel eingereiht in die große Zahl aller die Wirtschaft gestaltenden Kräfte, wie Erfindungen, Lehren und Lernen; aber im besonderen auch aller die Wirtschaftsführung betreffenden Verträge (zum Beispiel Handelsverträge und Gesetze), weshalb Chartalismus und Dynamismus einander näher stehen als Metallismus und Dynamismus«.[5]

Wenn so durch die Geld*funktion* Preise und Schulden in Geld ausgedrückt werden können, wird das Geld zum gemeinsamen Nenner aller Werte und zum ›Schuldenausdrucksmittel‹ oder Wertmesser ernannt. Das Geld ist »die allgemeine Einheit für das Rechnen in Geld; da es Zahlungsmittel ist, kann es auch Werte aufbewahren als eine Art von Werte-Depot«. Von da aus gesehen, kann das Geld auch durch seine *Funktion* definiert werden: *Funktionalismus.*

In seiner Kritik des Funktionalismus sagt Olivecrona: »Es ist jedoch klar, daß der Begriff des Geldes *vorausgesetzt* ist, wenn die Funktionen des Geldes definiert werden. Eine Zahlung ist die Abgeltung einer Geldschuld, das heißt einer in Geldeinheiten ausgedrückten Schuld. ›Geld‹ läßt sich daher nicht durch den Begriff des Bezahlens definieren. Der Wert wird in Geld gemessen, Schulden werden in Geld ausgedrückt. Es liegt ein offenbarer Zirkel vor, wenn man Geld als das definiert, womit man das Rechnen in Geld vollzieht. Der Begriff des Geldes muß bekannt sein, wenn der Begriff dieses Rechnens klargestellt werden soll. Die Funktionen sind gerade die Verwendungsarten von etwas, das Geld genannt wird. Der Zirkel ist evident: what functions as money, is money.«[6] Diese Art, das Wesen des Geldes zu definieren, sei daher illusorisch. Fangen wir also wieder von vorne an.

Man hat ein unbestimmtes Gefühl davon, was ›Geld‹ ist. Die Funktionen dieses Etwas werden angegeben. Das Etwas selbst – das gilt für alle drei Theorien –, das diese Funktionen hat, ist damit aber nicht beschrieben. Es muß etwas Bestimmtes *sein,* um Funktionen zu *haben.* Olivecrona benutzt ein Beispiel zur Illustration: »Ein Kraftwagen ist ein Transportmittel. Aber selbst wenn ich seine diesbezüglichen Funktionen aufs sorgfältigste vorzeichne, vermag ich damit keineswegs eine Beschreibung von der Konstruktion des Automobils zu geben.«

Wir bemühen uns vergeblich, auf diese Weise zum Wesen des Geldes vorzudringen. Wie bei dem Beispiel Kraftwagen kommt es darauf an, mit der Konstruktion zugleich die Funktionsweise darzustellen. Das ist ein Hinweis auf die Absicht dieses Buches.

Dieses Kapitel über die abstrakten Begriffsdefinitionen für ›das Geld‹ soll hier das einzige dieser Art sein. Im folgenden sollen die vieldeutigen Erscheinungsformen des Geldes durch seine Geschichte hin für sich selbst sprechen.

Aus der Geschichte des Geldes kann man erkennen, wie das Recht, indem es profan, das heißt in der Erscheinung des Rechtsstaates selbständig wird, sich des Geldes von der Gesetzgebung her annehmen muß. Aber es ist nicht möglich, das Wesen des Geldes *nur* vom Recht her zu erklären. Der Chartalismus übersieht die mittelbar geldschöpfende Tätigkeit der Wirtschaft. Die Funktion des Rechtes ist eine formale, die ihren Niederschlag findet in der Rechtsform zum Beispiel der Notenbanken und der Geschäftsbanken, der Börse, der Geldpapiere und der gesetzlichen Fixierung der Geldeinheit. Wohin es führt, wenn der Staat Geld ›schöpft‹, das heißt wenn er isoliert handelt und die Geldfunktion allein vom Recht aus bestimmt, haben die klassischen Inflationen gezeigt. Zwei Dinge sind klar: so wie ein fertiges technisches Erzeugnis, das unverkauft bleibt, von der Wirtschaft aus keine Geldschöpfung zuläßt, ebensowenig kann der Staat selbst Geld schöpfen.

Sollten wir es mit diesen drei wissenschaftlichen Theorien nicht genug sein lassen? Sie erschöpfen leider das Wesen des Geldes in keiner Weise; sie verschleiern mehr, als daß sie enträtseln. Unter dem Titel *Ideologie und Realität des Geldes* hat Olivecrona die wissenschaftlichen Versuche, das Wesen des Geldes abstrakt begrifflich zu klären, in einem Aufsatz zusammengefaßt. Wir müssen einiges davon zunächst einfach über uns ergehen lassen, nicht nur weil wir diese Begriffe brauchen; wir werden durch sie mit den heutigen wissenschaftlichen Denkformen konfrontiert, in denen die Erkenntnis des Geldes steckengeblieben ist; und wir begegnen in ihnen in verwandelter Gestalt den fundamentalen Wandlungen des individuellen und des Kulturbewußtseins in der faszinierenden Geschichte des Geldes.

Hören wir Olivecrona: Wenn wir das Wort ›Geld‹ gebrauchen, so geschieht dies schon in zweierlei Sinn. Wir können damit den konkreten Gegenstand, zum Beispiel die Geldmünze oder den Zehn-Mark-Schein bezeichnen, aber auch etwas Abstraktes, eine Geldsumme, obwohl beide miteinander verknüpft sind; wir können Geldtransaktionen mit den bekannten Metallstücken durchführen, aber der Wert einer Sache wird damit nicht in Metallstücken angegeben. Wir rechnen vielmehr in abstraktem Sinne immer in ›Mark‹, ›Dollar‹, ›Pfund‹ oder sonstigen Einheiten. Wenn eine Sache tausend Mark kostet oder ich jemandem tausend Mark schulde, dann denken wir nicht daran, daß wir zweihundert Fünf-Mark-Stücke hingeben müssen. Unser Geld*bewußtsein* unterscheidet konkretes Geld und abstrakte, ideelle Geldeinheiten: das abstrakte Geld wird als ›Rechengeld‹ bezeichnet, die Geldeinheit als ›Rechnungseinheit‹ oder ›ideelle Einheit‹, ›Werteinheit‹ oder ›Wertmaßstab‹, während man für konkretes Geld in der angelsächsischen Literatur (die in der Geldphänomenologie führend ist) die Bezeichnungen ›currency‹, ›coin‹ und ›medium of exchange‹ oder einfach ›money‹ verwendet.

Ist etwa das ideelle Geld oder das Rechengeld dem konkreten Geld übergeordnet? Die Griechen rechneten noch lange nach Einführung metallischer Münzen in Ochsen, andere Völker in Schafen, Tabak. Montesquieu berichtet von einem afrikanischen Stamm, bei dem in ›Makuten‹ abgerechnet wurde; es gab aber gar keine konkreten Makuten: man bestimmte den Wert der Ware in Makuten und tauschte danach erst die Waren. Man könnte aber umgekehrt sagen, daß der Mensch das Rechnen in Geldeinheiten erst durch jahrtausendelangen Umgang mit den geschichtlich nacheinander aufgetretenen Geldformen gelernt hat: War und ist das Geld nicht auch ein wichtiges Lehrmittel? Der Geld-Beutel ist noch Symbol für seinen Inhalt, die Edelmetallmünze – aber wir zahlen in Banknoten, Münzen, durch Wechsel, Schecks, über Bankguthaben, mit Kreditbriefen, Kassenscheinen: alles das sind ›Zahlungs‹-Mittel, ihrer Natur nach verschieden und doch durch eine abstrakte ideelle Einheit verbunden: »Es ist klar, daß der Begriff des ideellen Geldes (zum Beispiel in der Definition des konkreten Geldes als gesetzlichem Zahlungsmittel, d. Verf.) vorausgesetzt wird. Geldliche Forderungen sind Forderungen, die in ideellem Gelde ausgedrückt sind. Das Gesetz sagt, daß solche Forderungen dadurch abgegolten werden können, daß man Metallstücke oder Papierscheine hingibt, welche die Zahlen ideeller Einheiten in Höhe der betreffenden Forderung tragen.«[7] Konkretes Geld ist in diesem Falle erst durch das ideelle Geld definiert.

Das monetäre System braucht also nicht auf einem kostbaren Metall zu fußen, obwohl die Edelmetalle in der Geschichte des Geldes den entscheidenden Rang einnehmen; durch die heutigen Papierwährungen ist bewiesen, daß die Währungseinheit nicht eine bestimmte Menge Metall darstellt. Selbst im Falle der früheren Goldwährung ist offensichtlich der Preis eines Hauses nicht identisch mit einer entsprechenden Menge Gold; denn man kann, obwohl das Gold selbst als Metall einen Preis hat, den Preis eines Pfundes Gold nicht *als* ein Pfund Gold definieren; der *Preis* wird also auch in der Goldwährung in ideellen Einheiten angegeben und damit vorausgesetzt – wie in jeder anderen Währung.

Existiert also das ›ideelle‹ Geld wirklich? Wenn jemand einen Betrag auf der Bank hat, dann ist in dieser Vorstellung die ideelle Summe etwas Existierendes, ein Anspruch an die Bank. Da wir wissen, daß die Bank für diese Summe zahlungsfähig ist, ist die ideelle Summe in solchem Falle gleichsam absolut existent, im Gegensatz zu einer Forderung in der gleichen Höhe, deren Eintreibung zweifelhaft ist; die Existenz dieses Geldes ist dadurch nebelhaft. – Die ideelle Einheit erscheint also rätselhaft. Es ist unmöglich, sie schon zu definieren dadurch, daß wir sagen können, Mark, Pfund, Dollar bezeichnen eine Realität. »... die Mark (ist) nicht der Name für eine bestimmte Goldmenge oder ein bestimmtes Quantum irgendeiner anderen Ware, und sie läßt sich nicht als eine Quantität von Gütern in einem abstrakten Sinne definieren.« Somit bleibt anscheinend wiederum nichts übrig; denn »Mark, Dollar, Pfund und ihresgleichen scheinen bloße Worte zu sein wie zum Beispiel: ein Pfund ist ein Pfund«. Wenn jedoch eine Bank einem Kunden einen Kredit in bestimmter Höhe eingeräumt und die notwendigen Buchungen gemacht hat, dann hat der Kunde ein entsprechendes Guthaben auf der Bank: das ideelle Geld existiert tatsächlich; es ist eine Geld*schöpfung* erfolgt. Der Geldschöpfung entspricht im Geldwesen auf der anderen Seite der Vorgang der Geld*auslöschung*, zum Beispiel im Schulderlaß. Parallele Vorgänge stehen einander gegenüber, deren wichtigste Form die Aufrechnung von gegenseitigen Forderungen ist. In diesem Vorgang wird das ideelle Geld *real:* es tritt in Beziehung zu der äußeren wirtschaftlichen Wirklichkeit.

Daraus müßte die Frage entstehen: Wie kann man das Geldwesen fest mit der sozialen Wirklichkeit verbinden, und wie kann man seine Währungsfunktion in der arbeitsteiligen Gesellschaft so verankern, daß das Geld selbst zu einem sozialen Ordnungsfaktor werden kann? Das wird die Kardinalfrage sein. Ist das Fehlen dieser organischen Geldordnung nicht die Ursache dafür, daß die Geldvorstellung so hin und her pendelt, bald als konkretes, bald als ideelles Geld, bald real in der Barzahlung, bald nur als wirtschaftlicher Rechen- und Ausgleichsvorgang; und dabei ist das konkrete Geld dadurch auch ›chartal‹, daß es aus Stücken besteht, deren Gültigkeit durch den Staat sanktioniert ist. Nachdem aber so die *Geltung* an die Stelle des Eigenwertes getreten ist, »hat sich mit dem Gebrauch des Geldes ein Komplex merkwürdiger Ideen entwickelt. Man könnte von einem diesbezüglichen Denkmechanismus sprechen. Dieser Mechanismus ist in ständiger Funktion, ohne daß wir darüber reflektieren.«[8]

Denk-*Mechanismen* sind sozial problematisch. Sie können von anonymen Mächten benutzt werden. Im Geldwesen geschieht dies in einer undurchschauten und heute undurchschaubaren Weise. Daran schließt sich die Frage an: Wie kann der Denkmechanismus durch individuelle Bewußtheit dem Geld gegenüber überwunden und das Geldwesen zum bewußten Instrument der sozialen Prozesse anstelle der anonymen Machtkomplexe gemacht werden?

Dahin führen die Denkanstrengungen der Fachleute bisher nicht. Auch sie *denken* über das Geld *mechanistisch,* wenn zum Beispiel konkretes Geld als ›Symbol‹ des ideellen Geldes aufgefaßt wird. Sie sagen: *in unserer Vorstellung* wird ideelles Geld durch Hingabe konkreten Geldes übertragen. Der Denkmechanismus sei durch festen Glauben bedingt, daß wir Bewegungen in der nicht-physischen Welt des ideellen Geldes vollziehen, indem wir geprägte Metallstücke oder bedruckte Papierscheine unter bestimmten Formen in der Realität hingeben oder annehmen. Dieser Glaube sei selbstverständlich wissenschaftlich absurd. Nichtsdestoweniger diene er im wirtschaftlichen Leben als nützliches Vehikel.

Es gebe also zwei verschiedene, wenn auch eng miteinander zusammenhängende Auffassungen im Verhältnis von ideellem und konkretem Geld: einerseits die ideelle Einheit, die als Münze gegenwärtig gedacht wird, als ob das konkrete Geld eine ›Verkörperung‹ der ideellen Einheit, diese also gewissermaßen im konkreten Geld ›eingeschlossen‹ sei; die Übergabe des konkreten Markstückes sei bestimmt dazu, die Übertragung der ideellen Mark zu vollziehen. – Andererseits aber soll das konkrete Geld auch wieder ›Vertreter‹ der ideellen Einheit sein. In dieser Weise wird das allgemeine Gelddenken zum ›Denkmechanismus‹, und die Wissenschaft vom Gelde wird so selbst eine lebensfremde Abstraktion. Wir wollen und brauchen aber ein konkretes Bild von der *sozialen Geldfunktion* als ›ordo‹, als *soziales Ordnungswesen.* Dazu ist es notwendig, ein durch die Geldgeschichte hindurchgehendes, ein ›kohärentes‹

Gedanken-Bild vom Geld zu entwickeln. Betrachten wir in diesem Sinne die folgenden Kapitel auch als Denkübung! Aber wo findet man den Ansatz? In der Geldliteratur?

3. Das Labyrinth der Geldliteratur

Mit undurchdringlicher und abweisender Maske steht das Geldwesen vor dem, der tiefer in seine Geheimnisse eindringen möchte. Wenn uns bei seiner Erforschung eben gerade eine Aussage von unbestreitbarer Gültigkeit gelungen zu sein scheint, dann zersplittert sie an einer Gegenaussage, die mit dem gleichen Anspruch von Gültigkeit auftritt. Ungezählte wissenschaftliche Erklärungsversuche zum Wesen des Geldes bestätigen dies: Es gibt keine einfache und allgemeingültige Definition; fast jeder Nationalökonom hat seine eigene Gelddefinition. Man kann das schillernde, sich dem Erkenntniszugriff entziehende Wesen des Geldes von bestimmten Seiten her analysieren; dabei bleibt es in seinem Kern verhüllt. Analytische Abstraktionen sind zwar wissenschaftlich legitimiert, aber – langweilig. Wer Lust und Energie hat, kann sich an Hand der Literatur davon überzeugen. Dazu eine kleine Auslese, die sich allerdings auf den engsten Kreis von Wissenschaftlern beschränkt, die das Geld zu ihrem Forschungsbereich rechnen, und die nur informatorischen Zweck hat. Deshalb ist für den die Lücke nicht wesentlich, der das folgende übergeht.

Georg Simmel hat eine weitausholende *Philosophie des Geldes*[9] geschrieben. Da, wo er meint, daß er über das Geld philosophiert, wenn er mit brillantem Wissen unzählige interessante philosophische Geldphänomene heranholt, philosophiert er in Wirklichkeit über den Menschen – anders ausgedrückt: über das, was sich vom Wesen des Menschen und von den jeweiligen Gemeinschaftsformen in den wechselnden Erscheinungen des Geldes spiegelt; das Geldwesen nimmt dabei jeweils selbst die Wesenszüge des menschlichen Denkens, Fühlens und Wollens, seine Größe und Niedrigkeit an. Diese Phänomene des Geldes sind gleichlaufende Stufen im Entwicklungsgang der menschlichen Individualität, ihres Bewußtseins und ihrer gesellschaftlichen Verwirklichung. Was er vom Gelde her philosophiert, sind Urphänomene des Menschen, seiner Selbstentfaltung und Geschichte. Aber wenn es um die Frage des Geldprinzips und der Währungsordnung geht, läßt sich mit einer Philosophie des Geldes nichts anfangen; das sieht Simmel selbst, wenn er in der Einleitung schreibt: »Keine Zeile dieser Untersuchungen ist nationalökonomisch gemeint.« Wir gehen leer aus.

Günter Schmölders, Finanzwissenschaftler und Soziologe, sozialökonomischer Empiriker, schreibt eine *Psychologie des Geldes*[10]. Er ersetzt damit gewissermaßen Simmels Geldphilosophie durch die Geldpsychologie; denn »Georg Simmel würde heute, wenn er sein Werk von neuem konzipieren würde, nicht eine Philosophie, sondern eine Psychologie des Geldes, höchst wahrscheinlich eine historisch und philosophisch breit angelegte Sozialpsychologie des Geldes schreiben«. Das Dilemma ist groß, denn die Wirtschaftswissenschaft macht – nach Schmölders – ihrerseits einen »monopolistischen Anspruch auf die Behandlung der Geldprobleme« geltend. Das ist ihr gutes Recht; es wird sich erst im Verlaufe dieser Untersuchungen ergeben, ob oder inwieweit ihre Aussagen beide, die Philosophie und die Psychologie, in ihre Schranken weisen können. Schmölders argumentiert umgekehrt: »... die Wirtschaftswissenschaft hat sich inzwischen darauf besonnen, daß sie über eine bloße ›volkswirtschaftliche Saldenmechanik‹ hinaus die vielfältigen sozio-kulturellen Voraussetzungen und Wirkungen des ökonomischen Geschehens in ihre Analyse mit einbeziehen muß, wenn sie den Anforderungen gerecht werden will, die das Verständnis der komplexen Zusammenhänge und vor allem der Prognose an sie stellt.« Die Nationalökonomie soll also die Ergebnisse der »sozial-ökonomischen Verhaltensforschung« ihre Methoden und den Weg, den sie »in den Vereinigten Staaten, aber auch in Deutschland und Frankreich in den letzten Jahrzehnten bereits mit Erfolg beschritten hat«, mit einbeziehen in ihre Forschung. Das macht das Bild noch bunter und unklarer: die kompetente Fachrichtung versagt. Was sagt diese ›Saldenmechanik‹ selber dazu?

Die Nationalökonomie, in welcher die Wissenschaft vom Gelde notwendigerweise eine zentrale Stellung einnimmt, hat zahlreiche Geld-Theorien entwickelt, seit sie als moderne Wirtschaftswissenschaft besteht. Die Kreislauftheorie des Geldes zum Beispiel ist das Kernstück dieser Theorien seit Quesnay, Marx, Böhm-Bawerk usw. mit zahlreichen Abwandlungen. Um die Theorie der Wertbildung, der Preise, rankt sich das Problem der modernen Geldschöpfung durch das Bankensystem.

»In der Geldtheorie« sagt der Nationalökonom Erich Schneider, »läßt sich der Prozeß der Geldschöpfung in den modernen Volkswirtschaften mit Papierwährung in seinen wesentlichen Aspekten nur dann erkennen, wenn man von der Komplexität des heutigen Kreditapparates absieht und die Vorgänge zunächst am ... Modell untersucht. Im Mittelpunkt aller theoretischen Überlegungen also stehen Modelle, wobei die Art, wie ein Modell zur Beleuchtung eines bestimmten Problems entwickelt wird, nur dann eine Hilfe für das Verständnis der Wirklichkeit sein kann, wenn die Konstruktion Elemente bzw. Voraussetzungen enthält, die gerade für das betreffende Problem relevant sind.«[11] »Ein Modell«, sagt dazu sein Kollege Eugen Böhler, »das von wirklichkeitsfernen Voraussetzungen ausgeht, ist sinnlos und unfruchtbar. Die Modelle entspringen deshalb keineswegs bloß der wissenschaftlichen Methodik, sondern dem triebhaften Selbstbewußtsein ..., dem Bestreben, das Konkrete, Historische aus dem Abstrakten zu entwickeln.« Wie in der Geldphilosophie und Geldpsychologie: gegensätzliche Aussagen.

Die Erfolglosigkeit dieser wissenschaftlichen Behandlung der Sache leistete der Verwendung mathematischer Denkformen Vorschub, die sich allgemein durchgesetzt haben. »Heute bedarf die Verwendung der mathematischen Sprache in der Wirtschaftstheorie keiner Verteidigung mehr«, sagt Schneider; indessen: diese angeblich fachwissenschaftliche »Überlegenheit der mathematischen Sprache gegenüber der bloßen verbalen Darstellung« (Schneider) hat die durch die Kapriolen des heutigen Geldwesens betroffenen Bürger aus dem Prozeß des Mitdenkens und dem Versuch zur Lösung des Geldproblems nun erst recht ausgeschaltet. Das mag dem mathematischen Theoretiker gleichgültig sein; in seinen sozialen Folgen ist es unabsehbar. Wir stehen wieder vor dem Nichts.

Ebenso isoliert wie die Geldphilosophie und die mathematische Modellkonstruktion ist die *Geldsoziologie.*[12] Gründet sich die Wirtschaftswissenschaft allein auf die ökonomischen Zusammenhänge des Geldes, so zeigt die Soziologie ihrerseits gerade die »a-ökonomischen Voraussetzungen des Geldes«. Man sieht zwar, daß die überaus mannigfaltigen Kulturformen dem Gelde und dem Geldwesen ihren ›Stempel‹ (im wahrsten Sinne des Wortes) aufdrücken. Aber die Vielfalt dieser Einzelheiten bleibt in der Beschreibung der Fakten stecken, wenn sie nicht einen durchgehenden inneren Sinn in dem Wandel der

Strukturen im Auge hat und erfaßt. So lassen sich hervorragende Bildbände herstellen, die zwar glänzend unterhalten, deren Belehrung aber für die tiefere Erkenntnis der Probleme meist ohne Wirkung bleibt – trotz hervorragender literarischer Leistungen.[13]

Eine fleißige »Kulturanthropologie des Geldes« ist von Joachim Schacht vorgelegt worden in *Die Totenmaske Gottes.*[14] Das Geldrätsel wird dabei zu einem Mythos mit ›dionysischen, apollinischen und merkurialen‹ Elementen: Als zeichenhaftes Objekt... mit magischer Scheinfreiheit von Zeit ist es das dinglich-fiktive ›Abzieh-Bild‹ eines in ein abstraktes Material ›investierten Gottesbildes‹; das in ihm ›versiegelt ist‹, wie in einem ›Grabmal‹: Insofern ist es die Totenmaske Gottes. Hier ist gleich zu Anfang der kühne Sprung aus den exoterischen Sackgassen ins Meta-Physische des Geldes gelungen.

Jede dieser Fachwissenschaften sucht den Zugang zu dem Geldrätsel auf ihren Wegen und spricht in ihrer Sprache, die man sich gewissermaßen erst aneignen muß, um darin die spezifischen Züge des Geldes deutlich zu sehen, um die es dann jeweils geht.

Man kann somit die Geldfrage in ihren Sekundärerscheinungen untersuchen; man verlagert sie damit in andere Gebiete, abstrahiert und mystifiziert sie; es kommt aber darauf an, das Geld nach seiner geistigen, rechtlichen, materiellen und sozialen Seite *konkret* zu fassen. Das ist kein »heiliges Geheimnis«, aber doch auch weit entfernt, »öffentliches« Bewußtsein zu sein. Man muß am Anfang anfangen. Unser ›tägliches‹ Geld – was ist damit?

4. Ungreifbarer Proteus Geld

Der Versuch eines ›Lageplanes des wissenschaftlichen Geldlabyrinthes‹ führt nicht auf eine Spur, die einen konkreten Weg in eine Neugestaltung des Geldwesens zeigen könnte. Was aus der Analyse übrigbleibt, sind Postulate. Man müsse, sagt Schmölders, Probleme wie Geld und Geldgebrauch, der Mensch und das Geld, sein Umgang mit eigenem und fremdem Geld »mit großer Eindringlichkeit zur wissenschaftlichen Bearbeitung aufgeben«; eine unbegrenzte Zahl von Aspekten psychologischer Art eröffne neue und wichtige Einblicke in die Ursachen und Folgen, offenbare Zusammenhänge und scheinbare Widersprüche der Geldwirtschaft und des Zahlungsverkehrs im nationalen wie im internationalen Bereich. Aus diesem wissenschaftlichen Lotto kann nur das hervorgehen, was die Spruchweisheit aller Zeiten schon längst kennt: die *Proteusgestalt des Geldes,* das sich mit jeder neuen Frage schon wieder verwandelt hat.

Proteus, bei Homer der weissagende Meergreis auf der Insel Pharos, hatte die Gabe, sich in alle Gestalten zu verwandeln. Zum Weissagen mußte er mit Gewalt gebracht werden, der er sich durch allerlei Verwandlungen zu entziehen suchte. Mit Hilfe seiner Tochter Idothea zwang ihn Menelaos zur Aussage.

Die Kraft, der er seine Wandlungsfähigkeit verdankt, ist das Meer, Wasser, das jede Form annimmt, die ihm geboten wird. Der Geld-Proteus nimmt so die Formen des Lebens an, dessen Gott er ist. So geht er durch die Geschichte, so erscheint er in Philosophie, Psychologie, Soziologie, Nationalökonomie. Diese Wandlungsfähigkeit ist die ›wilde‹ Naturkraft des durch den sozialen Organismus fließenden Geldes. Worauf kommt es an? Proteus Geld muß an Land; er muß eine feste eigene Gestalt erhalten, der er sich bislang und in der Geschichte hat entziehen können.

Drei Etappen lassen sich an der folgenden Gruppierung alter und neuer Spruchweisheit erkennen:

Wie das Geld zuerst aus dem Dunkel der Prähistorie in der historischen Zeit in die Gemeinschaft, diese von innen auflösend, eindringt;

wie dadurch im Dämon des Geldes die gute Macht neben den bösen Mächten in individueller Weise im Menschen Wirksamkeit erhält;

wie nun erst der Mensch, auf sich selbst stehend und im eigenen Ich wurzelnd, sich geistig selbständig macht.

Das Geldwesen bricht in die alten Blutsverbände ein wie ein Wolf und zerstört sie; es verkörpert die menschliche Bosheit in ihren unzähligen Gestaltungen.

ANAKREON: Er, der das Geld erfand, gebar den Haß der Brüder und Verachtung gegen Eltern, er erregte Mord und Fehde. Und, das Schlimmste, er versperrte zu den Herzen uns die Wege.

SOPHOKLES, *Antigone*: Der ärgste Fluch des Menschen ist das Geld.

ROM: Imperat in toto regina pecunia mundo: der ›Monarch‹ Geld regiert die ganze Welt.

HORAZ: Oh, cives, cives, quaerenda pecunia primum est, virtus post nummos. (Oh, meine Bürger, zuerst muß man nach Reichtum streben; Manneswert kommt erst nach Geldwert.)

BRANDT, *Narrenschiff*: All Bosheit findt man itzt im Geld.

SHAKESPEARE, *Timon von Athen* IV, 3:

»Gold? kostbar, flimmernd, rotes Gold? Nein, Götter! Nicht eitel fleht ich ...
So viel hiervon macht schwarz weiß, häßlich schön,
Schlecht gut, alt jung, feig tapfer, niedrig edel.
Ihr Götter! warum dies? warum dies, Götter?
Verdammt Metall
Gemeine Hure du der Menschen, die
Die Völker tört, komm, sei was du bist.«

Daß Karl Marx gerade dieses flammende Dichterwort Shakespeares in seiner frühen Schrift über das Geld in den Mittelpunkt stellt, ist nicht verwunderlich: »Die Entfremdung findet ihren sichtbarsten, symbolhaftesten Ausdruck im Geld«; es wirkt »als die wahre Scheidemünze, wie auch als das wahre Bindungsmittel, die galvano-chemische Kraft der Gesellschaft«, indem es als »sichtbare Gottheit menschliche und natürliche Eigenschaften in ihr Gegenteil verkehrt, Unmöglichkeiten verbrüdert, das entäußerte Vermögen der Menschheit, eine wahrhaft schöpferische Kraft«. Als die verkehrende Macht »erscheint es dann auch gegen das Individuum und gegen die gesellschaftlichen Bande ... Es verwandelt die Treue in Untreue, die Liebe in Haß, den Haß in Liebe, die Tugend in Laster, das Laster in Tugend, den Knecht in den Herren, den Herren in den Knecht, den Blödsinn in Verstand, den Verstand in Blödsinn. Da das Geld als der existierende und sich betätigende Begriff des Wertes alle Dinge verwechselt, vertauscht, so ist es die allgemeine Verwechslung und Vertauschung aller Dinge, aller natürlichen und menschlichen Qualitäten.«[15] Alles in allem: Verwandlungen des Geld-Proteus.

Das Geld wird zu einer Frage der individuellen Moral und Einsicht.

RUSSISCHES SPRICHWORT: Viel Geld, große Sünde, wenig Geld, noch größere.

GOETHE: Geld und Gewalt, Gewalt und Geld,
Daran kann man sich freuen,
Gerechtigkeit und Ungerechtigkeit,
Das sind nur Lumpereien.
DEUTSCHES SPRICHWORT: Geld ist nicht bös noch gut,
Es liegt an dem, der's brauchen tut.
DER BERLINER: Jeld alleene macht nich glücklich,
Man muß et nur haben.
MORGENSTERN: Oh Mensch, das Geld ist nur Chimäre!

Wie auch immer wir zum Geld stehen, ob man es haßt, verflucht, verachtet, ob man es begehrt, vergöttert – wir kommen nicht los von ihm. Es ist mit unserer Existenz verknüpft von der Geburt bis zum Tod, und es verfolgt uns, je nach unserem Verhältnis zu ihm, auch nach dem Tod noch ins Jenseits; und danach wieder diesseits, denn beim Erbgang fängt das alte Elend unter den Erben von neuem an. Die Macht, die das Geld hat, liegt in seiner Notwendigkeit, Unentbehrlichkeit, Unentrinnbarkeit. Dadurch wirkt es wie eine Naturgewalt – übermenschlich; und von da aus gesehen sind die Vergleiche gerechtfertigt, die diese dämonische Über-Macht verdeutlichen.

Der Mangel an Geld wird, vom elenden Dasein des altrussischen Menschen aus betrachtet, als größeres Übel angesehen als sein Übermaß.

In der Tat: es geht um das richtige Maß mit Hilfe eines sozialen Geldordnungsprinzips. Nur durch das richtige Maß, durch die rechtliche Ordnung, durch das organische Gleichgewicht in der Geldfunktion wird der Geld-Proteus bezwungen.

Unter dem Eindruck des moralisch und charakterlich deformierenden Effektes des Reichtums treten oft die Guttaten des Geldes, das in den richtigen Händen ist, in den Hintergrund. Aber in der Geschichte des Geldes spielte die Wohltätigkeit als religiöses Sozialprinzip eine überragende Rolle. Das kann man heute leicht übersehen; denn das hat sich gewandelt, seit die individuelle Wohltätigkeit durch die anonyme Sozialgesetzgebung abgelöst oder durch kirchliche und weltliche Verbände organisiert wird. Ist dies nicht das Ende der Humanität in der Gesellschaft, wenn die menschlichen Beziehungen auf diese Weise vom abstrakt-mechanistischen Geldwesen her rationalisiert und mechanisiert werden? Wie kann das Geldwesen selbst zur *schenkenden Tugend* erzogen werden? Kann das Schenken auf neuer Ebene zu einem sozialen Prinzip werden durch die Geldordnung selbst? Auf diese Frage zielt diese Untersuchung zum Schluß; denn es muß einen Weg geben, um das Geld aus den Fesseln seiner eigenen dämonischen Wesenheit zu befreien, es zu erlösen.

Wer die sozialen Phänomene in dieser Sicht mit dem gebotenen Ernst betrachtet, muß sehen, daß es keine wahrhaft menschliche Kultur in Zukunft geben wird ohne eine *Metamorphose des Geldwesens selbst* durch das Schenkungsprinzip. Erst eine eigenständige organische Geldordnung kann soziale Eigenschaften entwickeln, durch die das Geld sowohl dem individuellen Menschen in seiner Entwicklung wie auch dem Kulturfortschritt dient; das Geld hängt mit der geistigen Individualität des Menschen zusammen, seiner geistigen Freiheit und individuellen geistigen Leistung.

Das Geld gewinnt eine individuelle und soziale Dimension.

TALMUD: Das Geld stellt den Menschen auf die Füße.

ALTNORDISCH: Der Sänger ruft nach Brot, sonst muß der Sang versiegen.

PORTUGIESISCHES SPRICHWORT: Geld ist das Maß aller Dinge.

ROUSSEAU: Geld, das man besitzt, ist das Mittel zur Freiheit.

DOSTOJEWSKI: Geld heißt soviel wie geprägte Willensfreiheit.

Proteus ist ein Bild für das in der Geschichte sich darstellende Wesen des Geldes. In der heutigen Sprache und Gedankenbildung heißt dasselbe bei Hegel: »Die mannigfachen Arbeiten und Bedürfnisse als Dinge müssen ihren Begriff, ihre Abstraktion realisieren ... Das Geld ist dieser materiell existierende Begriff, die Form der Einheit, oder die Möglichkeit aller Dinge des Bedürfnisses. Das Bedürfnis der Arbeit, in diese Allgemeinheit verwoben, bildet ein ungeheures System von Gemeinschaftlichkeit und gegenseitiger Abhängigkeit, ein in sich bewegendes Leben des Toten, das in seiner Bewegung blind und elementarisch sich hin und her bewegt und als ein wildes Tier einer beständigen Beherrschung und Bezähmung bedarf.«[16]

»Ein sich bewegendes Leben des Toten«, das ist die heutige Geldmaschine, die von »elementaren« Kräften »blind hin und her bewegt« wird. Das »wilde Tier« muß in der Geldordnung durch ein soziales Funktionsprinzip gezähmt werden. Soll die Zähmung des Geldes gelingen, dann muß sich die Hegelsche Abstraktion wieder in die Bildhaftigkeit, in Imagination verwandeln, um anstelle der mechanischen die *Lebens*funktion begreiflich zu machen; es muß anschaubar werden können, wie nach seiner Zähmung das Geld als eine soziales *Leben* gestaltende Macht durch den ganzen sozialen Organismus strömt. Darin liegt die Bedeutung einer organischen Geldordnung – und zugleich die Schwierigkeit der Darstellung.

Zwei fruchtbare Ansätze für die Wesenserforschung und Entstehung des Geldwesens – *Heiliges Geld* von Bernhard Laum[17] und *Die Entstehung des Geldes und die Anfänge des Geldwesens* von Wilhelm Gerloff[18] sind in die Darstellung hineingenommen, weil sie dem Verständnis einer sozialen Geldordnung dienen und dem fachwissenschaftlichen Denken eine neue Richtung geben können. Indem beide zeigen, daß bloß fachwissenschaftliches Denken über den Ursprung des Geldes bisher kaum Stichhaltiges auszusagen vermochte, zeigen sie auch die Grenzen der fachwissenschaftlichen Forschungsmethode.

II

Physiognomien des Geldes

1. Vom Ursprung des Geldes

Durch die Bücher von Laum und Gerloff ist ein wenig Bewegung in die in Theorie erstarrten Geldauffassungen gekommen; ihr Wellenschlag läßt sich in der Literatur verfolgen. Man kann aus diesen Resultaten Nutzen ziehen, wenn man den Blick, der von rückwärts aus der Vergangenheit kommt, mit dem Blick in die Zukunft, der Frage nach einer *sozialen* Geldordnung, verbindet. Dann findet man in den neuen Erkenntnissen vom Ursprung des Geldes eine Hilfe für einen kohärenten Gedankengang. Es lassen sich vom heute wissenschaftlich nachgewiesenen sakralen Ursprung des Geldes her zwei Linien verfolgen, die zu uns führen und geistesgeschichtliche Zusammenhänge deutlich machen, die vorausweisen auf eine soziale Geldordnung.

Der Historiker Laum kann im historischen Münzwesen, vor die Frage der Herkunft des Münzgeldes gestellt, mit den Vorstellungen der Geldtheoretiker nichts anfangen: »Es gibt Geldtheorien fast so zahlreich wie Sand am Meer. Der Historiker steht ratlos vor dieser Fülle. In diesen fehlt der innere historische Zusammenhang.« Vom sakralen Charakter der Münze aus lassen sich auch, wie Laum zeigt, die »prämonetären Geldformen« entziffern: Der Begriff Geld zeigt seinen ursprünglich religiösen Hintergrund in der Bedeutung »Opfer«; das germanische Opfer heißt »Geld«, weil es Leistungen der Götter entgilt. Laum kommt zu folgenden Ergebnissen:

a) Der Ursprung des Geldes liegt im Kultus, in welchem das Rind oder Schaf als das Opfer die Mittlerrolle spielt. Das Tauschen oder Entgelten zwischen Göttern und Menschen wird am frühesten durch bestimmte Normen geregelt; die Kultordnung schafft normaltypische Entgeltungs- bzw. Tauschmittel. »Definiert man Geld als ein in Art und Größe bestimmtes Entgeltungsmittel, so ist der Kult Schöpfer des Geldes.«
b) Das älteste Recht ist das Recht der Götter. Also ist auch das

durch den sakralen Nomos (heiliges Recht) geschaffene Geld ein Geschöpf der sakralen Rechtsordnung. Die Normen des sakralen Geldes sind danach in das profane Recht übernommen worden. »Die Geschichte des Geldes ist letzten Endes die Geschichte der Säkularisation der kultischen Formen.«

c) Geld dient nach der heutigen ökonomischen Theorie als Güter-Tauschmittel und als Zahlungsmittel zur Abgeltung rechtlicher Verpflichtungen. In dieser Scheidung ist nicht die Tauschmittelfunktion (wie die ökonomische Theorie annimmt), sondern die Zahlungsmittelfunktion die frühere und ursprüngliche.

d) Die Funktion des Wertmessers ist ebenfalls im Kult entstanden: Aus der Stellvertretung des einen (Opfer-)Gutes durch ein anderes erwächst der Wertmesser; auch er wird durch die sakrale Rechtsordnung geschaffen.

e) Das chartale Geld ist nur aus der sakralen Sphäre zu begreifen. Im Kult hat der Ersatz des wertvollen Realgutes durch das wertlose Symbol seinen Ursprung und seinen Sinn; Realgut und Symbol waren in Wirkung und Geltung gleich. Das nominalistische heutige Zeichengeld hat somit seine Entsprechung im Kult; auch das ›Zeichen‹ ist Entgelt; »daß das Zeichen als Entgelt dienen kann, ist religiös bedingt«.

f) Der Staat ist Schöpfer des Geldes geworden, weil er Träger des Kultus war. »Weil es in Griechenland Staatsgottheiten gab, deren Verehrung öffentliche Angelegenheit war, deswegen ist die griechische Polis Schöpferin des staatlichen Geldes. Der alte Orient kennt nur privates Geld, weil der Kult dort private Angelegenheit war.«

In der Einleitung des Buches von Laum steht ein wichtiger Satz: »Wir legen eine *historische* Untersuchung vor. Damit ist gesagt, daß die ethnologischen Geldformen zurücktreten ... Ziel der Geschichtswissenschaft ist Erkenntnis der Vorstufen und Grundlagen für die Gegenwartskultur. Nur jene Kulturen sind historisch bedeutsam, die unmittelbaren Einfluß auf die Gegenwart gehabt haben. Zu ihnen gehören aber die primitiven Kulturen nicht.« Damit folgt die Untersuchung Laums dem Gang der großen Kulturen vom Orient her, in welchen die griechisch-römische Kulturepoche eine Mittelpunkts- und Schlüsselstellung einnimmt.

Gerloff dagegen läßt sich in seiner Forschung, wie er betont, von *ethnologischen* Gesichtspunkten leiten. Und so kommt eine kaum übersehbare Fülle von Geldsurrogaten oder Geldsubstituten zum Vorschein, die zwar ihren Ursprung ebenfalls in dunklen vorgeschichtlichen Gemeinschaftsformen haben, die aber ihren primitiven Charakter in den Geldgewohnheiten sogenannter primitiver Völker beibehalten haben. Diese Primitiven sind im Gang und Aufstieg der Großkulturen gewissermaßen am Rande des geschichtlichen Zuges dieser Großkulturen liegengeblieben und auch in ihren Geldformen dekadent geworden. Dabei haben sich oft groteske Geldformen herausgebildet – sie spielen in der Literatur gerade deswegen eine Rolle –, die aber nur »Krüppelformen« des Geldes darstellen und oft als »seltsame Vermögensstücke gehortet werden«.

»Hortgeld« nennt Gerloff solche Abnormitäten wie die verschiedenen Arten von Muschelgeld, das, als Substanz ohne Wert, in Schatzhäusern oder Schatzverstecken gelagert wurde. Zentnerschwere Steinscheiben von ein bis eineinhalb Meter Durchmesser wurden auf der Insel Jap »bis vor wenigen Jahrzehnten als Familien- und Staatsbesitz gehortet und gaben den Eigentümern politisches und soziales Ansehen«; sie wurden bei außerordentlichen Anlässen als Kriegsentschädigung, zur Gewinnung von Bundesgenossen, Bußzahlungen und dergleichen verwendet. Gerloff nennt dies »Besitz-Geld«. Auch das ursprüngliche Sachgeld für Handelszwecke und Tausch ist in manchen Fällen auf der anfänglichen Stufe des »Gabentausches« stehengeblieben.

Während so das Geldwesen der Primitiven einen hier nicht einmal andeutungsweise darstellbaren Formenreichtum des Sachgeld-Waren-Tausch-Geldes aufweist, verengt sich auf der Bahn der großen Kulturvölker der Kreis derjenigen Güter, die als Geld Verwendung finden; das allgemeine Verkehrsgeld, das übrigbleibt, bringt die Vereinfachung, mit der erst eine vollkommenere Zweckerfüllung der allein verbliebenen (Gold-Silber-)Geldform verbunden ist.

Wir stehen heute in der Geschichte des Geldwesens an dem Punkt der Entwicklung, an dem diese Vervollkommnung einen entscheidenden Schritt vorwärts machen muß: das Geldwesen muß auf neuer Kulturstufe wieder eine ähnliche Stellung erhalten wie jene, von der es seinen Ausgang genommen hat in den Heiligtümern der großen Urkulturen. Jenes alte ›heilige‹ Geld war die Schöpfung der Götter für den Menschen. Das Geldwesen, das in Zukunft eine soziale Funktion entwickeln soll, wird eine Schöpfung des Menschen für den Menschen sein.

Für eine solche Zielsetzung ist der Blick heute getrübt durch die ökonomisch-utilitaristische Stellung des Geldwesens: »Unsere Wirtschaftsverfassung beruht auf dem Gelde; das Geld erscheint aufgrund unserer Wirtschaftsverfassung so zweckmäßig und notwendig, daß man sich den Gebrauch des Geldes überhaupt nicht wegdenken kann. Aber gerade deshalb muß das Geld in gewissen Beziehungen das frühere gewesen sein; unsere Wirtschaftsverfassung erscheint in vielen und wichtigen Beziehungen als das Produkt des Geldes, und es ist deshalb unzulässig, die Entstehung des Geldes aus seiner Zweckmäßigkeit für unsere heutige Wirtschaftsverfassung zu erklären.«[19] Das war 1910. Vierzig Jahre später schreibt Andreae seine Einleitung über den »Ursprung und die Entfaltung des Geldes als Entelechie oder als ein nach Verwirklichung strebendes, der menschlichen Gesellschaft innewohnendes Vermögen«!

Das Geld hat an Vollkommenheit gewonnen gerade dadurch, daß es sich von einer natürlichen Geldsubstanz gelöst hat; es hat an Dynamik gegenüber dem Sachgeld in unerhörtem Maße zugenommen. Seine soziale Gestaltungskraft hat sich ins Ungemessene gesteigert. Welches ist die zukünftige Geldform, um diese Macht sozial zu bändigen? Da liegt das Problem, nicht in der weiteren Vervollkommnung des heutigen Geldmechanismus und in einer abstrakten geldwissenschaftlichen Begriffsbildung. Was wir brauchen, ist Denkschulung durch konkrete Vorstellungen: »Schließlich gipfelt ja doch alle Erkenntnis in diesem Reichtum konkreter Vorstellungen, nicht aber in der Armut abstrakter Begriffe« (Bruno Hildebrand, ein namhafter Nationalökonom des vorigen Jahrhunderts). Kann uns das ›heilige Geld‹ von damals einen Fingerzeig geben für unsere heutige Situation?

2. Heiliges Geld

Das Wort ›heiliges‹ Geld ist, so fremd es uns vorkommt, in der Geldliteratur nicht mehr ganz ungewohnt. Hugo Ritter[20] widmet ihm mit dieser Überschrift ein Kapitel. Er weist darauf hin, daß am Anfang der durch die historische Forschung dokumentarisch noch gerade ergründbaren Geschichte der Kultur nicht der Staat, nicht einmal der König, sondern der Priester stand.

Aus den frühen Tempelstätten ist einstmals die äußere Kultur hervorgegangen. Man kann nachweisen, daß in den Großkulturen auch das später profane Geldwesen in diesen Tempelbauten seine Stätte und seinen Ursprung hat. Es ist eine Schöpfung aus dem Geiste dieser heiligen religiösen Kulturzentren, die von der Priesterschaft geleitet wurden und in denen Einweihungen in Geheimkulten, die sogenannten Mysterien, stattfanden. Ihre Existenz und ihre große Bedeutung läßt sich bis in die griechisch-römische Zeit verfolgen; die Tempelstätten in Eleusis, in Delphi usw. lassen auch in ihren spärlichen äußeren Überresten diesen Charakter als Mysterienstätten erkennen.

Daß solche Stätten zentrale Bedeutung für die ganze damalige Gesellschaft hatten und daß in diesem religiös-kulturellen Kontext eine solche zukunftweisende gesellschaftliche Institution: das Geld, entstehen konnte, setzt einen Bewußtseinszustand der Menschen voraus, der von unserem heutigen intellektuellen gänzlich verschieden war. Deshalb spricht man in der wissenschaftlichen Terminologie von einem ›prälogischen‹ oder mythischen Bewußtseinszeitalter. Wie in einem Brennpunkt ist diese Bewußtseinsverfassung noch anschaubar in der Persönlichkeit des Homer, dessen episches Werk und Schaffensweise in ihrer mythischen Bildersprache sonst unbegreiflich bleiben müßten. Homer sei, so drückt dies die Überlieferung bildhaft aus, für die äußere Anschauung der Welt blind gewesen. Der Ursprung des Geldes wird erst durch diesen mythisch-visuellen Bewußtseinszustand verständlich.

In der anschaulichen Darstellung der Geldgeschichte von Ernst Samhaber[21] wird die frühe Tempelkultur, auf die sich das Wort vom ›heiligen‹ Geld bezieht, sinnenfällig in Wort und Bild geschildert. In jenen uralten Zeiten waren die Metalle die irdische Ausdrucksform für kosmische Kräfte und Tatsachen, die ihren Ursprung und Sitz in den Planeten haben. So verband man das irdische Silber mit dem Mond, das Gold mit der Sonne, das Kupfer mit der Venus, das Eisen mit dem Mars, wobei Sonne, Mond usw. nicht abstrakte Begriffe, sondern Götter waren, die in den Tempeln religiöse Verehrung erfuhren: »Das feurige Gold gehörte der Sonne, dem Sonnengott. Aus dem Umlauf von Sonne und Mond ergab sich das Verhältnis von eins zu dreizehneinhalb, was dem Verhältnis zwischen Jahr und Mondmonaten entsprach. Dieses Verhältnis wurde von den sumerischen Priestern zum Wertverhältnis zwischen Gold und Silber erhoben. Es hatte nichts mit Nachfrage und Angebot zu tun, nichts mit dem inneren Wert der Edelmetalle, mit ihrer Verwendung. Es beruhte auf einer uralten, sakralen Zuteilung der Edelmetalle an die Gestirne, an die Götter.« Da liegt auch der Ursprung der Zahlen.

Aus geschichtlichen Zeugnissen ergibt sich, daß in jenen Zeiten eine theokratische Ordnung herrschte, in welcher der Herrscher nicht nur Repräsentant Gottes, sondern selbst ein Gott war; in einer dekadenten Anmaßung lebte dieser Anspruch bis in die römische Kaiserzeit weiter. Dadurch waren diese Reiche Priesterhierarchien, in denen der göttliche Herrscher die volle Macht über die soziale, die wirtschaftliche und politische Gestaltung der Gemeinschaftsverhältnisse hatte. Alles stand unter seiner hierarchisch gegliederten sozial-religiösen Autorität. Was im Kosmos, in den Gestirnen lebt, das sollte auch Ausdruck finden im sozialen Leben. Es ist bekannt, daß bis in die chaldäisch-ägyptischen Zeiten diese Priester Weisheiten vom Kosmos besaßen – die Pyramidenbauten zeugen dafür –, die später verlorengingen. ›Wie oben, so unten‹ könnte man diese Zeiten charakterisieren.[22]

Es waren einheitliche soziale Kulturen, in denen also auch die äußeren Rechtsverhältnisse aus der priesterlichen Autorität hervorgingen. Wenn das Geld im äußeren Leben allgemeine Geltung haben soll, dann bedarf es einer allgemeinen Rechtsordnung. Davon konnte damals keine Rede sein. Wenn die Priester Gold und Silber in den Tempeln annahmen, so wurden damit nicht wirtschaftliche Werte ›bezahlt‹, sondern die geistigen Leistungen vergolten, die von den Priesterstätten ausgingen, ohne welche die einheitliche soziale Ordnung nicht hätte bestehen können; das war der allgemeine Bewußtseinszustand der damaligen Menschen. Diese sakralen Edelmetalle wurden dem Tempel *geschenkt*. Die geistige Macht war absolut dominierend auch in wirtschaftlichen Angelegenheiten. Heute haben wir die entgegengesetzte Einseitigkeit des Geldwesens in der wirtschaftlichen Macht.

Wir werden erst im weiteren Verlauf dieser Darstellung voll übersehen können, welche Konsequenzen dieser Ursprung des Geldes bei der wissenschaftlichen Analyse des heutigen Geldwesens zeitigt. Darum ist es notwendig, diese Zusammenhänge noch näher zu beleuchten. Die archäologische Forschung hat die wichtigsten Zeugnisse über die Entstehung des Geldes bei Ausgrabungen aus der Zeit der Sumerer (viertes Jahrtausend v. Chr.) in Mesopotamien gefunden. Zu den Kulturleistungen der Sumerer gehörten bekanntlich die Keilschrift und das Rechnen. Die dort entstandene Zeitrechnung und die mathematische Zählweise (Kreiseinteilung in 360 Grad u.a.) leben bis heute fort.

Die sumerischen Priester schufen durch ihre Himmelskenntnisse zwar das Geld, aber sie *hatten* noch kein ›Geld‹. Denn das Zählen-Können mußte dem Rechen-Geld vorausgehen; der Primitive kann sich etwas unter fünf Fingern, aber kaum etwas unter einer Zahl Fünf vorstellen. Deswegen kommen auch heute noch primitive Naturvölker häufig nicht über die Zahl Zehn hinaus; manche Sprachen kennen Zählworte nur bis zu Vier. Aber die Sumerer waren bereits ein Kulturvolk von hohem Rang; sie haben als erste die endlose Zahlenreihe entwickelt. Sie rechneten mit der Zahl Zwölf. »Primär wurden die vom Himmel herabstrahlenden Kräfte in Form von Bildern und auch in Form von Zahlen... erlebt, und erst sekundär hatte man eine Wahrnehmung der uns heute allein noch zugänglichen Lichtpunkte, die dann dem Primärerlebnis als dienendes Glied eingeordnet wurden. Die Zwölfheit war eine Vielheit realer Kräftewirkungen; die Zahl Zwölf trat dabei nicht aufgrund irgendwelcher menschlicher Willkür, sondern aus der Natur der Sache heraus auf...«[23]

Aus der Zwölfheit ging die Zahl Vier, und gingen damit die vier Himmelsrichtungen hervor, nach welchen die Pyramiden exakt ausgerichtet sind. Die himmlische Zahlenweisheit, sagt auch Samhaber, suchte sich ihre irdischen Bezugspunkte: »Irgendwie mußte die Zahl an einen greifbaren Wert angehängt werden« – einen sinnlichen Gegenstand. »Das war das Pfund Silber, die Mine, wie die Griechen das alte Wort Mna aussprachen... Dieses Gewicht wurde durch sechzig geteilt, das gab einen Schekel und dieser Schekel wiederum ließ sich mit 180 Weizenkörnern aufwiegen.« Wahrscheinlich hatte auch das Kupfer seinen Platz in diesen Relationen: Es entsprach einem Tag, dem dreihundertsechzigsten Teil des Jahres. Ein Pfund Gold konnte dann 360 Pfund Kupfer gleichgesetzt werden. Aber das Kupfer war schon früh ein Metall für alltägliche Gegenstände. Deshalb schied es wohl aus den sakralen Wertverhältnissen bald aus. Zunehmend boten Gold und Silber den Maßstab für die Bewertungen in den sozialen und wirtschaftlichen Zusammenhängen, obwohl es in Sumer wenig Edelmetall gab: das ist gerade ein wesentliches Kriterium für den überirdischen Ursprung und die zentrale Bedeutung des Edelmetalls als Geld.

Das Gold kam nicht im Sinne einer Geldwährung in den Verkehr, sondern »lagerte, wie es sich gehörte, in den Tempeln. Die Priester brauchten es auch nicht. Ihnen genügte es, anhand dieser Werte alle Leistungen vergleichen zu können. Die sumerischen Bäuerlein und Pächter staunten, wenn sie in den riesigen Tempelhof kamen, um mit den Priestern abzurechnen. Sie brachten eine Fülle von Dingen, die überhaupt nicht miteinander zu vergleichen waren: Tiere, Häute, Wolle, bemalte Töpfe und Becher; dafür holten sie sich mancherlei, was sie zu Hause brauchten, kupferne Gefäße, Sicheln, Töpfe oder kräftige Stiere und Ziegen. Das alles mußte der Priester zusammenzählen, gegeneinander aufrechnen und schließlich mußte er davon die fälligen Schulden und Abgaben abziehen. Das ging erstaunlich schnell. Ob es sich um Ochsen, um Schweine, um Hirse, um Wolle handelte, alles verwandelte sich im Kopf des Priesters in eine Zahl, wenn man so will, in ein Gewicht von Gold, von Silber, ja von Kupfer. Da schwollen die Zahlenreihen auf der einen Seite. Der Preis wurde vom Priester nach alten Bräuchen oder auch willkürlich festgesetzt. Ebenso wurden die Pachtzinsen, die Steuern und Abgaben in Goldwerte oder in Silbermengen umgerechnet. Blieb dem Bauern ein kleiner Betrag frei, so konnte er sich noch etwas aussuchen, fehlte etwas, dann mußte er eben etwas zugeben oder einen bereits ausgesuchten Gegenstand zurücklassen. Häufiger jedoch kam es vor, daß der Pächter die Differenz ›stehen‹ ließ. Bei der nächsten Abrechnung zahlte er den Fehlbetrag nach oder nahm die Gutschrift mehr mit, vielleicht ein Schaf, für das sein ›Geld‹ das letzte Mal nicht gereicht hatte.«[24]

Man könnte diese Schilderung als phantasievoll betrachten, wenn nicht Zehntausende von kleinen Tontäfelchen gefunden worden wären, auf denen man es ablesen kann, wenn man sie zu lesen versteht.

Wir wissen also genau, daß diese Umrechnung der Tauschwerte eine Angelegenheit der Priester war, daß sie allein die Gabe und Kenntnis zu rechnen besaßen und das Recht, die Preise zu bestimmen. »Das ging nicht immer ohne Widerspruch ab. Dann klagten die Bauern beim König, sie seien ungerecht behandelt, ja betrogen worden. Wir kennen Erklärungen großer Könige, sie hätten das Recht wieder eingeführt, den Priestern auferlegt, unrechtmäßige Einkünfte zurückzugeben.«

Da beginnt bereits die nächste Epoche des Priesterkönigtums. Der Schimmer von der Heiligkeit des Geldes reichte bis in die griechisch-römische Zeit, in der der Herrscher nicht mehr Gott, sondern Abbild, Repräsentant Gottes war: Die Münzen erhalten Götterbilder als Prägung. »Alles hellenische Geld war sakral; das Münzfeld heiliger Boden« (Curtius).

Wir müssen sehr umdenken, um das sakrale Geldwesen in das konkrete Bild einer uns völlig fremden Lebens- und Bewußtseinsform hineinzudenken. Wie anders liegen die Dinge doch heute: Wir müssen unser Geldwesen erst aus den aktuellen sozialen Lebensbedingungen heraus zu begreifen suchen. Machen wir ein Denkexperiment: Haben wir als Zeitgenossen überhaupt eine wirkliche Kenntnis und Vorstellung vom heutigen Geldsystem? Man mag über diese Frage einen Augenblick nachdenken, bevor man weiterliest.

3. Die Geldmaschine

Das heutige Geldwesen ist in den letzten zwei Jahrhunderten aus den Bedürfnissen der Wirtschaft entstanden. Sein Mechanismus ist das Ergebnis aus Industrialisierung und Kapitalismus. Im Mittelpunkt des Metallgeldwesens stand die *Münze,* in der die Geldmünzen geschlagen, geprägt oder gepreßt wurden; durch die Prägung mit Hoheits- oder Herkunftszeichen, Bild und Zahlenwert, wurde das Metall zu Geld.

Dieser Vorgang ändert sich im Prinzip nicht, wenn man an die Stelle der Münze die heutige Noten- oder Zentralbank setzt.

Entscheidend für den Wert der Geldmünze war ursprünglich das Metall (Gold oder Silber) selbst. Seine Beschaffung war ein wirtschaftliches und politisches Problem für sich; ein großer Arbeitsaufwand war erforderlich, um es zu schürfen oder aus Flüssen auszuwaschen, zu verhütten, zu Barren einzuschmelzen und zu prägen; nicht zuletzt verursachten weite Transporte hohe Kosten und Risiken.

Der Rohstoff für die Geldmünzen war an sich schon ein Machtfaktor. Herrschaftsbereiche, die über einen natürlichen Reichtum an Gold und Silber verfügten (wie das Reich des berühmten Perserkönigs Krösus), waren dadurch bevorzugt; bedeutende Lagerstätten spielten in der Politik und als Anlaß für Kriege oft eine größere Rolle, als aus der Geschichtsschreibung hervorgeht. Das Münzmetall konnte durch Eroberungen, Plünderungen (besonders der Tempel), Ablieferungszwang oder durch Handelsverkehr beschafft werden; neben dem Rohstoff in Barren floß Umschmelzgut (Geräte) und zur Umprägung bestimmtes eigenes oder fremdes Münzgeld in die Münze. So vollzog sich die Geldschöpfung im Zeitalter des Münzgeldes.

Im Gegensatz zur Münze als Stoffgeld sind Papiergeld und Scheidemünzen, was das Material betrifft, unbegrenzt herstellbar. Die Kosten für Rohstoffe und Herstellung fallen kaum ins Gewicht. Die Notenbank setzt Scheine und Münzen in Umlauf; wenn sie abgenützt sind, kommen sie zur Notenbank zurück, in den Müll und werden ersetzt.

Das Münzgeld war vom Stoff her begrenzt; das damalige Geldwesen konnte infolgedessen niemals ganz aus dem Naturzusammenhang herausfallen. Ein weitgehend instinktives Bewußtsein bestimmte auch den Zusammenhang von Naturalwirtschaft und Münzgeldwesen; sie gehören entwicklungsgeschichtlich zusammen. Das Geld der Naturalwirtschaft ist das ›konkrete‹ Geld, das Stoffgeld oder Warengeld.

Von diesem Zusammenhang ist nichts mehr geblieben, seit das Geld sich von der natürlichen Wertsubstanz getrennt hat. Das neue Zeichengeld ist international, es steht in einem weltweiten Zusammenhang; das wird nur verschleiert durch nationale Währungen, nationale Wirtschaft und Politik. Ideelles Geld, Zeichengeld, nominalistisches Geld einerseits, Weltwirtschaft, Industriegesellschaft und Menschheitsbewußtsein andererseits gehören zusammen. Instinktive Zusammenhänge funktionieren im Geldwesen nicht mehr; das Geld muß aus dem Instinktiven heraufgeholt werden ins Bewußtsein.

Aus Stoffgeld: Edelmetallmünzen konnte man noch Gebrauchsgegenstände und Schmuck herstellen. Aus Papiergeld oder Scheidemünzen nichts mehr; das Geld hat in dieser Form den äußersten Grad der Abstraktion und Wertlosigkeit erreicht.

Im Zentrum aller nationalen und internationalen Geldfragen stehen daher der Geldwert und die Währung. Das Wort Währung geht auf das mittelhochdeutsche ›Wörung‹ zurück, das ›Gewährleistung‹ bedeutet. Es bezog sich ursprünglich nur auf die Gewährleistung des Münzgehaltes an Edelmetall. Nicht-Gewährleistung des Münzgehaltes war Fälschung des Geldes. Von Währung in unserem Sinne kann man da überhaupt noch nicht sprechen; denn diese Gewährleistung war an sich kein geldtechnisches, eher ein ethisch-moralisches Problem. Im Gegensatz dazu kulminieren heute alle nationalen und internationalen Geldprobleme in der Frage, wie und durch welche Einrichtungen des Geldwesens der Geldwert gewährleistet werden kann, nachdem sich das Geld von der Naturalsubstanz getrennt hat.

Hierbei geht es sozusagen um das Prinzip und die Konstruktion der Geldmaschine. Im Mittelpunkt stehen dabei die Geldschöpfung aus dem Nichts und die Frage, wie die Währung zustande kommt und wer sie gewährleistet. Mit diesen Fragen tritt an die Stelle der Münze die Notenbank.

DAS PRIVATKAPITALISTISCHE ZENTRAL-NOTENBANK-SYSTEM

Im System des Privatkapitalismus ist die Geldapparatur definiert durch den Zusammenhang von Notenbank und Geschäftsbanken. Die Notenbank ist das eigentliche Währungsinstitut. Sie läßt das ›Nur-Geld‹, Geldschein und Scheidemünzen, herstellen, bringt sie in den Verkehr und steuert den Geldkreislauf. Sie ist sozusagen das Zentrum in diesem Kreislauf des Geldes, das ›Herz‹; so wird es oft dargestellt, weil es ein so bequemes Bild ist: Das Geld strömt wie das Blut heraus und kehrt dahin zurück. Wir werden später sehen, welche Problematik dieses Bild enthält.

Um die Notenbank gruppieren sich, wie die Planeten um die Sonne als Mittelpunkt, die Geschäftsbanken, zu denen ihrer allgemeinen Funktion nach alle Banken gehören, die nicht Filialen der Notenbank sind.

Die Geschichte der Notenbanken in den modernen Staaten ist zeitlich und organisatorisch unterschiedlich verlaufen; das ist im einzelnen interessant, aber nicht so wichtig. Man muß nur das Augenmerk darauf richten, daß die Entwicklung des modernen Geldwesens schließlich in allen Ländern zur Entstehung von speziellen Geldemissionsinstituten geführt hat, und zwar nicht in dezentralisierter Form, sondern als Zentral-Bank-System mit einheitlicher Willensbildung für eine Volkswirtschaft oder ein Währungsgebiet. Das ergab sich mit einer solchen Zwangsläufigkeit, daß man sagen kann, das Geldschöpfungsgeschäft, zentralisiert und autorisiert in der Notenbank, hat sich aus dem Wirrwarr des Geldwesens der letzten Jahrhunderte beim Übergang vom Münzgeld zum Papiergeld als folgerichtig und dem substanzwertlosen Geld adäquat erwiesen.

In der Bundesrepublik wurde nach dem Zweiten Weltkrieg anstelle der früheren Reichsbank eine Zentralbank in der Taunusanlage in Frankfurt am Main eingerichtet: Bank Deutscher Länder, später Deutsche Bundesbank. Sie erhielt erst am Tage der Währungsreform (20. Juni 1948) durch das sogenannte Emissionsgesetz das Recht zur Notenausgabe.

Diese Emissionsbank-Zentrale verfügt an den größeren Plätzen ihres Gebietes über Filialen, die ihrer zentralen Leitung unterstehen. Im Blick auf diese straff zusammengefaßte und in sachlicher Hinsicht unter einheitlicher Leitung stehende Gruppe von Banken spricht man von dem Zentralbank-System. »Die Banken innerhalb des Gefüges mit zentraler Willensbildung haben alle das gleiche Ziel: *die Erhaltung des Geldwertes.* Gemeinsam ist allen Zentralbanksystemen die *soziale* Aufgabe der Geldwertstabilität. Wir sagen daher, daß ihr leitendes betriebswirtschaftliches Prinzip das *Sozialprinzip* ist. Die Zentralbank und ihre Filialen, die zusammen das Zentralbanksystem bilden, sind also Gemeinwirtschaften, da sie im Dienste der Gesamtwirtschaft stehen. Nur Zentralbanksysteme haben das Recht, in ihrem Land Banknoten auszugeben (Notenausgabemonopol). Rechtlich und wirtschaftlich ist das gesamte Zentralbanksystem immer wie *eine* Bank anzusehen.«[25]

DAS GESCHÄFTSBANKEN-SYSTEM

Die zahlreichen anderen Banken mit unterschiedlicher Spezialisierung, die nicht zum Zentralbanksystem gehören, sind zusammengefaßt durch den Begriff des Geschäftsbanken-Systems.

Charakterisiert das Sozialprinzip das Zentralbanksystem, so ist das Geschäftsbanken-System gekennzeichnet durch das *Prinzip der Gewinnmaximierung;* die Geschäftsbanken sind bei ihren Bankgeschäften auf höchstmögliche Rentabilität bedacht (was sich beim Zentralbanksystem nicht mit dem Sozialprinzip der Währungsstabilisierung vereinbaren läßt). Unter ›bankgeschäftlicher Tätigkeit‹ versteht man »die gewerbsmäßige Hergabe und Hereinnahme von Kredit«. Wenn dies gewerbsmäßig fortgesetzt geschieht, um Gewinn zu erzielen, dann hat das Eigeninteresse den Vorrang.

Dem Sozialprinzip der Notenbank steht also das Individualprinzip der Geschäftsbanken gegenüber; aus Industrialisierung und Privatkapitalismus ist ein auf einem Gegensatz beruhendes spezifisches System, ein geld- und währungstechnischer Dualismus, gewissermaßen spontan, entstanden. Aus diesem Dualismus ist ein Geld- und Kreditschöpfungsmechanismus hervorgegangen, der den Hauptanlaß und auch die Berechtigung gibt, von einer Geldmaschine zu sprechen. Das ist ein zentraler Punkt für die späteren Überlegungen.

Zum Individualprinzip gehört, daß das Geschäftsbanken-System nicht zentral, sondern dezentral organisiert ist; die Geschäftsbanken sind zwar branchenmäßig assoziiert, aber voneinander in ihrer Willensbildung weitgehend unabhängig; charakteristisch ist also für die Geschäftsbanken das Verbot der Notenausgabe und das Prinzip der Gewinnmaximierung.

Das wenig ansprechende, aber allgemein übliche Bild von der Geldmaschine beruht auf diesem banktechnischen Zusammenspiel von Notenbanksystem und Geschäftsbanken-System. Dieses Zusammenspiel ist modifiziert durch den inneren Gegensatz der Zusammenspieler, seinen Dualismus. Daraus haben sich zum Mechanismus erstarrte Praktiken herausgebildet, welche durch die Statuten der Zentralbank und durch die gesetzlichen Bestimmungen über das Geschäftsgebaren der privaten Geschäftsbanken Rechtskraft haben. In diesem Mechanismus sind die Geschäftsbanken mit einem Teil ihrer Tätigkeit sozusagen die ›Hofbankiers‹ der Notenbank; sie können durch ihre banktechnische Koppelung mit der Notenbank (Einzelheiten darüber ergeben sich später) Kredit geben und mit diesem Kredit, den Einlagen (Depositen) und ihrem Eigenkapital ihr Bankgewerbe im privatwirtschaftlichen Sinne zur Erzielung von Gewinn betreiben. So sind sie einerseits der verlängerte Arm der Notenbank, andererseits machen sie ihre Geschäfte mit Hilfe ihres gesetzlichen Bankprivilegs und mit der Rückendeckung der Notenbank.

Man kann zwar das Sozialprinzip der Notenbank ebenso klar definieren wie das privatwirtschaftliche der Geschäftsbanken, aber man kann beide in der heutigen Koppelung nicht trennen. Das hat weittragende Folgen, um die es später im einzelnen gehen wird, denn die geld- und kreditwirtschaftliche Wirkung dieses ›Zweckverbandes‹ ist schwer zu durchschauen.

Es ist imponierend, wie die Kapitäne in den Notenbanken und den Geschäftsbanken gleichsam an den Hebeln des Geldwesens sitzen und wie die Währung (der Geldumlauf und der

Kredit) durch die primären Handgriffe seitens der Notenbank (Diskont, Mindestreservenpolitik, Wechseldiskont) beeinflußt wird; wie dann die sekundären Handgriffe im Geschäftsbankenapparat folgen und wie all das gleichsam maschinenmäßig abläuft (was noch darzustellen sein wird). Wer hat eigentlich dieses Prinzip einer auf zwei divergierenden Antriebskräften beruhenden Geldmaschine erfunden? Niemand. Es hat sich aus der Praxis so ergeben.

Am Anfang stand nicht die Notenbank, sondern der einzelne Privatbankier. Die Goldschmiede und Geldwechsler schufen die Banknote. Immer mehr trat der Geldbedarf der Staaten in den Vordergrund. Als der Durchbruch zur Banknote erfolgt war, mußte als nächstes der Schritt zur Staatsbank folgen, entweder durch Neugründung oder durch Umwandlung von Privatbanken. (Es ist bezeichnend gerade für England, daß die seit 1694 zwar königlich privilegierte, aber doch immerhin als private Bank geführte Bank of England erst 1946 durch ein besonderes Gesetz nationalisiert und zur Staatsbank gemacht wurde.) Aus Kaufmannsbanken wurden staatliche Notenbanken, Kreditbanken für den Staatskredit. Die Konsequenz ist das Monopol für die Banknotenausgabe und die *Zentral*-Notenbank. Der Beruf des Privatbankiers und die private Bankunternehmung sind als Gewerbe aus dem mittelalterlichen Münzwesen entstanden: die Notenbank ist die Schöpfung des neuen Geldes – des Zeichengeldes und des Geldkredites. Darin drückt sich die neue Geldform aus. Hinter dieser steht als revolutionäre Macht die Arbeitsteilung in der neuzeitlichen Wirtschaft.

Mithin ist das privatwirtschaftlich betriebene Bankgewerbe ein Anachronismus, ein rudimentär gewordener Bestandteil aus der vorigen Epoche – dem Münzgeldwesen; und im Sozialprinzip der Notenbank haben wir den noch ebenso rudimentären Anfang eines allgemeinen Prinzips, das einmal bestimmt sein wird, in einer neuen Geldordnung das Geschäftsbanken-System abzulösen.

So stellt sich die Situation dar, wenn man die historisch wirksamen Triebkräfte zu Rate zieht. Man kann die Konsequenzen daraus mit den Worten ausdrücken, die im Schweizer Entwurf zum Bankgesetz von 1934 so lauten: »Das hervorstechendste Merkmal der modernen Wirtschaft liegt vielleicht weniger in der Konzentration des Reichtums als in der Häufung einer großen wirtschaftlichen Macht in der Hand einer kleinen

Zahl von Personen, die nicht Eigentümer, sondern lediglich Verwahrer von Kapitalien sind, die sie anzulegen und zu verwalten haben. Der unbeschränkte Einfluß derer, die den Geldmarkt beherrschen und den Kredit verteilen, ist unbestreitbar einer der größten Machtfaktoren der Gegenwart. Bei diesen Verhältnissen ist die Banktätigkeit eine Art öffentlicher Dienst geworden.«[26]

Wir werden unser Augenmerk darauf zu richten haben, in welcher Weise das Sozialprinzip zur allgemeinen Gültigkeit durch die Geldordnung selbst gelangen kann.

Das sowjetische Geldwesen hat das private Bankgewerbe beseitigt und das Prinzip der Zentralnotenbank und das Staatsbankensystem in äußerster Einseitigkeit entwickelt. Daß dies nicht der Weg sein kann, auf dem sich das Sozialprinzip verwirklichen läßt, kann schon eine flüchtige Betrachtung des sowjetischen Geldwesens zeigen.

Der Aufbau der Staatsbank der UdSSR[27]

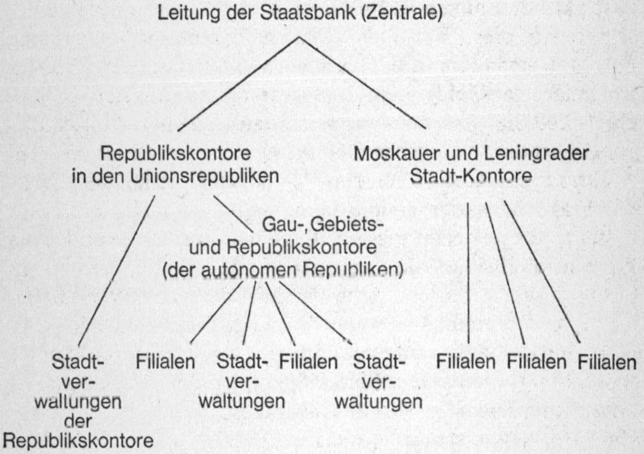

In seinem vertikalen Aufbau ist die Staatsbank die oberste Instanz und Zentralstelle für alle ihr untergeordneten Banken und Sparkassen, die netzartig das Land überziehen. – Als die kommunistische Partei die Regierungsgewalt übernahm, war eine ihrer ersten Maßnahmen die Besetzung der Staatsbank und die Verstaatlichung des gesamten Bankenapparates mit dem Ziel, die Staatsbank zu einem riesigen Kontroll- und Verrechnungsorgan für die gesamte Volkswirtschaft auszubauen; so war es bereits in der kommunistischen Wirtschaftsideologie vorgeplant. Wohl werden alle üblichen banklichen Tätigkeiten von der Zentralbank oder der zuständigen Filialbank durchgeführt, aber die Hauptaufgabe besteht in der Kontrolle des Wirtschaftsprozesses. An dieser Aufgabe ist die Tätigkeit der sojetischen Banken in erster Linie orientiert. Die Regelung des Geldumlaufs, die Versorgung der Wirtschaft mit Investitionsmitteln vollzieht sich nicht mit einem dem privatkapitalistischen Noten-Geschäftsbank-System ähnlichen Mechanismus. Alle Vorgänge werden gesteuert, so wie sie sich als Parallelvorgänge aus dem Ablauf des planwirtschaftlichen Wirtschaftsgeschehens ergeben. Die Spitze dieses Bankensystems wird infolgedessen auch das ›zentrale Rechenzentrum‹ genannt.

Es bedarf zunächst keiner weiteren Einzelheiten, um erkennbar zu machen, daß hier das Sozialprinzip primär und abstrakt der Bankenorganisation oktroyiert ist und daß diese sich durch das Prinzip der totalen Zentralisation in einen bürokratischen Kontrollapparat verwandelt hat. Während, wie wir sahen, das Geldsystem des Privatkapitalismus sich spontan entwickelt hat aus dem privatkapitalistischen Gesellschaftssystem, ist das sowjetische Geldsystem eine sozialistische Konstruktion, entstanden aus der planwirtschaftlichen Ideologie; die Frage nach der Geldordnung selbst ist dabei gar nicht gestellt. Das Sozialprinzip tritt zuerst nur am Rande der Planwirtschaftsidee auf, um sich in der Geldapparatur als bürokratisch-technischer Überbau über das ganze Wirtschaftsleben auszubreiten. Das staatlich-sozialistische Zentralprinzip ist in Wirklichkeit kein Sozialprinzip, sondern Resultat eines totalitären Systems. Die Banktätigkeit ist hier zwar »eine Art öffentlicher Dienst geworden«, aber das Geld ist darin nur noch Chimäre; davon später.

Daß es zwei Notenbanksysteme gibt, ein ›gemischtes‹ im Privatkapitalismus und ein einheitliches, aber seiner Geldfunktion entfremdetes, zeigt nur an, daß wir noch mitten im Zeitalter des Staatsbank-Denkens stehen. Das ist nur ein Aspekt des heutigen soziologischen Nachdenkens, das die Gesellschaft nicht mehr in der Gesellschaft selbst, sondern im

Staate zentriert erlebt und mit jedem sozialen Problem nach dem Staat ruft.

THEORIE UND PRAXIS DES NOTENBANKSYSTEMS – INNERE UND ÄUSSERE DISKREPANZEN

Die Erhaltung des Geldwerts ist nur ein Teilaspekt des Sozialprinzips. Das geht aus Paragraph drei des Bundesbankgesetzes klar hervor: Die Bundeszentralbank soll »mit Hilfe der ihr verliehenen währungspolitischen Befugnisse den Geldumlauf und die Kreditversorgung der Wirtschaft regeln mit dem Ziel, die Währung zu sichern. Sie hat ferner für die bankmäßige Abwicklung des Zahlungsverkehrs mit dem Ausland zu sorgen. Die Verantwortung der Bundesbank beschränkt sich nicht darauf, mit Hilfe des ihr verliehenen Notenprivilegs den Verkehr mit Zahlungsmitteln zu versorgen, vielmehr obliegt ihr die umfassende Aufgabe, die gesamte Geldversorgung der Volkswirtschaft, wozu auch die Einlagen im Kreditgewerbe gehören und die Kreditgewährung der Banken, mit anderen Worten den ganzen Geldkreislauf so zu beeinflussen, wie die währungspolitische Lage, das heißt die Sicherung der Währung es erfordert.« Aber wie sieht die Wirklichkeit aus?

Für das Zentralnotenbanksystem ist dieser »öffentliche Dienst« eine Art dauernder Zerreißprobe nach den dargestellten vier Richtungen. (Für das sowjetische Staatsbankensystem gilt das gleiche Schema; man muß sich nur ›Wirtschaft und Geschäftsbanken‹ äußerlich zusammengelegt denken.) Da ist der Staat; der möchte am liebsten die Notenbank ganz für sich mit Beschlag belegen, er darf es nur nach allen Erfahrungen mit der heißlaufenden Notenpresse nicht so laut sagen. »Bis 1930 gab es nur zehn verstaatlichte Notenbanksysteme. Heute ist dieser Prozeß der Straffung dieses Verhältnisses soweit gediehen, daß von rund 77 Zentralbanksystemen 55 Prozent verstaatlicht sind. Mehr als die Hälfte der Zentralbanksysteme sind also lediglich Befehlsempfänger der Finanzminister. Aufgrund der wachsenden Staatstätigkeit kann zum Beispiel der Staat derart über seine Guthaben verfügen, daß bei einer Kreditrestriktion in einem Maße Liquidität (Kaufkraft) in die Wirtschaft fließt, daß die bezweckte Geldvolumenverminderung nicht eintritt . . ., so daß der Staat meist gerade das tut, was der (Währungs-) Politik des Zentralbanksystems zuwiderläuft.«[28] In der Journalistensprache: Konjunkturpolitik mit Bremse und Gaspedal.

Zentrale Notenbank und die vier Zerreißfaktoren

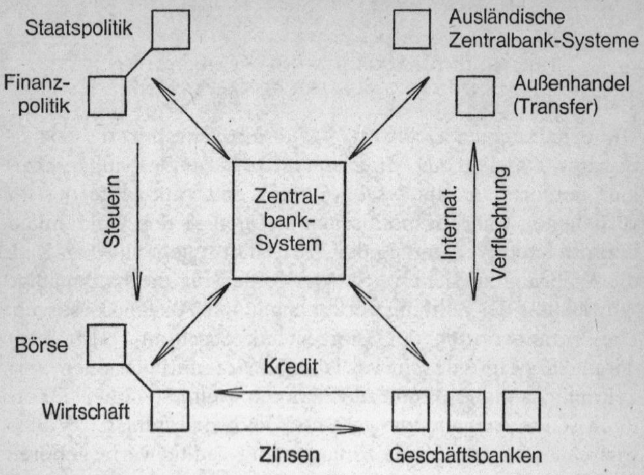

Anstatt Komplementäre oder Partner sind Finanzpolitik und Geldpolitik meist Rivalen. Der mit immer mehr Aufgaben überlastete Staat befindet sich dauernd in einem »ideellen Konflikt« (Veit). »Oft wird dann nicht dem währungspolitischen und sozialpolitischen Ziel der Geldwertstabilität der Vorzug gegeben, sondern dem staatlichen (zum Beispiel der Aufrüstung).« Die Wirtschaft macht ihren Einfluß geltend gegen unpopuläre Maßnahmen (Steuererhöhungen). Auch könnte eine Kreditrestriktion viele »letztlich unersetzliche Wählerstimmen kosten«[29].

Bei der vorhandenen außenwirtschaftlichen Verflechtung geraten die Zentralbanksysteme in gegenseitige Abhängigkeit; ihre Aufgabe ist es ja, die durch den Handelsverkehr sich ergebenden zwischenstaatlichen Zahlungen abzuwickeln. Sie sind durch die Währungskurse gleichsam wie durch ein offenes Röhrensystem miteinander verbunden. Daher greifen alle Maßnahmen, die eine Notenbank glaubt, nur im Interesse der eigenen Währungssicherung treffen zu müssen, auch automatisch in die Geldbewegungen und in die anderen Währungsgebiete ein, weil dadurch Niveaudifferenzen geschaffen werden, die (ungewollte) Wirkungen über dieses »Röhrensystem« in den anderen Notenbankbereichen auslösen können, ja müssen.

»Keine Zentralbank kann es sich bei frei konvertierbarer Währung leisten, kreditpolitische Maßnahmen zu treffen, ohne auf die Auswirkungen bei anderen Volkswirtschaften zu achten... Angenommen, das Zentralbanksystem bekämpft im eigenen Land eine Inflation durch Liquiditätsverknappung (Zins). Sobald das Land B ein niedrigeres Zinsniveau aufweist (internationales Zinsgefälle), fließt aus Zinsarbitragegründen Liquidität von B nach A. Ergebnis: in A tritt die angestrebte Liquiditätsverknappung nicht oder nur unvollkommen ein«.[30] So kommt A nicht zum Ziel. Umgekehrt kommt B nicht zum Ziel, wenn dort eine Depression bekämpft werden soll. Durch eine autonome Kreditpolitik wird das Zinsniveau in B gesenkt (Politik des billigen Geldes); das verleitet zu einem Geldexport nach A, wo das Zinsniveau höher liegt. Ergebnis: die billigeren Kredite, welche die Binnenwirtschaft anregen sollten, bleiben nicht im Inland, sondern fließen (über die Geschäftsbanken) nach A. Stützel meint in diesem Zusammenhang, daß eine Zentralbank praktisch erst »die halbe Welt mit Liquidität alimentieren« müsse, um endlich im eigenen Land eine Zinssenkung durchzusetzen. Ein anderes Beispiel der egozentrischen Geschäftspolitik der Geschäftsbanken ebenda: »Die englischen Geschäftsbanken (erhielten) von den amerikanischen Geschäftsbanken während der Kreditrestriktion im Herbst 1957 soviel Liquidität, daß ihnen die eigene Kreditrestriktion nichts ausmachte.« Man sieht, daß selbst bei einer Koordinierung die Notenbankmaßnahmen durch die Interessenpolitik der Geschäftsbanken durchkreuzt werden können.

Das Buch von Hahl behandelt nur diese Friktionen im Verhältnis von Geschäftsbankensystem und Zentralbanksystem. Daraus ergibt sich aber zwingend: Diese Geldmaschine hat wohl einen Mechanismus, der aber ganz vernunftlos ist. Selbst die Hebelwirkungen, die mit Hilfe des Diskontes ausgeübt werden, werden wirkungslos, wenn nicht vorher eine (internationale) Verständigung erfolgt. Wie aber soll diese erfolgen, wenn an den Hebeln der Notenbanken gleichzeitig die Politiker und die Geschäftsbanken in schöner Einmütigkeit mit der Wirtschaft drehen? Diese Geldmaschine ist ein ächzendes Ungetüm, das dauernd reparaturbedürftig ist.

So ist die Schlußfolgerung, daß »das Zentralbanksystem heute in keiner Volkswirtschaft allein die Geldwertstabilität erreichen kann«. Mehr noch: Die Rolle des Staates wird höchst zweifelhaft. »Hält es der Staat im zwanzigsten Jahrhundert für notwendig, einem Bankinstitut die Verantwortung für die Währung zu übertragen, so erscheint ein Staatsrechtsgedanke überholt, der die Übernahme einer solchen Verantwortung unmöglich macht. Errichtet man eine Anstalt zur Bekämpfung von Hochwassergefahren, ohne daß man ihr die Möglichkeit gibt Dämme zu ziehen, wo sich die Wasserströme ihr Bett suchen?«[31]

›Fachleute unter sich‹ könnte man diese exemplarische Literaturauslese überschreiben. Wo die Fachleute bei ihren Querelen stehenbleiben, muß der sogenannte Laie weitergehende Fragen stellen; zum Beispiel: Wer sind diejenigen, durch deren Interessen die Geldströme so bewegt werden, daß die Maßnahmen der Notenbanken paralysiert werden? ›Flugsandkapital‹? Oder einfach diejenigen, die ›Verwahrer von Kapitalien sind und den Geldmarkt beherrschen‹ – die Geschäftsbanken? Wissen sie eigentlich, was sie tun, oder sind sie nur Marionetten an den Schnüren, die von der Anlage und Vermehrung suchenden anonymen Macht des Geldes und des Kapitals mit Hilfe der Mechanismen der Geldmaschine gezogen werden? Sind diese Mechanismen nicht einfach die Mechanismen des bloß ökonomischen Geldes, das den Kulturbereich scheut wie das Feuer, weil dieser – den bloß ökonomischen Wert des Geldes in Frage stellen würde?

Statt bis in die Grundsubstanz des Geldes hinein umzudenken, klammern sich Laien und Fachleute zuletzt an den Staat. Der Staat, das ist ein potenter Mann, der alles kann; der macht alles, was unsozial ist, sozial, was falsch ist, richtig. Etwa so wie im sowjetischen Notenbanksystem? Wer das Buch von G. Menz *Das sowjetische Bankensystem* studiert, findet (zwischen den Zeilen) dieselben Miseren – man spricht nur nicht darüber; die Bürokratie deckt alles zu.

Es kann kein Zweifel bestehen: Die Währungsbanken haben ihre Aufgabe nicht bewältigt, die Theorie des Geldmechanismus muß als absolut gescheitert betrachtet werden. Die nachstehende Tabelle zeigt den Trend der Geldentwertung für einige ausgewählte Länder unter Zugrundelegung eines vergleichbaren Lebenshaltungsindexes. Der internationale Währungsplafond wird zusätzlich dadurch dauernd gestört, daß die Entwertungsquoten stark differieren.

	1960–70 ∅	1970–76 ∅	1978	1979	1980	1981
BRD	2,5	5,9	2,7	4,1	5,8	6,0
Schweiz	3,3	6,7	1,1	3,6	3,8	6,4
USA	2,7	6,6	7,7	11,3	13,9	10,4
Italien	4,0	12,2	12,1	14,8	21,0	20,1
England	4,1	13,6	8,3	13,4	19,2	11,2
Frankreich	4,1	9,0	9,1	10,5	13,5	13,3
Schweden	4,0	8,3	10,0	7,2	13,1	12,7
Japan	5,7	11,1	3,8	3,6	8,1	5,0

Jährlicher prozentualer Anstieg der Verbraucherpreise

Denn dies sind ja nur Beispiele: In allen Ländern zeigt sich das gleiche Bild, ob groß oder klein, ob sie in die Kriege verwickelt waren (wie wir) oder nicht, ob sie hochindustrialisiert oder mehr agrar-wirtschaftlich bestimmt sind. Die wissenschaftliche Krankheitsdiagnose lautet: Das Geldsystem leidet unter einer ›inhärenten Tendenz zur Inflation‹ (im Staatsbanksystem können die Inflationstendenzen gleichsam bürokratisch ›erstickt‹ werden, indem sie mit Hilfe von Staatseinnahmen ›abgeschrieben‹ werden und äußerlich verschwinden).

Es ist wie eine Ironie, wenn dann Silvio Gesell mit seiner Schwundgeldlehre aus der Not eine Tugend macht, ausgerechnet von dem Grundsatz ausgehend: »Die Regierung hat die Pflicht, das Geld vor Schwankungen zu behüten und, wenn nötig, die Wertbeständigkeit zu erzwingen.« Silvio Gesell, heißt es, habe als Kaufmann in den neunziger Jahren des vorigen Jahrhunderts allerlei üble Erfahrungen mit den Goldpreisschwankungen in Argentinien gemacht. Indem er von der Tatsache ausgeht, daß die Produkte verderben und daher zum Markt kommen müssen, während das Geld seinen Wert behält und deshalb beliebig lange gehortet werden kann, ist das eigentlich Bestimmende bei Gesell nicht die Stabilität des umlaufenden Geldes, sondern die wirtschaftliche Stauung, die sich angeblich durch die Hortung des Geldes einstellt. Nur wenn man das Geld ebenfalls einem Alterungsprozeß unterwerfe, könne man die Kaufkraft des Geldes stabil halten.

Wie bei allen Heilslehren wird das komplizierte Problem, und diese sozialen Zusammenhänge sind nun einmal komplexer Natur, durch eine Simplifizierung ›gelöst‹. Unter der willkürlichen Annahme, daß der Warenbestand sich jährlich im Durchschnitt um fünf Prozent verschlechtere, soll sich auch das Geld um den gleichen Satz oder ein Zehntel Prozent wöchentlich »verschlechtern«. Dadurch soll erreicht werden, daß das Geld nicht träge liegenbleibt, sondern »der Ware nachrennt«. Man brauche dann für eine Dauerkonjunktur nur drei Dinge: eine Druckerpresse, um Papiergeld herzustellen, eine Statistik, um seine Quantitäten und seinen Lauf zu verfolgen und einen Ofen, um das entwertete Geld zu verbrennen. Die Entwertungsquote soll durch entsprechende Markierungen auf den umlaufenden Scheinen kenntlich gemacht und durch Zuzahlung ausgeglichen werden.

»Denn eben wo Begriffe fehlen, da stellt ein Wort zur rechten Zeit sich ein« möchte man mit echt mephistophelischem Sarkasmus sagen, wenn die Wissenschaft sich mit einem Wort aus der Affäre zieht: »Säkulare Inflation« (sekular inflation), um damit zu sagen, diese Geldentwertung sei eben eine Parallelerscheinung zum ›säkularen‹ technischen Fortschritt. Die Fachleute haben dann kein Recht, auf die Geldreformer und die große Schar der Schwundgeld- und Freigeldanhänger herabzusehen. Jeder kehre vor der eigenen Tür.

III

Zwischenakt: Der Mensch auf dem Weg zu sich selbst

1. Die individuelle Bewußtseinsentwicklung im Spiegelbild der Geldformen

Das Geld, sagt Gerloff, ist eine Schöpfung des sozialen Handelns. Und Laum weist durch seine systematische Quellenforschung nach, daß das Geld gleichsam seinen Ursprung im Schoße der Gottheit hatte. Aber mit dem Problem der Gottheit ist die heutige Menschheit ja, wie Friedell sagte, »fertig geworden«, es ist »abgetan«. Wo soll man dann noch beginnen? Die geschichtliche Wirklichkeit liegt ja nicht in den spärlichen geschichtlichen Tatsachen und Überresten; sie beruhe »auf dem Hinzukommen des unsichtbaren Teils jeder Tatsache«, und diesen »muß der Geschichtsschreiber hinzufügen«, sagte Wilhelm von Humboldt. Damit wird auf »die geistige Geschichte der Menschheit« hingewiesen, und diese »besteht in einer fortwährenden Uminterpretierung der Vergangenheit« (Friedell).

Der angekündigte Zwischenakt bezieht sich auf diese »geistige Geschichte der Menschheit«. Sie kommt in konkreter Weise auch im Ursprung und in den Wandlungen des Geldes zum Ausdruck. In diesen Wandlungen des Geldes spiegeln sich die Wandlungen des individuellen und allgemeinen Bewußtseins der Menschen. Indem wir die Gelderscheinungen von da aus interpretieren, finden wir darin die zum Selbstbewußtsein und zur Selbstbestimmung fortschreitende Menschheit und damit den geistigen Kompaß, der wieder in ein *soziales* Geldwesen der Zukunft führt, von dem es ausging. Wir dürfen uns die Mühe nicht verdrießen lassen, die darin liegt, unser Bewußtsein für die sozialen Aufgaben im Sinne der Mündigkeit und der Selbstbestimmung des Menschen zu erziehen – um den Preis einer humanen Zukunftskultur.

Der »unsichtbare Teil«, der in der aufsteigenden Linie der großen Kulturen zum Selbstbewußtsein und zur Selbstbestimmung führt, ist es auch, der dem Gelde in seinen äußeren geschichtlichen Erscheinungen seinen ›Stempel‹ aufgedrückt hat. Wo das Geldwesen seinen sozialen Ursprung hatte – in den natürlichen Gemeinschaften, von denen die Kulturentwicklung ausging –, hatten die Menschen ein anderes Verhältnis zur Realität als heute; mit Worten wie ›träumend‹ oder ›instinkthaft‹ hat man dieses vorgeschichtliche Bewußtsein zu umschreiben versucht. Alles soziale Leben bedurfte lange Zeiten hindurch der Führung und des Gebots. In den fortlaufenden Prozeß des Aufwachens des Selbstbewußtseins ist das Geld sowohl als Ursache wie auch als Wirkung hineinverwoben. Wagemann schildert in seinem Buch *Narrenspiegel der Statistik*[32] in der Einleitung, wie »der erwachende Zahlensinn« ein Ausdruck ist für das geistige Aufwachen der Individualität.

»Es drängt sich einem die Vorstellung auf, als ob Prometheus den Menschen die Geistesmacht der zahlenmäßigen Erkenntnis gebracht habe: als Fackel, welche in dunkle Zusammenhänge von Sein und Werden, von Ursache und Wirkung, von Handeln und Schicksal hineinleuchtet. Denn weit mehr als die Kunst der Feuerbereitung bedeutet die Beherrschung der Zahl, die den menschlichen Geist zu den Göttern erhebt. Mit der Zahl vermochten sie sich Zeitrechnung und Kalender, Physik und Technik, Buchführung und Etatgebarung zu entwickeln. Sie wurde zu einem Instrument, die Naturgewalten dem menschlichen Willen zu unterwerfen, und auch zu einer Grundlage der mächtigen Staats- und Wirtschaftsorganisation« (mit der Weltraumfahrt als höchstem Triumph der Zahlenbeherrschung).

Der Mensch Prometheus (der Voraus-Denkende) hat das Zählen »von den Göttern« geholt und damit sein begriffliches Denken entwickelt. Die darin gewonnene Freiheit und Selbständigkeit im Bewußtsein mußte er mit der Abtrennung vom Kosmos und seiner überwältigenden geistigen Macht und Größe bezahlen. »Begriffliches Denken scheint die Kraft zum konkreten Überblick, zur intuitiven Aufnahme der Umwelt, herabzusetzen. Denn wenn mit der kulturellen Entwicklung das abstrakte Denken immer mehr in den Vordergrund tritt, ... so (ist) diese Schwächung der Beobachtungsgabe der Preis, den der Mensch dafür zahlen muß, daß er mit Hilfe des Abstraktionsvermögens Begriffe bildet. Dieser Preis ist aber nicht zu hoch. Die Begriffsbildung weitet unseren Horizont in das unendlich Große und läßt uns zugleich in das unendlich Kleine eindringen.«[33]

Dieser Weg von der Intuition zur Abstraktion der Begriffe

war ein notwendiger, weil damit der Mensch erst zum Bewußtsein seines Selbst kommen konnte; es war der Weg, auf dem ihn ›die Götter‹ aus ihrer Macht und Führung entließen, um ihm die Möglichkeit zu geben, sich auf sich selbst zu stellen. Aber das intuitive Bewußtsein ging nicht ganz verloren, es trat nur zurück.

Wagemann gibt Beispiele dafür, wie heute noch auf primitiver Stufe ein intuitives »Schauen« das Zählen und Rechnen ersetzen kann: »Es ist erstaunlich, wie Beobachtungsgabe und Merkfähigkeit die Abstraktion der Zahl zu ersetzen wissen. Lichtenstein berichtet aus dem südlichen Afrika, wie die Eingeborenen große Herden kontrollieren. ›Wenn Herden von vier- bis fünfhundert Rindern nach Hause getrieben wurden, sieht der Besitzer sie hereinkommen und weiß bestimmt, ob einige fehlen, wieviel und sogar welche.‹ Von den Abiponen, einem amerikanischen Indianerstamm, der nur über drei Zahlwörter verfüge, erzählt ein Missionar: ›Wenn sie im Begriff sind, zur Jagd aufzubrechen, so schauen sie vom Sattel aus umher, und wenn einer ihrer zahlreichen Hunde fehlt, so rufen sie ihn. Ich habe es oft bewundert, wie sie, ohne zählen zu können, trotz der großen Meute sofort merken, daß ein Hund fehlt.‹ Ich selbst habe in der Vorkriegszeit südamerikanische Millionäre kennengelernt, von denen glaubhaft versichert wurde, daß sie völlige Analphabeten geblieben seien, die ohne jede Buchführung ihre gewaltigen Reichtümer, sei es an Kaffeebergen, sei es an Viehherden genau zu übersehen vermochten ... (der) primitive Mensch versteht die Gesamterscheinung auf intuitivem Wege, die wir nur verstandesmäßig über einen Begriff wie den der Zahl hinweg erfassen.«[34]

Die Macht des Geldes stammt von der Macht der Zahl und des Zählens. ›Magische‹ Kräfte der Begriffsbildung enthüllen sich uns vielleicht am stärksten in der Zahl; ein berühmter Nationalökonom sagte, daß »das statistische Jahrbuch für ihn interessanter sei als ein Roman«. Das Zählen-Können steht in einem inneren Zusammenhang mit dem ideellen Geld: Wagemann erklärt die Zahl als »Synthese von Zeit- und Raumvorstellungen«: sie sei dadurch entstanden, daß sich »eine Zeitvorstellung mit einer Raumvorstellung verknüpft«. Das Urbild dieser Verknüpfung ist das des Kosmos, der mit dem Fixsternhimmel das Raumerlebnis vermittelt und dieses durch das Planetensystem mit dessen Umlaufzeiten verknüpft.

Ursprünglich galt der Umgang mit Zahlen als ›Geheimwissenschaft‹, auf deren Verrat an Uneingeweihte die Todesstrafe stand. Aber schon in den sumerischen Tempelstätten gab es Schulen, in denen die wenigen dafür geeigneten Menschen neben anderen Weisheiten auch das Rechnen lernten. Im nächsten Kulturzeitraum hat die allgemeine Menschheit das Rechnen und Zählen gelernt, und die Schriftzeichen wurden öffentliches Mittel zur Mitteilung. Aus der ägyptischen Zeit gibt es zahlreiche Abbildungen, die das Abwägen von ›Werten‹ und Mengen darstellen: auf der einen Waagschale sieht man eine Anzahl Edelmetallbarren oder Rollen, auf der anderen symbolisch ein Rind; oder Gold, Silberstaub auf der einen, Früchte und Getreidekörner auf der anderen Schale, wobei ›der Schreiber‹ ostentativ die horizontale Lage des Waagebalkens beobachtet. Stets erscheint jetzt die Waage zwischen den ihre Produkte abliefernden Pächtern und dem Dorfältesten, der die Produkte in Empfang nimmt. Das Wert-Maß liegt im Edelmetall selbst, seinem übernatürlichen Vergleichs-Wert; es hat sein wirtschaftliches ›Zählgewicht‹ nicht allein durch die Anzahl der Goldrollen oder Silber-Barren, sondern durch die einzigartige Qualität der Substanz dieses Gewichts.

Warengeld oder Stück-Geld heißt dieses Geld, weil es eine aus dem allgemeinen ›Warenkatalog‹ herausgehobene Ware ist, die sich von den allgemeinen Waren dadurch unterscheidet, daß sie – obgleich Ware – Symbol, Merkmal, Bild für den Rechen- und Zählvorgang geworden ist.

Maß, Zahl und Gewicht: die Ägypter haben bereits den Grund gelegt für die heutige Naturwissenschaft, die durch das Prinzip des Zählens, Messens und Wägens definiert ist. Die Darstellung des Wiegevorgangs hatte volkspädagogische Bedeutung: die Masse des Volkes war durch ihre ungemein streng geregelte und beamtenmäßig überwachte Tätigkeit in dieses wirtschaftliche Rechen- und Zählsystem eingeschaltet. Nachahmendes Lernen gehört gerade zu dieser frühen Entwicklungsstufe des Bewußtseins, denn die eigentliche Pädagogik (und Schule) nimmt erst in Griechenland ihren Anfang.

Man findet in den geldgeschichtlichen Darstellungen oft Erklärungen für die historischen Geldformen, die mit dem heutigen abstrakten intellektuellen Denken auch für die früheren Kulturzeiträume rechnen. Das ist sicher unzutreffend. Man hat nicht schon früher Gold und Silber aus den gleichen Gründen gewählt, mit denen man die Verwendung zum Beispiel der Gold- und Silbermünzen im vorigen Jahrhundert wissenschaftlich motivierte: hoher spezifischer Wert, Dauerhaftigkeit und Oxydationsfreiheit, leichte Bearbeitbarkeit, Gleichartigkeit für die Stückelung usw. In Wirklichkeit *sind* Gold und Silber durch ihre besonderen Eigenschaften herausgehoben aus der Reihe der Metalle; sie sind gewissermaßen ›Aristokraten‹ von Urzeiten an – aber man könnte mit ihnen andererseits nicht wie mit dem gewöhnlichen Eisen eine Maschinenkultur schaffen. Mehr als man intellektuell zugeben kann, begleitet diese Metalle bis heute noch ein Schimmer von Geheimnis und Heiligkeit trotz der späteren profanen und unheiligen Verwendungszwecke.

Vom Stück-Geld führte der Gang der Geldentwicklung zum Gold-Stück und zum Geldstück. Denn ihre große Epoche hatten diese ›Aristokraten‹ des Geldwesens in dem folgenden Zeitalter des Münzgeldes. Wieder wird damit eine neue Bewußtseinsstufe betreten. Rechnen und Zählen ist so selbstverständlich geworden, daß der einzelne jetzt das Geld-Stück selbst in die Hand bekommt. War ursprünglich die Geldsubstanz noch sakral und damit nicht Objekt individuellen Besitztriebes (abgesehen vom Schmuckbedürfnis), und waren das Stück-Gold und das Barren-Silber in der darauf folgenden Periode in erster Linie wertbestimmend als Maß und Zahl, so wird nun mit der Münze der Geld-Besitz zu einem zentralen Faktor der politischen, sozialen und individuellen Macht. Indem so die kosmische und göttliche Substanz des Edelmetalls profaniert, materialisiert und politisiert wird, verliert sie den Schutz der religiösen, geistig-göttlichen Macht: Betrug in allen möglichen Formen bemächtigt sich des umlaufenden Münzgeldes. Raub und Mord heften sich an den entgöttlichten Glanz von Gold und Silber. Davon zeugen die zahlreichen Sprichwörter in allen Sprachen und die Untaten gerade des Münzgeldes in der Geschichte. Aber zugleich beginnt mit diesem mobil gemachten Geld die individuelle Initiative auf allen Gebieten, besonders auf wirtschaftlichem. Der Handel verbindet die Völker des Westens mit denen des Fernen Ostens; es ist damit der Weg betreten, der dann zur Weltwirtschaft führte.

Wir stehen vor dem Tor zur Neuzeit. Das eigentliche Abenteuer des Geldes beginnt; es ist identisch mit dem Abenteuer des Ich-Menschen, des self-made-man.

Zwei Jahrtausende gehören dem Münzgeld. Zu Beginn der Neuzeit ist das Geld ganz diesseitig, exoterisch geworden. Mit dem Beginn der exakten Wissenschaften hat das abstrakte Denken die Naturerscheinungen ergriffen und – das Geldwesen. Es entwickelt sich der Frühkapitalismus, die Zeit, die Egon Friedell die »Flegeljahre des Kapitalismus« genannt hat: »Der Mensch der sogenannten ›englischen Renaissance‹ ist eine Mischung aus ungezügeltem Urmenschentum und modernem Engländertum, eine Kreuzung aus einem zähen und umsichtigen Sachlichkeitsmenschen und einem wilden und tollkühnen Abenteurer. Der präzise Ausdruck dieser Geisteslage sind die ›merchants adventurers‹, raubritternde Kaufleute und Seefahrer, die zuerst auf eigene Faust, später durch königliche Privilegien unterstützt, die Küsten des Fernen Ostens und Westens plünderten, aber auch Geschäftsniederlassungen gründeten und Handelsbeziehungen einleiteten. Es war, mit einem Wort, Piraterie unter staatlicher Oberhoheit und Profitbeteiligung: im Kriegsfall nannte man es Kaperei. Die großen Admirale, Weltumsegler, Eroberer und Kolonisatoren: Drake, Raleigh, Hawkins, Essex und alle übrigen Seehelden des elisabethanischen Zeitalters waren nichts anderes als Korsaren. Etwas ganz ähnliches waren die ›Handelskompanien‹, konzessionierte Gesellschaften zur Ausbeutung überseeischer Länder. Schmuggel, Seeraub und Sklavenhandel stehen an der Wiege des englischen und des ganzen modernen Kapitalismus. Dies hat zwei Gründe. Zunächst ist ja aller Handel und Gelderwerb nichts als eine Art zivilisierter und in geordnete Bahnen geleiteter Betrug ... Und ebenso deutlich, wie wir in den respektablen und friedliebenden Kaufherren des siebzehnten und achtzehnten Jahrhunderts die Züge ihres Stammvaters, des Raubritters und Piraten, zu erkennen vermögen, können wir im heutigen Großfinanzier entdecken, daß er sich vom Glücksritter, vom Spieler und Falschspieler herleitet. Jene Zeiten waren die Flegeljahre des Kapitalismus. Der Erwerbstrieb trat damals noch in ekstatischen und tumultuarischen Formen auf: er hat den Charakter des Fiebers, eines Rausches, einer Kinderkrankheit. Niemand vermochte sich dieser Ansteckung zu entziehen ... Das sichtbare Zeichen dieses neuen Merkantilgeistes war das große Londoner Börsengebäude, das 1571 vom Hofbankier Sir Thomas Gresham dem Verkehr übergeben wurde.«[35]

Die Flegeljahre sind Ausdruck dafür, daß der Mensch seine Selbständigkeit durch Selbstbestimmung erlangen möchte; das vollzieht sich meist tumultuarisch. Geistesgeschichtlich ist dies die Epoche, in der sich das bürgerliche Standes- und Rechtsbewußtsein entwickelt, das Besitzbewußtsein und das Erwerbsdenken. Nun erst tritt das Gelddenken in den Mittelpunkt und mit ihm die Wirtschaft; sie bemächtigen sich des Geldwesens.

Samhaber beschreibt das anschaulich: »In Deutschland gab es seit dem Mittelalter einen Bürgerstand in den Städten, der seinen Städtebünden eine angesehene politische Position ... zu geben verstand. Der Rheinische und der Schwäbische Städtebund... vor allem aber die niederdeutsche Hanse vertreten energisch die wirtschaftlichen Interessen ihrer Bürger. Mancher Raubritter, der sich auf die festen Mauern seiner Burg verlassen hatte, wurde gefaßt und hingerichtet. In den Städten setzte sich das Geldwesen durch; gehandelt wurde in Geld, alle Leistungen wurden in Geld berechnet. Für den Kaufmann bot dieser Wandel sichtbare Vorteile. Er konnte damit rechnen und tauschen. Für die breite Masse der Bevölkerung bedeutete dies einen schmerzhaften, langwierigen Prozeß... Was war überhaupt dieses ›Geld‹? Das war einmal die Münze, ein geprägtes Silberstück, das der Bauer erhielt, wenn er Eier oder sein Pferd auf dem Markt verkaufte... Man mußte aufpassen, daß einem niemand ein gefälschtes oder beschnittenes Geldstück in die Hand drückte; versuchte man, es wieder loszuwerden, bekam man es mit einem gerissenen Händler zu tun..., der einen überhöhten Preis forderte, weil das Geld ›weniger‹ wert sei. Mit der Münze konnte sich der einfache Mann noch abfinden. Aber ›Geld‹ konnte auch etwas anderes sein. Wenn der Krämer... der Bäuerin den Kaufpreis in Waren stundete, war nicht mehr von Münzen die Rede, sondern von ›Geld‹. Dieses Geld hatte die unverständliche Gabe, sich zu vermehren.«

Die Auseinandersetzung um den Zins beginnt. Thomas von Aquino hatte erklärt, Geld könne keine Zinsen abwerfen; sie zu verlangen, sei unmoralisch. Dagegen wurde eingewandt, Geld sei eben keine Münze. Es sei ein ›Wert‹, der wie Acker oder Rind einen ›Ertrag‹ abwerfe.

»Das neue Wirtschaftsleben entwickelte sich dahin, daß man immerfort ›Geld‹ brauchte. Für alles mußte man bezahlen. Kein Händler lieferte... keine Arbeit wurde geleistet, ohne daß Geld gefordert wurde. Alle Abgaben wurden auf Geld umgestellt. Als die Preise stiegen, zuerst infolge der großen Pestseuchen, dann schneller mit dem hereinströmenden amerikanischen Silber, begannen die Gutsherren wieder Sachlieferungen zu verlangen. Den Gewinn der steigenden Preise wollten sie selbst einstreichen. Um so härter empfand es der einfache Mann, für Waren, die er selber brauchte und die immer teurer wurden, Bargeld auftreiben zu müssen...«

Am unheimlichsten war es, daß nun alles in Zahlen ausgedrückt wurde: landwirtschaftliche Erzeugnisse, Abgaben, Pachtzinsen, Mitgift, Erbanteile. Der ›Wert‹ in Zahlen stand fest: nüchtern, unpersönlich.

»Bauer wie Handwerker, die aus einer Welt kamen, in der sie die sichtbaren Gegenstände, ihre Arbeitskraft, ihre Fertigkeiten umgaben, ... sollten genügend Waren liefern, sie rechtzeitig verkaufen, also gegen Geld umtauschen, so daß sie jederzeit in der Lage waren, ihren Verpflichtungen in Geld nachzukommen. Wehe dem, der versagte. Dann wurde ihm Haus und Hof und Handwerksstube gepfändet, schließlich versteigert, um seine Geldschuld in voller Höhe abzulösen. Doch bei der Versteigerung schienen sich alle festen, greifbaren Werte aufzulösen: sie erbrachten – in Geld – wesentlich weniger, als dem Wert entsprach. Warum? Weil die Geldbesitzer nicht genügend boten. Und nur sie hatten das Wort. Geld mußte man haben.«

Das aus dem Schoße der wohlgeordneten mittelalterlichen Ständegesellschaft hervorgegangene bürgerliche Standesbewußtsein beginnt nun durch dieses *Denken in Geld* die mittelalterliche Ordnung zu sprengen. Der Vorgang, daß durch den Übergang von der Natural- und der einzelhandwerklichen Wirtschaft zur Geldwirtschaft Gruppen aus der ständisch geordneten Gliederung herausfallen – wobei die einen ihr Besitztum verlieren und zum Arbeiter absteigen, während die im Gelddenken und der wirtschaftlichen Initiative Fortschrittlichen Handelskapital bilden –, führt zur Bildung von Produktionskapital und zur Spaltung der Bevölkerung in Besitzer und Nichtbesitzer an Produktionsmitteln. Das war der Schritt in die sozialrevolutionäre Situation, in der wir noch stehen, und war gleichzeitig der Übergang von der Geldwirtschaft zur Kreditwirtschaft, deren Kennzeichen die Banknote oder das Papiergeld ist.

Das Papiergeld ist der Gegenpol zum Tempelgeld. Die himmlischen Relationen sind verlorengegangen und mit ihnen die sozialen Maßstäbe; vom himmlischen Schein ist nur als

Illusion der Geld-Schein geblieben; das Geld ist nur noch »Chimäre«, totes Zeichenwesen, »Totenmaske Gottes«. Aber hinter der Maske ist eine unbändige Macht verborgen, die als bloßes Gelddenken chaotisierend wirkt. Dieses Gelddenken ist die tiefste Ursache auch für die unsoziale organisatorische Verfassung des heutigen Geldwesens, weil dadurch das Geld die *ausschließliche Vermehrungstendenz* angenommen hat, die kulturfeindlich und sozial destruktiv wirkt. Die heutigen Geldinstitutionen kennen nur diese Vermehrungstendenz, durch welche sich das Geldwesen vampirartig im Sozialkörper festsaugt durch Kapitalmacht, Geldbesitz, Eigentum und Hypothek. Das sind die Instrumente der Macht, die sich unter dem abstrakten Zahlenwesen des Zeichen-Geldes verbergen.

»Krieg, Handel und Piraterie, dreieinig sind sie, nicht zu trennen«, sagt Mephistopheles über die »drei gewaltigen Gesellen« im *Faust.*

»Man hat Gewalt, so hat man recht.
Man fragt uns was? und nicht uns wie?«

Nun, diese rüden Umgangsformen, um zu Geld zu kommen, haben sich geändert: es wird nicht mehr wie damals »Schiff um Schiff mit raschem Griff geentert«. Aber das Erbe aus dem Verfall des mittelalterlichen Münzgeldwesens ist durch das ›Piratenbewußtsein‹ des primitiven Ich-Menschen in die Konstruktion der Geldmaschine übernommen worden. Es liegt am Menschen, das durch seine Unbändigkeit geschaffene, derzeit nur auf Vermehrung angelegte Geldwesen sozial dienstwillig zu machen als neues Kulturgeld. Diese Vermehrungstendenz ist die Ursache für die charakteristischen Krankheitsbilder des Papiergeldes, dessen Geburtshelfer ein merkwürdiger Schotte war – John Law.

IV

Der große Schritt zum Papiergeld

1. John Law

Der Bewußtseinswandel der Individuen geht also dem Wandel im Geldwesen voraus. Es hat lange gedauert, bis aus den sakralen Formen das reine Zählgeld wurde. Das Wort ›mark‹ (marca), das sich auf Einkerbungen, Marken bezieht, die man zum Zweck der Stückelung auf dem Barrengeld anbrachte, überdauerte alle Zwischenepochen der Münze. Auf dem Weg vom Goldgeld über das Papiergeld zum Buchgeld ist es die Goldwährung, die, »wenn auch als Weltwährung nicht mehr gültig, heute noch entschieden fortwirkt, bis zu Bretton Woods und Stalins Goldrubel« (Andreae).

Die Neuzeit mit der Errungenschaft der individuellen Initiative, des objektivierenden Bewußtseins und mit den Erfindungen und Entdeckungen brachte erst allmählich die große Wende von der Münzwährung zum Papiergeld.

Der Fortschritt geht seit Beginn der Epoche der logischen Verstandestätigkeit nicht mehr von der Gemeinschaft selbst aus, sondern von der individuellen Initiative. Doch diese würde in das Chaos einmünden, wenn sie nicht sozial aufgefangen, gebändigt und durch die soziale Gestaltung produktiv werden könnte. Es waren nicht die Fürsten oder der Staat, die den Banken zuerst ›Lizenzen‹ gaben oder das Bankwesen schufen, sondern umgekehrt war es die private Hochfinanz, die im 15. und 16. Jahrhundert die hohen Fürstlichkeiten und selbst den Kaiser finanzierte: die Fugger, die Welser, die Hochstetter, die man bereits als Finanzdynastien Europas bezeichnen kann. Das Geld sammelte sich durch die wirtschaftliche Tätigkeit der Kaufmannsgeschäfte in den Kasten und Laden der Großkaufleute und drang von da in die Politik ein.

Mit imposantem Prunk und dem Anspruch des von Gott Gesandten treten die Inhaber der dynastischen politischen Macht in der Zeit der Fugger und Welser auf. Aber bis in die neueste Zeit steht im Hintergrunde der Geldmann, der Bankier, der Kaufmann. »Er nutzt in der wirtschaftlichen Sphäre seine Macht mit den gleichen rücksichtslosen Mitteln wie der absolute Fürst im politischen Leben. Und doch gibt es einen Unterschied: verglichen mit der Macht dieser Finanzdynastien sind die Herrscherhäuser der Habsburger, Valois und der Tudor nur Puppen, die an Schnüren tanzen und oft auch gezogen wurden.«[36]

Das Geldwesen hat in dieser Zeit so sehr eine eigene Dynamik entwickelt, daß man ihm einen wesentlichen Anteil an der Eroberung des Erdraumes zurechnen kann, die von Europa ausging. Hinter den abenteuerlichen Fahrten der Weltumsegler stehen die Verheißungen großer Goldschätze, von denen Marco Polo in seiner Reisebeschreibung vom Fernen Osten erzählt. Kolumbus schreibt im mittelamerikanischen Golf in sein Tagebuch: »Nach der Hitze zu urteilen, muß es hier Gold geben.« Es war die allgemeine Ansicht, daß es Gold in heißen Gegenden gebe. Die Fahrten der Konquistadoren sind Goldexpeditionen; sie öffnen die Goldschleusen für Europa. Ein Strom von Edelmetallen fließt nach Europa herein. Ihr Seltenheitswert sinkt. Der erwartete Reichtum bleibt aus. Die Preise steigen. Es müssen schwerere Münzen geprägt werden. Die stoßweise hereinkommenden Edelmetallmengen schaffen eine fortrollende Preisrevolution. Die Löhne laufen den Preisen hinterher. Es kommt zu Bauernaufständen.

Erste Erkenntnisse über das Geldwesen werden gewonnen. Der Italiener Davanzati entwickelt zuerst die Quantitätstheorie des Geldes und führt die Preissteigerungen auf die hereinströmenden Goldmengen zurück. Der Engländer Gresham kommt aufgrund seiner Erfahrungen zu dem Lehrsatz: Schlechtes Geld verdrängt gutes. Die Revolution des Geldes hat aber erst begonnen. Die radikale Umwälzung beginnt, als der Strom von Gold und Silber aus überseeischen Ländern um 1650 zu versiegen beginnt.

Die große Gärung setzt ein mit dem Merkantilismus, dem Wirtschaftssystem des absoluten Staates, mit seinen staatlichen Lenkungen und Regelungen, die das Wort ›politische Ökonomie‹ rechtfertigen, das schon 1615, also lange vor Marx, entstand. Erstes und selbstverständliches Ziel: Ruhm, Vergrößerung und Bereicherung der Staaten durch das gemünzte Geld.

In diese Zeit fällt das oft zitierte und beschriebene Geldexperiment des Schotten John Law. Es beginnt die staatliche Manipulierung des Metallgeldes als Mittel für eine dynamische staatliche Handelsbilanz. Noch bevor Adam Smith[37] seine Wirtschaftstheorie vom ›natürlichen‹ Selbstinteresse im Kampf um den Markt publiziert, verfahren die Territorialherrscher nach dem gleichen Rezept in der ökonomischen Konkurrenz der Staaten. Sie halten sich für berechtigt, den politisch-militanten Kampf nun auch mit den Mitteln des Geldes auf wirtschaftlichem Gebiet zu führen: Das Geld sei, wenn nicht die einzige, so doch die entscheidende Quelle des Reichtums der Nation; der Handel, das gegebene Mittel, Geld ins Land zu bringen, erfährt eine besondere Wertschätzung. Die aktive Handelsbilanz ist das oberste Ziel, dazu muß die Ausfuhrindustrie, damals »Manufaktur« genannt, besonders gefördert, dagegen die Einfuhr von Waren durch Zölle gehemmt werden; Ausfuhrprämien und Einfuhrverbote dienen jetzt diesem Staatsegoismus, der seine Rechnung mit Hilfe der Wirtschaft zu machen versucht.[38]

Obgleich der Merkantilismus an dieser Einseitigkeit scheiterte, lag in alledem eine Notwendigkeit, ein unausweichlicher Entwicklungsprozeß, der, wie wir heute erst genau sehen, schon seine Richtung auf die globale Wirtschaft, die Weltwirtschaft genommen und diese Ende des 19. Jahrhunderts im Prinzip erreicht hatte. Nur eine Etappe auf diesem Wege sind die nationalen Wirtschaften, die ihre Stütze in dem sich entwikkelnden Nationalismus fanden. Mit »Absonderung« und »Ausdehnung« kennzeichnet Edgar Salin diese nationale Tendenz, die sich verstärkt nach der Aufrüttelung der Volksmassen durch die Französische Revolution: »Absonderung«, die nun für »den bleibenden nationalen Charakter der Ökonomik entscheidend« wird, während die politische Tendenz der »Ausdehnung« der Nation diese nationale Wirtschaft in dauernden Konflikt mit der sich anbahnenden übernationalen Wirtschaftsverflechtung bringt und ihren Aufschwung durch Kriege wieder ruiniert.

»Da überall mit dem Zerbrechen des Lehensstaates an die Stelle des Lehensheeres und der durch Lehen verpflichteten Gefolgschaft ein in Geld entlohntes Söldnerheer, ein modernes, weitgehend durch Geldverpflichtungen gebundenes Beamtentum trat, so war zunächst der Geldhunger eine allgemeine und eine bestimmende Tatsache, der die Politik diente... der sich die ›Wissenschaft‹ nicht entzog – in Spanien, in Italien, in Frankreich, in England, überall wurde die Erörterung der Geldprobleme wieder aufgenommen.«[39] »Protektionismus«

und »Kommerzialismus« sind die »Erbkrankheiten dieser Epoche«, die bis heute in den Nationalwirtschaften noch nicht geheilt sind.

Das Experiment des John Law in dieser Zeit ist nicht deswegen interessant, weil er Banknoten ausgab, sondern weil er zum ersten Mal im Großen Geldschöpfung in Form von Papiergeld vorgeführt hat; das große Problem, vor dem wir heute stehen. Die Papiergeldschöpfung ist heute eine selbstverständliche, elementare Manipulation des Bankensystems. Das zu unterscheiden ist wichtig: Wir sprechen heute noch von Banknoten und meinen ›Noten‹ oder Papiergeld. Vorläufer der Banknote waren die schon Mitte des 14. Jahrhunderts in Italien verwendeten Schecks und später die sogenannten Goldsmith's Notes. Das waren Quittungen, Depotscheine, durch welche die Hinterlegung einer entsprechenden Summe Münzgeldes bei den zugleich Geldhandel und Geldwechsel betreibenden Goldschmieden bestätigt wurde und die vor allem dann im 17. Jahrhundert als Zahlungsmittel umliefen. Die Ärgernisse mit den vielerlei und minderwertigen Münzen hatten schon die 1609 gegründete Bank von Amsterdam veranlaßt, Münzen nicht mehr nach ihrem Nennwert, sondern nach ihrem Gewicht entgegenzunehmen und dem Einlieferer den Metallwert gutzuschreiben. So entstand das Buchgeld oder Giralgeld der dafür eigens gegründeten Girobanken (Hamburger Girobank 1770), das in abgewandelter Form wieder (wie einstmals in Ägypten) auf der Basis ungeprägter Silberbarren beruhte. Während also die Wechsler und Girobanken in Amsterdam, London und Hamburg eigene Banknoten bis zur Höhe ihrer Einlagen (Depositen) ausgaben, die somit nur Empfangsquittungen für eingezahltes Geld darstellten, wollte John Law *Kredit ohne Deckung* gewähren.

Frühere Arbeiten sehen in John Law hauptsächlich den Abenteurer, Spieler und Falschspieler, einen gewissenlosen Spekulanten. Eine neuere gründlichere Unterrichtung kommt zu einem anderen Ergebnis. John Law war der Sohn eines Goldschmieds und Bankiers in Edinburgh und von Haus aus sehr wohlhabend. Genial begabt wie er war, interessierte ihn im väterlichen Geschäft ausschließlich die Bankierstätigkeit. Man sagt ihm außergewöhnliche Kenntnis der Literatur, der Philosophie und der damaligen Nationalökonomie nach. John Locke, der berühmte englische Philosoph, hatte behauptet, daß nur der jeweilige Silbergehalt der Münzen und nicht der

Nennwert die Güter kaufe. Diese Meinung teilte John Law nicht. Die zeitgenössischen Richtungen der ökonomischen Wissenschaften haben seine Anschauungen zwar beeinflußt – die Merkantilisten, vor allem Colbert, mit welchem ihn sein Interesse für die Förderung von Industrie, Gewerbe und Handel verband –, aber die praktischen Möglichkeiten des Geldwesens sind es, die es ihm angetan haben.

In Amsterdam erwirbt sich Law durch Spekulation an der damals weltbeherrschenden Börse ein großes Vermögen. Von dort reist er nach etwa zwei Jahren über Spanien, wo er die Wirkung des von den Kolonien einströmenden Geldes als unaufhaltsamen wirtschaftlichen Niedergang erlebt, nach Italien, studiert dort das Bankwesen: die Bank des Heiligen Georg in Siena, die Bank des Heiligen Ambrosius in Mailand (bezeichnend, daß wieder die Heiligen zuerst die Namen für das neue Bankgewerbe hergeben mußten!) und das Geldwesen in Padua, Venedig und Florenz. Sein Interesse an den wirtschaftlichen und finanziellen Transaktionen der Republik Venedig macht ihn dem herrschenden System verdächtig. Er entweicht nach Rom und Neapel, um dort die Bank der Heiligen Annunziata und das italienische Girobankwesen zu studieren. Nach England zurückgekehrt, veröffentlicht er seine Untersuchungen über Geld und Handel mit einem Vorschlag, »die Nation mit Geld zu versehen«. Diese Schrift erregt Aufsehen und wird in verschiedenen Sprachen gedruckt.

Es war damals nicht mehr nötig, die Banknote zu ›erfinden‹, es gab sie schon. Es geht ihm darum, das bisherige System der dezentralisierten und individualisierten Ausgabe von Banknoten, der Goldschmied-Noten in England und Schottland und der Girobanken, durch eine zentrale Notenausgabe zu ersetzen. Dem damaligen Denken entsprach es, daß die Noten weiterhin in Münzen einlösbar sein sollten. Das Entscheidende an seiner Theorie war aber, daß nun die *Zentral-Banknoten* das *allgemeine, unbeschränkt gesetzliche Zahlungsmittel* darstellen sollten für das Territorium ihrer Ausgabe. Deshalb sollte der Staat die zentrale Kontrolle über die Notenausgabe in der Hand behalten. Die Zinsen waren damals allgemein hoch, zeitweilig 30 Prozent und mehr. Deshalb sollte es Aufgabe der Bank sein, den Kredit zu verbilligen und »den Geldumlauf zu vermehren, den Wucher aufhören zu machen, den Münztransport zwischen der Hauptstadt und den Provinzen zu ersetzen, den Ausländern Gelegenheit zu bieten, mit Sicherheit Geld in unserem Reiche anzulegen, unseren Völkern den Verkauf ihrer Erzeugnisse und die Entrichtung von Steuern zu erleichtern.«[40]

Was John Law mit seiner Geldreform will, ist das, was nun nach dem Durchbruch der Wirtschaft zur Selbständigkeit die zeitgemäße Forderung ist. Der Merkantilismus hatte der Tatsache Rechnung getragen, daß sich in der Zeit Colberts, des Territorialfürstentums, die mittelalterlichen Stadtwirtschaften zu größeren, einhcitlichen Wirtschaftseinheiten zusammengefügt hatten. Mit der »politischen Konzentration werden Geld und Reichtum in ganz anderer Weise ein Element der politischen Macht wie früher«.[41]

Wenn man angesichts dieser veränderten Welt die Gesichtspunkte des John Law untersucht auf ihre praktischen Aspekte, dann sieht man, daß sie damals gewissermaßen ›in der Luft‹ lagen. Die Zeit war, nachdem die Wirtschaft mit einem mächtigen Sprung nach vorn getrieben worden war, für den Umbruch im Geldwesen reif. Deshalb ist John Law trotz seines Scheiterns doch der Repräsentant des Zeitgeistes.

Der Ablauf des Lawschen Abenteuers ist bald geschildert. Das Drama vollzieht sich in der kurzen Zeit von vier Jahren, von 1716 bis 1720. Nach dem Tod Ludwigs XIV., der Frankreich eine Schuldenlast von schwindelerregender Höhe hinterließ, sich aber zu Lebzeiten den Vorschlägen von John Law unzugänglich gezeigt hatte, versuchte der Herzog von Orléans, der die Regentschaft des unmündigen Sohnes Ludwigs XIV. antrat, den Schuldenberg mit der üblichen Methode abzutragen: Ablieferung der umlaufenden Münzen und Umtausch in neue mit einem um ein Fünftel geringeren Metallwert, während Staat und Schuldner ihre alten Schulden ohne Aufschlag mit diesen geringerwertigen Münzen bezahlen konnten. Die Regierung wandte das Steuer um und reduzierte radikal die Ausgaben. Diese Politik der Sparsamkeit lähmte neben dem Währungsverfall die Wirtschaft, die Umsätze und Einnahmen des Staates gingen weiter zurück; das Ende der Krise war nicht abzusehen. (Dieser Vorgang hat sich inzwischen mehrfach wiederholt; zum Beispiel bei der großen Wirtschaftskrise vor 1933.) Damals erinnerte sich der Regent des merkwürdigen Schotten, der diese Probleme zu lösen versprochen hatte.

Die Vorschläge John Laws sind konkret: Eine Bank soll gegründet werden, die berechtigt ist, über das Einlagekapital hinaus Kredit zu gewähren, während bis dahin ja die Girobanken Banknoten nur bis zur Höhe der Einlagen ausgaben. Law hatte dem Herzog seine Denkschrift übergeben, »um zu beweisen, daß eine neue Art von Geld besser sein kann als Gold und Silber«. In dieser Zeit hatte eine Wirtschafts- und Produktionsweise (besonders in England durch die sogenannte industrielle Revolution) bereits begonnen, die ihre Konsequenzen auf dem Geldgebiet forderte: den Übergang von der Geldwirtschaft zur Kreditwirtschaft; das ist der einschneidende Vorgang, der zur modernen Industriegesellschaft führte.

John Law hatte diese Zäsur begriffen. Wie die Physiokraten[42] argumentierte er (ohne davon auszugehen), daß der Grund und Boden das beste Geld, der beste und beständigste Wertmaßstab sei im Gegensatz zu den in ihrem Wert schwankenden Edelmetallen Gold und Silber. Natürlich könne der Boden nicht in Umlauf gebracht werden, man müsse ihn durch papierene Hypothekenscheine gleichsam vertreten lassen. Das so mobilisierte ›Naturgeld‹ sollte nur innerhalb der territorialen Wirtschaft gelten; hier solle es das Metallgeld ganz ersetzen, während gegenüber dem Ausland das Metallgeld weiter gelten könne. (Wir haben hier also schon im Prinzip das, was heute noch die sogenannte Gold-Kernwährung darstellt, mit der man die Währungsprobleme des internationalen Handels zu lösen sucht.) Warum ist dieses Papiergeld besser als Gold und Silber? Law schließt mit Recht, daß die Möglichkeit, den Kredit zu vermehren, zugleich die Möglichkeit bedeutet, auch die wirtschaftlich effektive Geldmenge zu vermehren. Er war der Meinung, die »Zettelvermehrung wirke nicht ebenso auf die Preise wie die Silbergeldvermehrung«, denn, da die ausgehende Autorität »nur Summen ausleihet, die man verlangt..., so wird dieses Papiergeld seinen Preis behalten, und man wird dessen so viel haben, als nötig sein wird und nicht mehr..., so wird das Volk Arbeit bekommen, die Länder werden gebessert, die Manufakturen aufgebracht..., die Preise aber nicht steigen.«

Im Mai 1716 erfolgte die Gründung der Banque générale als Privatbank John Laws; sie hatte glänzende Erfolge. Law wurde vom Gründungsfieber erfaßt: 1717 gründete er die »Mississippikompagnie« mit dem Privileg der Kolonisation und des Handels im Mississippigebiet. 1718 folgte die Anerkennung der neuen Banknoten als allgemeines Staatspapiergeld, und im Dezember 1718 wird die Lawsche Bank »Banque Royal«, Staatsbank. Aber es werden nicht im Sinne des früheren Hypothekenbank-Planes von Law Noten in nur *begrenztem*

Umfang ausgegeben, sondern im Sinne seiner späteren Ansicht, daß der Staat aufgrund seines eigenen Kredits *unbegrenzt* Papiergeld ausgeben könne. Nach dem rauschartigen Aufstieg erfolgte 1720 ein panikartiger Kurssturz des Papiergeldes. Law wurde als Alleinschuldiger verhaftet, konnte aber nach Venedig fliehen, wo er 1729 in Armut starb. Frankreich erklärte den Staatsbankrott.

Erst drei Monate nach seinem Tode wurde Law aufgrund einer durch Kardinal Fleury angeordneten Untersuchung rehabilitiert: Die Mississippikompagnie hatte mit dem Geld, das ihr zugeflossen war, sorgsam gewirtschaftet. Sie besaß 300 Millionen Livres bares Vermögen, über 500 ausgerüstete Schiffe und reiche Warenvorräte. Das Parlament mußte feststellen, daß keinerlei Schulden John Laws an den französischen Staat bestanden.

Warum wurde die Ausgabe des Geldes nicht begrenzt, so wie es John Law ja von vornherein als notwendig erkannt hatte? Offenbar wurde durch die Möglichkeit, Geld zu ›machen‹, eine Abfolge psychischer Reaktionen in Gang gesetzt, die man als dämonisch bezeichnen kann. Diese Reaktionen waren durch Jahrtausende hin in die menschliche Seele eingegraben worden von dem Augenblick an, als Geld zum Inbegriff von Reichtum und Reichtum mit Macht gleichbedeutend geworden war. Daran mußte Law scheitern; er hatte sich in das Joch gesellschaftlicher Mächte begeben, die sein System mit Hilfe ihres politischen Einflusses brutal auszuschlachten suchten. In seinem Exil grübelte er bis zum Ende seines Lebens über die gemachten Fehler nach, in Gesellschaft von Montesquieu, der später das berühmte Buch *Esprit des lois* geschrieben hat, in welchem er die Macht des Staates durch die Trennung von Legislative und Exekutive zu bändigen suchte.

Das ist die Frage, um die es auch bei dem auf Kredit beruhenden modernen Wirtschaftssystem geht: die Frage nach dem »Geist der Gesetze«. Durch den damaligen Ungeist der Gesetze ist zerbrochen, was gesund und richtig an dem neuen Geldsystem war: »Wer Unternehmungslust zeigte, wer seine Produktionsmittel auszunützen versprach, wer gewinnbringende Aufträge vorwies, die er nur mit Hilfe von Kredit auszuführen versprach, erhielt von Law ein Darlehen in Form von Banknoten«[43]. Diese Banknoten waren in Wirklichkeit im Sinne der heutigen Geldtechnik Wechsel, das heißt Zahlungsversprechen auf die Zukunft, die im Gegensatz zum heutigen, an einen festen Termin gebundene Wechsel nicht an einen festen Tag gebunden waren.

Da Law mit der Ausgabe der Noten aber das Versprechen gegeben hatte, sie jederzeit bei Vorlage auf Wunsch in Münzen einzutauschen, kam es allein darauf an, daß diese Umwandlung gar nicht oder nicht in einem das System gefährdenden Umfang in Anspruch genommen wurde. Die Voraussetzung dafür war, daß das Vertrauen zur Bank unerschüttert blieb. Aber dafür gab das politische System keine Garantie. Law handelte selbst dagegen, als er sich nicht begnügte, anderen Unternehmen Kredit zu gewähren, sondern seine Bank selbst unternehmerisch tätig werden ließ. Das dafür nötige Kapital, mit welchem die Kompagnie arbeiten sollte, war von der Bank vorgestreckt, also in Banknoten aufgebracht worden. Dies war keine Geldfrage mehr, sondern eine Rentabilitätsfrage, ein Produktions- und Handelsproblem. Mit seinen weitschweifenden Plänen und Ideen entpuppte sich Law jetzt im Grunde selbst als Unternehmer mit unbegrenztem Kredit. Die Aktien der Kompagnie wurden durch die euphorischen Erwartungen, die die Pläne des erfolgreichen Geldschöpfers erweckten, zum Spekulationsobjekt und stiegen von pari 500 livres zuletzt auf 18 000 livres. Als in diesem Augenblick die Spekulanten ihre Aktien abstießen, brach das ganze System zusammen, weil damit auch die Bank ins Verderben gerissen wurde.

John Law war es indessen, der »die erste einheitliche Theorie des Papiergeldes aufgestellt« und das Zentralnotenbanksystem im Kern erfaßt hat in seinem Sozialprinzip. »Was immer man über die Schwächen John Laws sagen mag, das Bild des Schöpfers der modernen Aktie, der modernen Banknote, des modernen Scheckverkehrs steht so gewaltig da, daß seine Bedeutung von niemand ernstlich angezweifelt werden kann.« (Kerschhagl). Er »wollte damit eine Art ›öffentlichen Dienst‹, während Tausende von privaten Bankgründungen nur das Ziel hatten, mit dem Geldgeschäft private Gewinne zu machen: Mit der Entstehung der Banknote beginnen zum mindesten gewisse Bankiers Herrgott oder Staat zu spielen und Geld zu machen ... bis die spekulative Seifenblase geplatzt ist.«[44]

Eine neue Geldepoche war angebrochen. Heute erst hat sich – nach zahllosen Inflationen und Spekulationen – das Problem auf die Kernfrage verdichtet: Wodurch bekommt das Zeichengeld seinen Wert und durch welche Ordnung bleibt die Währung beständig? Gäbe es dafür eine Patentlösung, dann wäre sie längst gefunden. Es erfordert ein völliges Umdenken; aber man kann nur umdenken, wenn man das, was ist und was falsch ist, seiner Enstehung nach überschaut. Das ist Sinn und Inhalt der nächsten Kapitel.

2. Substanzwert des Geldes und Theorien über die Notendeckung

Der Streit, ob der Metallwert von Gold und Silber dem daraus gemachten Geld oder der damit gedeckten Währung Wert verleiht, ist bis heute noch nicht ausgekämpft. Wir müssen die Entscheidung bis ganz zum Schluß zurückstellen.

Bevor es ›Nur-Geld‹ in Gestalt des heutigen Papiergeldes gab, mußten bearbeitete oder nicht bearbeitete Naturgegenstände die Geldfunktion übernehmen. Zuerst war es die gesellschaftliche Autorität, die von der geistigen Führung ausging, danach das Recht und schließlich der in der Gesellschaft selbst liegende Dynamismus, durch welchen die Natursubstanz zu Geld wurde. Wie mit innerer Notwendigkeit verliert im Fortgang der Geschichte die ursprüngliche göttliche Autorität ihre Macht und geht – sichtbar zuerst im römischen Rechtsdenken – auf die staatliche Autorität über. Neben diesen ›Autoritäten‹ kommt zusätzlich der Edelmetallwert der Münzen ins Spiel. Aber er hat – anders als man denken sollte – eine eher destabilisierende Funktion.

Auf den römischen Münzen tritt zuerst der staatlich-kultische Geldwert in den Vordergrund im Bilde der Göttin Juno moneta mit Waage, Scheffel oder Elle, die jedem einzelnen seinen Anteil zumißt. Die Münzen wurden im Tempel der Juno geprägt und erhielten daher den Namen *Monetae,* von dem in fast allen Kultursprachen die Bezeichnung für Geldprägungen abgeleitet worden ist. (Wenn wir von unseren Moneten sprechen, denken wir nicht mehr daran, daß das Wort von *monere,* ermahnen, kommt.) Der Rechtscharakter hatte damit den Sieg über die esoterische und sakrale Geldsubstanz davongetragen. Nunmehr verfügt die äußere gesellschaftliche Autorität und Gewalt darüber, was als Geld zu akzeptieren ist. Karl Marx zitierte Philipp von Valois: »Niemand kann und darf Zweifel hegen, daß nur Uns und Unserer Königlichen Majestät zukommt ... das Münzgeschäft, die Herstellung, die Beschaffenheit, den Vorrat und Preis in Umlauf zu setzen, wie es Uns gefällt und gutdünkt.«[45] Und so sind die staatlichen Mächte auch im Münzgeschäft stets verfahren.

Das geschah schon in der Verfallszeit des römischen Imperiums. Nachdem anstelle der Juno moneta auf den Münzen die Köpfe der Imperatoren erschienen, war fast immer mit den Umprägungen ein Substanzwertverlust verbunden. Als in der Hohenstaufenzeit die Silbermünzen aufkamen, die man Brakteaten (*bractea* = dünnes Blech) nannte, hatte sich schon als Recht herausgebildet, »wenn neue Herren kommen« (wie es im *Schwabenspiegel* hieß), eine Änderung der Münzen vorzunehmen. Ob nun der Wechsel der Herrschaft durch Tod eines Fürsten oder Grafen als Erbfolge eintrat oder als Ergebnis von Machtkämpfen unter den rivalisierenden Großen, immer war es nach dem Gesetz der »renovatio monetarum« rechtsüblich, die umlaufenden Münzen »aufzurufen« oder zu »verrufen«. Das geschah mit einem jeweils festgesetzten Abschlag, und es konnte nicht ausbleiben, daß man diesen für die Herrschaft rentierlichen Vorgang auch ohne Regierungswechsel nach Bedarf anordnete – innovationes oder mutationes genannt –, etwa neues Geld zu jeder Messe oder auch mehrmals im Jahr, so daß man in Wien zum Beispiel in 150 Jahren fast ebensoviel verschiedene Pfennige wie Jahre zählen konnte.

Diese *renovatio monetarum* spielt in der Ideologie der Geldreformer (neben der Zinsfrage) eine scheinbar beweiskräftige Rolle für die innere Notwendigkeit des sogenannten Schwundgeldes. Es wird nämlich behauptet und dabei auf wissenschaftliche Untersuchungen hingewiesen, daß die kulturelle Hochblüte im Mittelalter ihre Ursache in dieser periodischen Gelderneuerung gehabt habe. Diese Frage ist die Kernfrage einer organischen Geldordnung, in der es vor allem auf das Wie der sich laufend erneuernden Geldsubstanz ankommen wird, und sie zielt damit auf das Grundproblem des heutigen Zeichengeldes – die Wertbeständigkeit des Geldes und die Stabilität der Papiergeldwährungen.

Die moderne Wirtschaft fordert die ›Dynamis‹ des Geldes, die Initial- und Schwungkraft, die im Gegensatz zur Naturalwissenschaft zum Wesen der Industriewirtschaft und ihrer progressiven Produktionstechnik gehört. Für diese ist ein dynamisches Geldwesen eine Art von Lebenselixier, und so war lange Zeit die wissenschaftliche Auffassung, das Geld sei überhaupt eine Schöpfung der Wirtschaft.

Die neuere Auffassung formuliert Andreae so: »Das Geld

hat seinen Ursprung nicht in der Wirtschaft, sondern liegt als Dynamismus in deren gesellschaftlichen Fundamenten. Darum kann es auch nicht als Tauschmittel aus der Wirtschaft hervorgegangen sein... Wie die Sprache oder besser: das Vermögen zu sprechen, schon vorhanden sein muß, damit die Menschen sich überhaupt untereinander verständigen und in einen Gedankenaustausch eintreten können, so muß auch das Geld als Fähigkeit, in einen Austausch von Dienstleistungen und Gütern einzutreten, schon vorhanden sein, wenn auch die Ausbildung der Fülle von Sprachformen und Spracharten erst durch den gesellschaftlichen Verkehr und die große Mannigfaltigkeit der Geldformen und Geldarten durch den wirtschaftlichen Verkehr entwickelt werden konnten. So ist es zu verstehen, daß ›das Geld‹ (oder besser die Dynamis des Geldes) ›eine allen Individuen der bürgerlichen Gesellschaft inhärente Eigenschaft‹ sei.«

Der Sozialdarwinismus möchte der Entstehung der Kulturformen ein tierähnliches Frühstadium voransetzen, in dem der Mensch schon von seiner Konstitution her nicht hätte existieren können. In Wirklichkeit stand eine kulturell einheitliche Gemeinschaftsform am Anfang. In ihr ist »das Geld ein Mittel der Kult-, Staats- und Wirtschaftsordnung, welche drei nicht getrennt, sondern notwendig miteinander verbunden, in schöpferischer Gegenseitigkeit erwachsen, weil es ebensowenig einen Staat ohne Kultus, wie diese beiden ohne Wirtschaft geben kann«.[46]

Da für das Papiergeld (hinzuzurechnen Buch- und Giralgeld) die natürliche quantitative Begrenzung wegfällt, ist seit John Law und nach den großen klassischen Inflationen die Begrenzung der Geldmenge das zentrale Thema der Geldwirtschaft. In der Naturalwirtschaft lag die geldschöpfende Tätigkeit in den wirtschaftlichen Leistungen, das heißt den effektiven Beiträgen zum Sozialprodukt. Daß dies auch in der vollendeten Geldwirtschaft so ist, kann leicht übersehen werden, weil jetzt die unmittelbare Geldschöpfung durch den Ausbau der Kreditinstitute auf diese übergegangen ist. Die Frage lautet nun, wie kann *kaufkräftiges* Geld geschöpft werden? Denn ein Papiergeld, das nach dem Ersten Weltkrieg auf ein Billionstel seines Goldwertes sich vermindert, ist kein funktionsfähiges, kein Kaufgeld mehr.

Wir wollen die ungezählten theoretischen Überlegungen beiseite lassen und lediglich auf den Gegensatz zweier Auffassungen eingehen, um welche seit Beginn des achtzehnten Jahrhunderts heftige Auseinandersetzungen stattgefunden haben, die Banking- und die Currency-Theorie. Jede dieser beiden Schulen glaubte die Wahrheit gefunden zu haben. Es ist notwendig, den Streit zwischen den beiden Schulen zu betrachten, weil er noch nicht zu Ende gekämpft ist und doch auf die richtige Spur für die organisch begrenzte Geldschöpfung führt.

Im Jahr 1797 war in England die Einlösepflicht der Banknoten in Metall aufgehoben worden: Die daraufhin erfolgte Vermehrung der Zahlungsmittel verminderte die Kaufkraft des Geldes. Die Quantitätstheorie konnte diese Folgen mühelos erklären. Sie sagte damals, eine Verdreifachung der Geldmenge würde auch eine Verdreifachung der Warenpreise zur Folge haben (Ricardo). Halte man die Einlösepflicht der Banknoten aufrecht, dann könne nie zu viel oder zu wenig Geld in Umlauf sein und eine wirtschaftliche Störung bewirken. Obwohl die Bank von England 1821 die Einlösepflicht wieder aufnahm, kam es nicht zu einer stabilen Währung. Daraufhin kam nun die Ansicht auf, die Banknoten müßten zu hundert Prozent in Gold gedeckt sein, weil der Papiergeldüberhang den Wert der umlaufenden Zahlungsmittel vermindern müsse. Das ist die Currency-Theorie.

Die Banking-Theorie behauptete dagegen, daß nie zuviel Geld in Umlauf sein könne, wenn die Banknoten *bankmäßig*, das heißt durch Handelswechsel gedeckt seien. Die Banknote sei nicht nur Zahlungsmittel, sondern auch Kreditmittel; die Noten müßten am Fälligkeitstage der Wechsel zurückströmen. Inflatorisch wirke dagegen die Ausgabe von uneinlösbaren Staatspapieren. Dieser Streit erreichte seinen Höhepunkt im Kampf um die Peelsakte, durch welche 1844 die Bank von England auf das Currencyprinzip festgelegt wurde: England hatte darauf eine Goldwährung, bis mit Beginn des Ersten Weltkrieges eine teilweise Suspendierung der Peelsakte und eine inflationistische Notenvermehrung erfolgte. 1931 wurde die Goldeinlösungspflicht ganz aufgehoben, weil man hoffte, dadurch die Deflationskrise überwinden zu können.

War es nur die Willkür der Inhaber der Macht und des Rechts im Zeitalter des Münzgeldes, die zu den periodischen Geld- und Preisänderungen führte? Oder war es die Folge der wechselnden Quantitäten, die für die Prägung zur Verfügung standen, wie damals, als die Gold- und Silberströme aus dem neu entdeckten Amerika nach Europa strömten und den Eigenwert des Metalls verringerten? Hat die Währung wirklich nur mit dem Warenwert des Deckungsmetalls zu tun, wie die Currency-Theorie sagt? Oder entsteht die Währung nur als Instrument des wirtschaftlichen Tauschvorgangs? Oder ist sie ein Resultat der Dynamik des ganzen sozialen Organismus?

Man wird guttun, diese absichtlich kurzgehaltene Episode vom Kampf zweier Schulen im Bewußtsein zu behalten, denn dieses Florettfechten hat sich sozusagen in die ›hinteren Gemächer‹ der internationalen Währungsdiskussion zurückgezogen: in die Problematik der Gold- und Devisenreserven.

3. Der Dynamismus des Geldkreislaufs

Die Edelmetallmünze war in der Herstellung sehr teuer; durch die Schürfkosten, Transporte, Verluste, Prägekosten dürfte nicht selten die Herstellung teurer geworden sein als der spätere Münzwert, wenn man die Kostenrechnung exakter, wie heute, hätte anstellen können; aber damals waren es noch Kosten, die nicht berechnet wurden, politische Kosten, die das Volk bezahlen mußte. Man versteht, wenn man dies bedenkt, daß soviel Raub, Eroberung und Plünderung mit dieser Form des Geldes verbunden war.

Das Warengeld war die Übergangsform zum feineren, zum Papiergeld und zur feinsten Form des Geldes, dem stofflosen Buchgeld: in den Bankbüchern wird über den Austausch von Leistungen und Werten, über die Einzahlungen und Auszahlungen, Aufnahme und Rückzahlung von Krediten abgerechnet. Da entsteht durch Gutschriften das Buchgeld, ohne daß es für den Vorgang der Buchgeldschöpfung des Edelmetalles oder überhaupt stofflicher Geldzeichen (Scheidemünzen, Papiergeld) bedürfte. Warum brauchen wir dann noch neben dem Buchgeld oder Geschäftsgeld Münzen und Banknoten? Zunächst aus äußeren praktischen Gründen: weil sie in den meisten Ländern das einzige, letztlich gültige Zahlungsmittel oder Währungsgeld darstellen und weil sie für den täglichen Geldverkehr unentbehrlich sind (wir werden später sehen, daß das Banknotengeld noch eine wichtige Funktion für die Geldordnung selber hat).

Die *Münzen* läßt der Staat prägen und verkauft sie an die Zentralbank zum vollen aufgeprägten Wert. Daran verdient bei uns der Staat jährlich etwa 360 bis 370 Millionen Mark. Die

Noten läßt die Zentralbank selbst herstellen: »Im Berichtsjahr hat die Bank neue Bundesbanknoten im Betrag von 18 495 Millionen DM von den Druckereien übernommen und in einer Stückzahl von 466,4 Millionen dem Verkehr zugeführt oder hierfür bereitgestellt«, stand 1980 im Jahresbericht der Zentralbank. Diese 466,4 Millionen Stück kosteten immerhin 164,7 Millionen DM für die Herstellung (sie könnten billiger sein, wenn es nicht, wie früher Münzfälscher, heute potentielle Fälscher für Noten gäbe). Dabei stieg der Banknotenumlauf von 1979 auf 1980 von 79 386 auf 83 730 Millionen DM.

Solange die Noten wohlverwahrt in den Tresoren der Notenbank lagern, haben sie keinen Wert; sie sind solange nur bedrucktes Papier. Ihren Wert erhalten sie dadurch, daß sie in den Verkehr kommen. Erst dann werden sie in der Notenbankbilanz, dem sogenannten Wochenausweis der Bundesbank, auf der Passivseite gebucht. Das anschließend noch darzustellende Instrumentarium der Notenbank gestattet auf verschiedene Weise, direkt oder indirekt über die Geschäftsbanken die Umlaufmenge an Zahlungsmitteln zu steuern, das heißt zu vergrößern oder zu verringern. Das ist das eigentliche Mittel und das letzte Geheimnis der Notenbank, daß sie einige Ventile hat, mit denen die Geld- und Kreditschleusen mehr oder weniger geöffnet werden können. Das hat dann zur Folge, daß mehr oder weniger Geld oder Kredit an die Notenbank zurückfließen muß. Die Bundesbank ist also verantwortlich für die volkswirtschaftliche Geldbilanz, den Geldumlauf.

Das Geld bewegt sich in Kreisläufen durch den sozialen Organismus. Die Parallele zum Blutkreislauf im menschlichen Körper liegt in der Tat nahe. »Die Banken (die öffentlichen wie die privaten Kreditinstitute) werden gleichsam als das Herz des Geldkreislaufes aufgefaßt, in das das Geld hineinströmt, um wieder herausgepumpt zu werden. In Wirklichkeit sind sie aber zugleich das Knochenmark, denn wie hier die roten Blutkörperchen gebildet werden, so stehen die Banken auch im Dienste der Geldschöpfung.« (Wagemann).

Im Blick auf den dargestellten Bankendualismus (Notenbank-, Geschäftsbanken-System) kann man indessen nur von gewissen parallelen Zügen, nicht von einem aussagefähigen Vergleich sprechen. Denn beim Blutkreislauf handelt es sich um einen selbsttätigen organischen Lebensvorgang, der zunächst nur so definiert werden soll, daß sich der Kreislauf aus einer Gesamtvernunft sinnvoll zusammenwirkender organischer Kräfte und Fähigkeiten vollzieht.

Der Geldkreislauf dagegen ist ein mit Hilfe der technischen Apparaturen der beiden Banksysteme manipulierter, mechanistisch ablaufender Vorgang, der aus gesetzlich geregelten Eingriffsmöglichkeiten durch Entscheidungen oder Verhaltensweisen der Funktionäre des Bankensystems resultiert. Im Geldkreislauf durchdringen sich fortwährend zwei Kreisläufe in einer widerspruchsvollen Weise: Der eine, der in der Notenbank seinen Mittelpunkt (sein ›Herz‹) hat und die Aufgabe, den sozialen Organismus mit Zahlungsmitteln zu versorgen und dadurch die Währung zu stabilisieren; und der andere, von diesem in einem noch darzustellenden Umfang quasi abgezapfte, der dann vom Geschäftsbankensystem ausgehend über die Wirtschaft und die Haushalte zurück in die Banken fließt. Es trifft die Wirklichkeit, ist also keine Kritik, wenn man diesen Sekundärkreis als parasitär an den Notenbankkreislauf angehängt charakterisiert, weil er seine eigene kreditschöpferische Vitalität nur durch den gesetzlich geregelten Anschluß an die Notenbank entfalten kann. Der Dynamismus des von organischer Vernunft durchströmten Blutkreislaufs ist ein anderer als der des dualistisch gesteuerten Geldkreislaufs. Wo hat der Dynamismus überhaupt seinen Ursprung? Das ist die entscheidende Frage auch für die Geldordnung.

Für den Blutkreislauf ist die Frage dahingehend zu beantworten, daß die Ursache der Blutbewegung letzten Endes von den Bedürfnissen der Organe und der Zellen des Stoffwechsels ausgeht. Das Blut liefert diesen, was sie zu ihrer Erhaltung und Funktion brauchen. Dabei ändert sich das Maß der Durchblutung nicht durch den Strömungsvorgang vom Herzen her, sondern es verengen und erweitern sich die Blutgefäße unter dem Einfluß der von den Gefäßnerven ausgehenden ›Wahrnehmungen‹, die sogar bis in die feinsten Kapillaren reichen. Mithin hängen die Vorgänge im Blutkreislauf nicht von einem mechanischen Pumpvorgang ab, der viel zu grob und undifferenziert wäre, sondern von Bewußtseinsvorgängen (Erröten, Erblassen), von regelmäßigen organischen Vorgängen (Stoffaufnahme, Ausscheidung) und von den Kräften, die den Blutstrom in die Haargefäße hineinsaugen, in denen mit dem Abbau des Blutes auch der Übergang vom arteriellen zum venösen Kreislauf stattfindet.

Blutkreislauf und Geldkreislauf bieten mehr als nur eine

Parallele, wenn man nach dem Ursprung ihrer Dynamik, nach den Kräften fragt, die den Kreislauf bewegen. Um diese Frage kommt man nicht herum, wenn man in der Geldwissenschaft weiterkommen will, denn sie ist das eigentliche Rätsel des Geldes. Der Vergleich mit den dynamischen Kräften, die das Blut bewegen, kann die Aufmerksamkeit auf den Grundirrtum und -fehler in den heutigen Geldsystemen lenken.

Es klingt immer so, als ob es ›Das Geld‹ sei, das kaufe, Investitionen durchführe, Handel oder Forschung treibe, Konjunkturen und Krisen verursache. Natürlich bleibt ›Das Geld‹ im Strumpf untätig, wenn es nicht in den Kreislauf kommt, durch den es erst zu ›Geld‹ wird. Denn es liegt, wie Andreae sagt, ›als Dynamik im gesellschaftlichen Fundament‹; es ist in der Tat die Wirkung eines Gesamtvermögens des sozialen Organismus, wie das Sprachvermögen. Es sind materielle, seelische und geistige Bedürfnisse und Leistungen, die im sozialen Organismus den Geldkreislauf bewegen, so wie die organischen Kräfte und Leistungen den Blutkreislauf. Die Geschichte des Geldes zeigt dieses geldschöpferische Vermögen und Bewußtsein der Menschen in fortschreitender Stufenfolge: So wie das Sprachvermögen sich von instinktiven Uranfängen zur vollbewußten Handhabung der Sprache entwikkelt hat, so müssen heute instinktive Prozesse im Geldwesen in den Griff der Vernunft gebracht werden. Was heißt das im Blick auf die Geldmechanismen?

Wir haben gesehen, wie sich das Geld im Lauf der Entwicklung schrittweise vom Stoff, dem Edelmetall, losgelöst hat. Die Kämpfe zwischen der Currency- und der Bankingschool sind symptomatisch dafür, daß diese Trennung sich nun auch in der wissenschaftlichen ›Vernunft‹ vollziehen muß (John Law), und daß damit die Frage nach der Entstehung und Erhaltung des Geldwertes zu einer höheren Form der wissenschaftlichen Anschauung des Geldwesens führen muß – einer organischen.

Mit dem steigenden Geldbedarf der industriellen Wirtschaft können heute die verfügbaren Edelmetallmengen nicht Schritt halten, aber man tappte zunächst völlig im dunkeln, wie ohne die Koppelung mit Edelmetall das Papier überhaupt Wert erhalten könne. So ist es zu begreifen, daß in den sich bekämpfenden Theorien die Golddeckung für die Währung eine Skala von Hundert bis Null Prozent umfaßt und daß in den Tresoren der Zentralnotenbanken heute noch unproduktive Milliardenwerte in Goldbarren als Fetisch neben völlig wertlosen Banknoten deponiert sind. An diesem Bilde läßt sich deutlich machen, was es heißt, instinktive Zusammenhänge ins Bewußtsein zu heben: In den Tresoren der Notenbanken liegt das substanzlose dynamische Geld, das erst Geld dadurch wird, daß es in den sozialen Kreislauf kommt; neben seiner ›Großmutter‹, dem Hortgeld, den Goldbarren, jenem Schatzgeld, in welchem Laum und Gerloff den Ursprung des Geldes sehen. Woran liegt es, daß hundert Milliarden an Gold nach wie vor aus währungstechnischen Gründen thesauriert sind? An der fehlenden Vorstellung davon, was der jüngste Sprößling des ehrwürdigheiligen Geldes: das praktisch substanzlose Papiergeld sozial zu leisten imstande ist.

Das Hortgeldbewußtsein ist es, das noch immer auch im Zeichengeld den Thesaurierungswert sieht und nicht das Lebensblut des ganzen sozialen Organismus. So ist dieses Geld mit falschen Vorstellungen von Kapitalbesitz, Eigentum, Vermehrung, Anhäufung von totem Vermögen belastet und muß durch Manipulationen auch dahin gebracht werden, wohin es durch die Geldapparaturen nicht gelangen kann – in das Gebiet der Kultur, der Bildung und des Geistes. In der dem Verfasser bekannten Literatur ist diese Problematik auch nicht mit einem einzigen Satz, mit keinem Wort, aufgetaucht: daß der Kreislauf des Geldes auch das Kulturleben einbeziehen müßte, so wie der organische Dynamismus das Blut durch den Stoffwechsel *und* den Kopf kreisen läßt. Dadurch, daß der Staat über die Steuern einen Nebenkreislauf für das Bildungswesen einschieben muß, wird der Geldkreislauf verkrüppelt. Es kann auf diese Weise kein Geldorganismus entstehen, sondern nur ein Mechanismus, in welchem die Geschäftsbanken mit dem Gewinnmaximierungsprinzip das Geld in die Wirtschaft ›pumpen‹, und der Staat ›pumpt‹ davon gnädigst ein Almosen ab für den Geist und die Kultur. Damit wird der Dynamismus, der im sozialen Organismus genau so wirkt wie im Einzelorganismus, gehindert, das Geld so zu bewegen und zu gebrauchen wie der Organismus das Blut: im Kreislauf nach den Lebensbedürfnissen aller seiner Organe, bis in die kleinsten Zellen und Gefäße.

V

Die Geld- und Kreditversorgung des Geldkreislaufs

1. Das mechanische Instrumentarium der Notenbank und die Geschäftsbanken

Wahrscheinlich kämen wir in der Welt- und Lebenserkenntnis sehr viel schneller vorwärts, wenn wir wissenschaftlicherseits die Wesensunterschiede der verschiedenen ›Reiche‹, die zu unserem Dasein gehören, strenger unterscheiden würden nach ihren Lebens- und Wirkungsbedingungen; es ist ja doch eine offenbare Tatsache, daß zwischen einem Mechanismus und einem Organismus ein radikaler Unterschied besteht. Die Schwierigkeit liegt darin, daß wir wohl die tote Natur in ihren mechanischen, anorganischen Prozessen isoliert durch die naturwissenschaftliche Forschungsweise zu fassen vermögen und daß wir in dem Zusammenhang von Ursache und Wirkung ihre Gesetze, ihren Kausalmechanismus durchschauen können; wir kennen diese Gesetze und wir können Maschinen bauen, auf deren zuverlässiges Funktionieren wir uns verlassen können.

Diese Naturgesetze liegen gleichsam zuunterst allen Erscheinungen zugrunde, in denen sich andere, höhere Gesetzmäßigkeiten zur Geltung bringen wie zum Beispiel in den organischen Vorgängen des Pflanzenreichs. Geht man zum Tierreich über, dann sind schon drei wesensverschiedene Wirksamkeiten am Werke, und zweifellos haben wir es in allen menschlichen, sozialen Zusammenhängen mit noch verwickelteren Vorgängen zu tun, weil menschliches Bewußtsein und Selbstbewußtsein dabei offenbar eine entscheidende Rolle spielen. Alle diese höheren Bereiche können wir mit naturwissenschaftlichen Arbeitsmethoden nicht so isoliert auf ihre Gesetze hin erforschen wie die tote Natur, aber wir wissen, daß allen sozialen Vorgängen zuunterst ein mechanischer apparativer Teil zugrunde liegt, weil wir eben Menschen und keine Engel sind.

Deshalb brauchen wir auch für das Geldwesen *Einrichtungen,* in denen alle Vorgänge und Geldbewegungen fixiert, wirksam und laufend verfolgt werden können. Wir brauchen ein Banksystem, das mit seinen apparativen Möglichkeiten den

Milliarden von Einzelvorgängen gerecht wird, die buchungsmäßig und statistisch im heutigen weltwirtschaftlichen Rahmen belegt werden müssen. Auch ein organisch funktionierendes Geldwesen braucht das alles, und wir können froh sein, daß Erfindungsgeist diesen Mechanismus schon geschaffen hat. Nur ist die Vorstellung falsch, die das Geldwesen mit den Methoden und Verfahrungsweisen identifiziert, für welche die banktechnischen Möglichkeiten heute in verschiedener Weise im privatkapitalistischen oder im staatskapitalistischen System verwendet werden; denn dann erscheint uns das Geldwesen selbst nur als ein apparativer Vorgang oder als eine Maschine. Damit sind wir aber vollständig auf dem Holzweg.

So wird indessen vielfach gedacht, ohne daß man es merkt. Man bemerkt das Problem erst da, wo der Mechanismus versagt, und da dies der Fall ist, stellt man Forderungen auf; auf solche Postulate laufen alle wissenschaftlichen Arbeiten hinaus, die sich mit dem Geldwesen befassen und dabei auf die Fragwürdigkeit oder die Grenzen seines Mechanismus stoßen. Für unsere Untersuchungsmethode, die das Mechanische als eine mit den heutigen Mitteln ohne Schwierigkeiten zu bewältigende sekundäre Aufgabe betrachtet, haben diese Postulate einen gewissen Wert: Wir sehen daran, ob wir auf dem richtigen Weg sind, wenn wir behaupten, daß sie wohl von einem mit organischer Vernunft arbeitenden Geldsystem, nicht aber von einer Geldmaschine erfüllt werden können. Wählen wir zum Beispiel aus dem Buch von Andreae eine solche Stelle:

»Daß das Geld nicht im Sinne gleichbleibender Kaufkraft wertbeständig sein kann, weil seine *Kaufkraft* mit zunehmender Produktivität, mit entsprechend sinkenden Produktionskosten und mit fallenden Preisen *steigt*, weiß man freilich mehr oder minder schon seit Adam Smith. Dagegen sucht man immer noch die von der sogenannten Geldseite durch Inflation oder Deflation bedingten Geldveränderungen auszuschalten, was im Kampf gegen diese beiden die Wirtschaft verwirrenden und das gesamte Gesellschaftsgefüge umstürzenden ›Störenfriede‹ sehr verständlich, aber theoretisch ist. Denn, wenn das Geld – ähnlich auch die Steuer – ein *Organisationsmittel* ist, so kann es, richtig geschöpft und verwendet, ebenso *heilsam* wie, *falsch* geschöpft und verwendet, *schädlich* wirken. Das Geld ist eben nützlich und zugleich gefährlich, wie jedes Reizmittel! Das Geld kann ebensowenig wie die Steuer die Wirtschaft so lassen, wie es sie vorfindet. Für beide Organisationsmittel (Geld und Steuer) gibt es kein ›leave them as you find them‹. Es ist eine notwendige Forderung der Geldpolitik, daß das Geld nicht schädlich und zerstörend, sondern *nützlich und aufbauend* wirke. Aber um so wirken zu können, muß die Geldausgabe nach ihrer Richtung und ihrem Tempo gesteuert werden, wobei das Geld nicht ›neutral‹ bleiben kann.«[47]

Hier wird gesagt, was das Geldwesen alles soll, was es nicht soll und wie zwiespältig dieses heutige Geld wirken kann, »heilsam« oder »schädlich«, wenn es richtig oder wenn es falsch geschöpft und verwendet wird. Dem kann man in keiner Weise widersprechen. Aber es kommt auf die Konsequenzen an, die man aus einer solchen Erkenntnis zieht. Ein fruchtbarer Ansatz wäre die Schlußfolgerung, daß es am System liegen muß, wenn das Geld falsch geschöpft wird, und daß man dann den Ursprung im Prinzip des Systems sucht. Das aber geschieht gerade nicht. Es wird nicht die Ursache im Prinzip des Systems, sondern bloß in seinen Unvollkommenheiten gesucht, ohne es selbst in Frage zu stellen. Das läuft dann immer darauf hinaus, in gescheiter Weise zu analysieren, was hätte anders gemacht werden müssen, wenn das oder jenes sich als schädlich herausgestellt hat. Darüber kann man dicke Bücher schreiben. Diese Methode erfindet Linderungsmittel a posteriori; da aber beim nächsten Fehler in solchen sozialen Zusammenhängen die Ursachen wieder andere sind, nützt ihre Anwendung auch nichts. Diese wissenschaftliche Methode hat im Kontext sozialer Probleme keinen Wert, weil sie immer hinterherläuft. Aber muß die Vernunft erst durch faustdicke Erfahrungen teuer bezahlt werden?

Zum Instrumentarium, das die Notenbanken für die Geld- und Kreditversorgung des Geldkreislaufs zur Verfügung haben, gehören: der Diskont, die Höhe der von den Geschäftsbanken zu haltenden Mindestreserven, die Regelung des Kreditvolumens der Geschäftsbanken durch Sondervorschriften und der An- und Verkauf von Wertpapieren. Den Diskont, die Abzinsung, könnte man in Parallele setzen zu dem Schlagschatz oder Münzregal; der Abschlag, der als *jus cudendi* zu den Majestätsrechten gehörte und als ein *regale majus* ein Souveränitätsrecht des Staates war: im Notenbankstatut wird es auf die Notenbank übertragen. Die Höhe des Diskonts bestimmt das allgemeine Zinsniveau deshalb so entscheidend, weil die Notenbank Wechsel diskontiert, das heißt auf das durch den Wechsel gewährleistete Zahlungsversprechen Kredit gibt, der direkt oder über die einreichende Geschäftsbank flüssige Mittel in den Geldkreislauf leitet. Die Notenbank läßt sich diesen ersten Schöpfkredit also im Diskont bezahlen, obwohl sie nur bedrucktes Papier dafür ausgibt; dieses *regale majus* ist, wie wir sahen, recht lukrativ. Die Geschäftsbank berechnet dazu ihre Bankspesen und führt auch noch an den Staat die Wechselsteuer ab.

Durch eine Erhöhung oder Ermäßigung des Diskontsatzes kann die Zentralbank das Geld für die Wirtschaft verteuern oder verbilligen und das inländische Zinsniveau im Verhältnis zum Ausland steuern. Das ist die ›klassische‹ Möglichkeit der Zentralbank, Kredit- und Geldbewegungen zu beeinflussen.

Die Geschäftsbanken sind verpflichtet, Mindestreserven als Guthaben bei der Zentralbank zu halten. Diese sind verschieden hoch und bewegten sich bisher im Mittel zwischen sieben und fünfzehn Prozent der von der einzelnen Geschäftsbank aufgenommenen Sicht-, Termin- und Spareinlagen.[48] Mit ihrem Recht, diese Reservesätze zu erhöhen oder zu ermäßigen, hat die Zentralbank den wirksamsten Hebel zur Verminderung oder Erhöhung des Geldvolumens, weil sie damit das Kreditvolumen der Geschäftsbanken erheblich verändern kann. In ähnlicher Weise wirkt sich die Änderung des Wechselkontingents bei den Geschäftsbanken aus, in dessen Rahmen die Geschäftsbanken der Zentralbank eigene und fremde Wechsel zur Diskontierung einreichen können. Schließlich kann die Zentralbank durch Ankauf von Wertpapieren und Schatzanweisungen Zahlungsmittel in den Verkehr bringen (und damit die Börse beeinflussen) oder durch den Verkauf einen stärkeren Rückfluß von Zahlungsmitteln erwirken.

Diese Vorgänge finden ihren Niederschlag in den Wochenausweisen der Deutschen Bundesbank. Im Jahresbericht 1980 standen darin (bei einer Bilanzsumme von 185,72 Milliarden DM) auf der

Aktivseite		*Passivseite*	
13,7	in Gold	Banknoten*	83,7
90,8	Guthaben und Geldmarktanlagen im Ausland (einschließlich internationale Währungsbank)	Einlagen der Geschäftsbanken	53,8
		Verbindlichkeiten aus abgegebenen Mobilisierungs- u. Liquidations-Papieren	4,0

Aktivseite		*Passivseite*	
39,3	Wechsel		
–	...weitere Posten	weitere Posten	...
185,72			185,72

Beträge in Milliarden DM – *nachrichtlich: Bargeldumlauf (Banknoten und Scheidemünzen) 83,7 Milliarden DM. Veränderung gegen Vorwoche: 2,1 Milliarden DM

Was sagen diese Zahlen? Die Goldmünze hatte als ›absatzfähigste Ware‹ immer schon die Tendenz, zu verschwinden. Das Greshamsche Gesetz besagt, daß schlechtes Münzgeld das gute verdrängt; dieses wurde thesauriert. Nun ist es vollkommen aus dem Verkehr verschwunden. In Barren umgeschmolzen liegt es in den Tresoren der Notenbank auf der faulen Haut. Wenn das Geldsystem so bliebe, würde dieses Gold bis ans Ende der Welt nie mehr das Tageslicht erblicken. Es ist sterilisiert worden. Als Phantom von höchstem Substanzwert liegt es nur noch für den Laien als Deckung für den Notenumlauf im Keller. Ist es für den Fachmann vielleicht nur eine – sehr teure – Taschenspielerei?

Was steht noch auf der Aktivseite? 90 Milliarden Guthaben, Geldmarktanlagen, Sonderziehungsrechte und Reserven bei der Weltbank. Zu dem faulen Gold noch 40 Milliarden diskontierte fleißige Wechsel im Portefeuille, die darauf warten, pünktlich am Zahlungstag den Wechselschuldnern zur Zahlung vorgelegt zu werden.

Auf der anderen Seite der Bilanz: 83,7 Milliarden umlaufende Banknoten, ›gedeckt‹ durch Gold und Wechsel. Ein theoretisches Gedankenexperiment zur Verdeutlichung: Würde man das Gold im Inland verkaufen, dann kämen für 13,7 Milliarden inländische Noten an die Notenbank zurück, so daß der Notenumlauf sich auf etwas mehr als zwei Drittel vermindern würde. Damit die Wirtschaft die gleiche Menge Produkte zirkulieren lassen könnte, müßte dann das Gold zirkulieren; dabei würde es aber gehortet und verschwinden. Es müßte also neuer Kredit von 14 Milliarden künstlich geschaffen werden, um die Wirtschaft in Gang zu halten. Fazit: für den inländischen Geldkreislauf hat das Gold jede Bedeutung verloren. Die Eröffnungsbilanzen der Bundesbank vom 21. Juni 1948 und die Bilanz vom 31. Dezember 1948 wiesen keinen Goldbestand auf, und niemand vermißte ihn. Im Außenverkehr wiederum könnten

Devisen oder ›Sorten‹, ausländische Zahlungsmittel, denselben Dienst tun wie das Gold – wenn man ihrem Wert trauen könnte; denn das Risiko der Wechselkurse für Devisen trägt die Bundesbank!

Die Mindestreserven der Geschäftsbanken werden bei der Notenbank unverzinslich auf Girokonten geführt und (im wesentlichen) durch die 53,8 Milliarden Einlagen von Kreditinstituten ausgewiesen. Auf diesem Posten beruht (zusammen mit der Refinanzierung durch Wechsel) der Schöpfkredit der Banken. Wir werden anschließend sehen, wie stark die Eingriffsmöglichkeit der Notenbank ist, wenn sie die Mindestreservesätze unter Umständen vom niedrigsten Satz von (im gewogenen Mittel) sieben Prozent auf das Doppelte erhöht.

Der dritte Posten von 4,0 Milliarden ›Mobilisierungstitel‹ dient der Offenmarktpolitik der Notenbank; die Notenbank hat diese Titel vom Bund erhalten und die aus dem Verkauf erzielten Erträge ›sterilisiert‹. Dadurch ist Kredit aus dem Verkehr gezogen worden, um damit konjunkturdämpfend zu wirken (auf der anderen Seite stehen dafür die Ausgleichsforderungen der Notenbank an den Bund). Kauft die Notenbank die Mobilisierungstitel zurück, dann fließt Zentralbankgeld in den Geldkreislauf, und das bedeutet größere Liquidität.

Betrachten wir die Gegenseite, die Geschäftsbanken. Was können sie dadurch für ihr Geschäft gewinnen, daß sie durch Gesetzeskraft an die primäre Kreditschöpfung des Notenbanksystems angeschlossen sind? Das ist ein Kapitel für sich, das Eigenleben der Geschäftsbanken.

Seit um die Jahrhundertwende Macleod den Standardsatz formuliert hat, daß eine Bank auch Kredit fabriziere (manufactory of credit), ist die Frage nach der volkswirtschaftlichen Virulenz der Geldschöpfung (ihrer unter Umständen negativen Auswirkungen) durch die Privatbanken nicht mehr zur Ruhe gekommen, die Frage nämlich, ob diese Kreditschöpfung eine private Angelegenheit der Bank sei oder ob dadurch die Volkswirtschaft in ihrem Gefüge betroffen wird. Fritz Marbach, der in einer grundlegenden Untersuchung der Automatik der Kreditschöpfung durch das Geschäftsbankensystem nachgeht, sagt in der Einleitung: »Wenn die Ausweitung des Versorgungsapparates von der Kreditpolitik der Handelsbanken (also nicht nur der zentralen Notenbanken) mit abhängt, dann ist es klar, daß die Kreditusancen der Banken ebenso wie der Schutz der Bankkreditoren keine reinen Privatgepflogenheiten sind, sondern solche, die Volk und Staat ähnlich zu interessieren vermögen wie die bessere oder schlechtere Versorgung des Landes mit Getreide, Milch, Kohle oder Benzin.«[49]

Genau umrissen, besteht das folgende Problem: Die Banken vermitteln Kredit aufgrund der Einlagen, die in Form konkreten Geldes eingezahlt sind und die als solche Kaufkraft besitzen. Das ist ein altes Gewerbe, jedermann verständlich und volkswirtschaftlich ohne besondere Probleme, weil es sich um existentes Geld handelt. Aber die Banken *produzieren* im Kreditschöpfungsakt auch Geld. Insofern vermögen sie auch mit vorher nicht existentem, sondern von ihnen erst herzustellendem Geld Handel zu treiben, um privatwirtschaftlichen Gewinn zu machen. Danach untersucht Marbach diesen merkwürdigen Vorgang, der es privaten Instituten ermöglicht, die »Dynamik sozialer Geldschöpfung« (Andreae) als Geldstrom auf ihre privatwirtschaftlichen Mühlen zu lenken – ein Vorgang, der in das allgemeine Bewußtsein noch so wenig eingedrungen ist, daß Marbach anschließend sagt: »Die alte Theorie der reinen Kreditvermittlungstätigkeit der Banken sagt allerdings, daß man aus nichts nichts machen könne, und die Bankdirektoren alter Schule verwahren sich dagegen, ›Geldfälscher‹ zu sein. Sie wollen nicht zu den Alchemisten und Goldmachern gezählt werden und pochen auf die Ehrlichkeit ihres Gewerbes, das nichts ausleihe, was es nicht vorher empfangen habe. Geld, meinen diese Bankleute, können nur die Notenbanken, nicht aber die Handelsbanken machen. Dieser Einwand beruht hauptsächlich auf drei Irrtümern: erstens auf der Betrachtung nur der eigenen Bank statt des Bankensystems, zweitens auf der Verwechslung von Wertschöpfung und Geldschöpfung, drittens auf dem Unvermögen, die Zirkulation von Buchguthaben (giraler Guthaben) als Geldzirkulation zu betrachten.«

Es sieht wie Hexerei aus, wenn Marbach da genau darstellt, wie durch den Giralverkehr im Banken*system* auf mechanischem Wege: durch die Koppelung mit der Notenbank, Bankkredit geschaffen wird. Man versteht den Vorgang am einfachsten auf folgende Weise: Der gesamte Geldapparat ist gleichsam eine geschlossene Familie, in welcher die Kinder (Geschäftsbanken) zwar ihr eigenes Geschäft haben, aber noch eine indirekte Beteiligung an der Sozialfunktion genießen, die die Notenbank gesetzlich durch ihr Notenemissionsrecht hat; denn allein schon durch ihr Wechselkontingent bei der Notenbank sitzen sie mit ›an der Quelle‹, aus der das Geld geschöpft wird, wenn sie im Rahmen ihres Kontingents Wechsel bei der Notenbank zu Geld machen, also rediskontieren können.

Entscheidend ist aber die Verpflichtung der Geschäftsbanken, einen Teil ihres Geschäfts als Barreserve auf Girokonto der Notenbank (jene 53,8 Milliarden im Wochenausweis der Bundesbank) zu halten. Marbach kommt zu folgender Rechnung: Bei 10 Millionen Kassabestand und 10 Prozent Liquiditätsreserve »können auf Grund von buchmäßig geschaffenen Depositen (Kredit und Depositen uno actu) bei 10 Prozent Liquiditätsgrad 90 Millionen Bankkredit gegeben werden... weil zehn Millionen und 90 Millionen unechte Depositen (die geschöpften Giraldepositen) total 100 Millionen Verpflichtungen beziehungsweise Gläubigeransprüche ausmachen, so daß bei 90 Millionen Krediterteilung die zehn Millionen Kassabestand... gerade zehn Prozent der gesamten Verpflichtungen betragen.« Nach diesem Schema ergibt sich bei 20 Prozent vorgeschriebener Mindestreserve eine Kreditierungsmöglichkeit von nur 40 Millionen. Die ›Virulenz‹ der Kreditschöpfung ergibt sich aus folgender Überlegung: Wenn die Bank nur auf ihre eigenen Depositen Kredite geben könnte, dann betrüge die Kredithöhe bei

10% Liquiditätsreserve 10 minus 1 Mill. = 9 Mill.
20% Liquiditätsreserve 10 minus 2 Mill. = 8 Mill.

Darf aber die Summe der geschaffenen Kredite als »unechte Depositen« zu den »echten« 10 Millionen hinzugenommen werden, dann ermöglichen 10% Liquiditätsreserve auf der Basis von 10 + 90 = 100 Millionen (echten plus unechten) Depositen einen Schöpfkredit von 90 Millionen; bei 20% Liquiditätsreserve 10 + 40 = 50 Millionen (echte plus unechte) Depositen einen Schöpfkredit von 40 Millionen, also bei 10% das Zehnfache, bei 20% das Fünffache der eigenen Kreditmöglichkeit. Theoretisch könnten bei 1% Mindestreserven 990 Millionen Kredit gegeben werden, nämlich 10 + 990 = 1 Milliarde; nur 1% (also 10 Millionen) davon entsprächen den 10 Millionen echten Depositen.

In diesen Zahlen wird die Breitenwirkung der Mindestreservepolitik der Notenbank auf die Kreditschöpfung der Geschäftsbanken sichtbar; und es ist deutlich, wie die gesetzliche Stellung der Privatbanken es ihnen ermöglicht, mit diesem Kreditspielraum ihre Wechselkontingente bei der Notenbank auszuschöpfen und damit eigene Wechselkredite zu geben.

Nachdem Marbach diesen Vorgang untersucht hat, sagt er:

»Durch die girale Geldschöpfung sind Waren zirkuliert worden, ohne daß die Banken überhaupt inne wurden, daß Kredit in Form von Bankgeld produziert worden ist. Innerhalb des Bankensystems wird man der ›Echtheit‹ oder ›Unechtheit‹, das heißt der ›Vermittlung von Kredit‹ oder der ›Schöpfung von Kredit‹ nicht mehr gewahr. Durch den beiderseitigen Kreditvorgang sind nicht nur zusätzliche Kredite geschaffen worden (zusätzliches Geld in Buch- oder Giralform), sondern es wurden auch die Depositen erst geschaffen, auf Grund welcher die Bankdirektoren alter Schule erklären, die Kredite erteilt zu haben. Ja, wären keine Liquiditätsvorschriften da, so könnte giraler Kredit bei relativ gleichzeitiger Depositenzunahme grenzenlos gegeben werden. Durch die zusätzliche Kreditschöpfung der Handelsbanken ist es möglich geworden, Waren und Leistungen ohne Inanspruchnahme der Notenbank zu zirkulieren.«

Es ist jetzt nicht zu untersuchen, ob diese Möglichkeiten in der Praxis, wie in diesem Schema errechnet, voll ausgeschöpft werden können oder – zum Beispiel aus Gründen der Bonität der Kreditsuchenden und durch andere ›Bremsvorgänge‹ – reduziert werden, sondern nur das System der Geldmaschine selbst. Nur wenn man sich an dieser Stelle daran erinnert, wie sich das Bankensystem aus privaten Initiativen herausgebildet hat; wie die Banknote und die spekulative Geldschöpfung zuerst als Goldsmith's notes aus Depotscheinen hervorgegangen sind und als Geld umliefen; wie der Kampf seit zweihundert Jahren hin und her wogt um die Einlösungspflicht in Münzen und um die Golddeckung; und wie nun das reine Verrechnungsgeld sich gleichsam dieses Vorgangs als Steigbügel bedient, in Wirklichkeit aber etwas ganz Neues ist – nur dann versteht man, wie sich nun zwei Mächte in dieses verwandelte *ius cudendi* – nicht teilen, nein, wie zwei ihren Nutzen dabei finden: der Staat und die Privatbanken. Sie haben sich die Notenbank als ›Hofbank‹ gemeinsam geschaffen.[50]

Wie kommen private Institute dazu, kann man sich fragen, sich als ›Kreditfabriken‹ an ein ›Sozialprinzip‹ anzuhängen, um durch eigene Kreditschöpfung Geld zu verdienen, wenn dies vom Prinzip her nicht im Einklang mit den Erfordernissen der Währungs- und Wirtschaftsstabilität stehen kann? Diese Frage hatte 1942 unter anderen der Erzbischof von Canterbury, Dr. Temple, gestellt: »Wenn die Banken, die als Kreditvermittler ohnehin eine Schlüsselposition der Wirtschaft innehaben, nun gar noch Kreditproduzenten sind, dann ist ihre Macht größer, als wir uns dachten, und diese Macht muß vom Staat als Vertreter der Allgemeinheit nicht nur beschnitten, sondern übernommen werden.« Der Erzbischof versicherte ausdrücklich, er stelle damit nicht die Rechtschaffenheit der Bankleiter und ihre besten Intentionen in Frage; sie hätten jedoch ihren Aktionären gegenüber Sonderverpflichtungen, die (bei der großen Bedeutung der kreditschöpfenden Funktionen im modernen Wirtschaftsstaat) eine Kollision mit den Interessen der Volkswohlfahrt unvermeidbar machten. Wenn so zwischen Verstaatlichung und Privatbanksystem gewählt werden soll, optiert jedoch Marbach nach wie vor für die private Lösung – verständlich, wenn eine dritte nicht in Sicht ist. Auch er hofft auf die ›Rechtschaffenheit der Bankleiter‹ – wenn auch mit dem Staat zur Kontrolle im Hintergrund. Wer aber den Bock zum Gärtner macht, kann von ihm keine Moralität erwarten. Für Staat, Aktionäre und Bankleiter genügt auch die Legalität; in der Tat: Wo der Kampf um den Gewinn Prinzip ist, gibt es nur Kampf und Gewinn mit legalen Mitteln, denn moralische Mittel sind dann – nonsens.

Wenn man die Manipulationen verfolgt, die mit diesem Instrumentarium – Notenbank plus Geschäftsbanken – seit der Währungsreform vorgenommen wurden, dann bekommt man einen Heidenrespekt vor der intellektuellen Leistung, die dahintersteht. Es gibt keine Einbildungskraft, die fähig wäre, noch einmal alle die Züge und Gegenzüge, die versuchten ›konzertierten Aktionen‹ – und die nichtkonzertierten Gegenaktionen nachzuvollziehen, die in dem Manövrierfeld der vier Mit- und Gegenspieler der Bundesbank (siehe das Schema auf S. 48) in dieser Zeit gemacht wurden – mit dem Ergebnis einer fortlaufenden Geldentwertung.

Dies alles muß man vor dem Hintergrund der Größendimension der ›Geldmaschine‹ sehen. Hier nur zwei Zahlen: Im Geschäftsjahr 1981 wurden auf den Girokonten der Geschäftsbanken bei der Zentralbank 1,327 Milliarden Gutschriften und 1,323 Milliarden Lastschriften ausgeführt.[51]

Wenn man diesen komplizierten Zusammenhang studiert, dann erkennt man deutlich den eingangs geschilderten Mechanismus, der mit solcher Perfektion ausgestattet ist und durch das Eindringen der Automation noch ganz andere Dimensionen annehmen wird; man sieht, wie die organische Wirklichkeit, die ja doch auch noch da ist, in den Hintergrund tritt. In

Wirklichkeit steht hinter jedem mechanischen Vorgang ein denkender und fühlender Mensch, so daß diese Geldmaschine gar keine Maschine ist, sondern – eine Mischform, ein Maschinenmensch, bei dem allerdings die menschliche Mitwirkung durch die maschinelle Einrichtung und Technik gezwungen wird, im Prinzip dieser Maschinen zu denken und zu handeln. Dieses Prinzip vergewaltigt das Menschliche und damit – das Geld und mit ihm die Moral.

Die Notenbank hat zwei Aufgaben: die normale der Geld- und Kreditversorgung und die der Verteidigung der Währung. Man sollte meinen, daß sie neben den normalen Techniken der Geldversorgung noch ein Arsenal von Sonderinstrumenten habe, um sie in Gefahrenmomenten zur Erhaltung der Geldstabilität einzusetzen. Das ist nicht der Fall. Sie ist für die beiden Fälle auf die gleichen Hebel angewiesen, die dargestellt wurden. Sie erreicht wegen des Dualismus im Bankensystem offenbar damit ihr Ziel nicht. Wäre es dann nicht richtiger, die konterkarierenden Geschäftsbanken – die Repräsentanten des unsozialen Prinzips im System – einfach mit den Notenbankfilialen zusammenzulegen? Dann hätte man doch die Sache in der Hand – wie bei der sowjetischen Staatsbank! Wie erfolgt die Kreditierung und Währungssicherung dort?[52]

Von seiner Konzeption aus ist das sowjetische Staatsbanksystem ›sozial‹. Die Grundlage für die Regelung und Kontrolle des Geldumlaufs bildet der Kassaplan der Staatsbank. Da der Giralgeldumlauf scharf an die zentrale Wirtschaftsplanung, den Gos-Plan, gebunden ist und von den Banken kontrolliert und reguliert wird, ist eine unangemessene Ausweitung des Giralgeldes nicht möglich: der ungreifbare Störungsfaktor, der im Westen im Schöpfkredit des Geschäftsbankensystems liegt, fällt weg, wenn die Kontrollen des Staatsbanksystems funktionieren. Selbst die Gelder, über die eine Wirtschaftseinheit bankmäßig verfügt, berechtigen in den meisten Fällen zur Verwendung nur in Verbindung mit einer speziellen Zuteilungsberechtigung. Aus Gründen der Geldwerterhaltung werden der Bargeldumlauf und seine Anpassung an den echten Bedarf durch den Volkswirtschaftsplan möglichst genau verfolgt in der Bilanz der Einnahmen und Ausgaben der Bevölkerung. Diese Bilanz entspricht dem, was man etwa als Nationalbudget oder volkswirtschaftliche Gesamtrechnung im System der Marktwirtschaft hinterher zu ermitteln sucht, um daraus Prognosen für Wirtschaftstrend und Geldpolitik zu gewinnen.

Kassaplan der Staatsbank[53]

Ausgang	Eingang
Auszahlungen	*Einzahlungen*
für Lohn- und Gehaltszahlungen	Handelserlöse
für Aufkäufe landwirtschaftlicher Erzeugnisse	Erlöse aus dem Eisenbahn-, Schiffahrts- und Luftverkehr
Auszahlungen von den Konten der Kollektivwirtschaften	Steuern und Abgaben
Kassenbestandsverstärkungen für die Dienststellen des Ministeriums für Post- und Fernmeldewesen	Wohnungsmieten und sonstige Zahlungen für kommunale Leistungen
Kassenbestandsverstärkungen für die Sparkassen	Erlöse aus dem örtlichen Verkehrswesen
Renten, Unterstützungen und Versicherungsleistungen	Einzahlungen auf die Konten der Kollektivwirtschaften
Darlehen für den Eigenheimbau, für Haushaltseinrichtungen und für Leihhausgeschäfte	Eingänge aus Staatsanleihen
für Reisekosten und laufende Geschäftskosten	Eingänge von den Dienststellen des Ministeriums für Post- und Fernmeldewesen
für Aufkäufe nichtlandwirtschaftlicher Erzeugnisse u. a. Zwecke	Eingänge von den Sparkassen
	Erlöse aus Theatern und Kinos
	Erlöse der Dienstleistungsbetriebe
	Sonstige Eingänge
insgesamt:	*insgesamt:*
Überschuß der Eingänge über die Ausgänge (aus dem Umlauf gezogenes Bargeld)	Überschuß der Ausgänge über die Eingänge (zusätzlich in Umlauf gesetztes Bargeld)

Der sowjetischen Staatsbank dient diese Bilanz vor allem als Unterlage für die fortlaufende Aufstellung ihres Kassaplans, der damit ein Gegenstück zum Wochenausweis der Bundesbank darstellt.

Aus diesem Kassaplan ergibt sich ein Überschuß entweder der Eingänge oder der Ausgänge als Indikator für zirkulatorische Maßnahmen.

Damit fällt aber der Bank auch die Kontrolle über die wirtschaftlichen Vorgänge zu: Nichterfüllung der Planzahlen wird Anlaß zu regulierenden Eingriffen in Form von Auflagen. »Wird zum Beispiel festgestellt, daß Barauszahlungen für Löhne und Gehälter die Plansätze überschritten haben, so können in der folgenden Periode zusätzliche Maßnahmen ergriffen werden, um Bargeld in die Kassen der Bank zu ziehen« und umgekehrt. Unter Umständen werden Werbe-

Bilanz der Geldeinnahmen und -ausgaben der Bevölkerung[54]

Einnahmen aufgeschlüsselt nach Gesamtbevölkerung Arbeiter und Angestellte Bauern	*Ausgaben* aufgeschlüsselt nach Gesamtbevölkerung Arbeiter und Angestellte Bauern
A Einnahmen aus staatlichen und genossenschaftlichen Betrieben	A Ausgaben, die staatlichen und genossenschaftlichen Betrieben zufließen
1 Löhne und Gehälter (Arbeiter und Angestellte)	1 Kauf von Waren im staatlichen und genossenschaftlichen Handel
2 Geldeinkünfte der Kolchosbauern	2 Bezahlung von Dienstleistungen (kommunale Dienste, Transporte, Nachrichten, Krankenhäuser, Theater, Reparaturen usw.)
3 Erlös aus dem Verkauf landwirtschaftlicher Produkte aus staatlichen und genossenschaftlichen Organisationen	3 Steuern und Gebühren
4 Renten und Unterstützungen	4 Versicherungs-Prämien
5 Stipendien	5 Sonstige Ausgaben Spargelderhöhungen
6 Einnahmen aus dem Finanzsystem (Verwaltungsleistungen)	
7 Sonstige Einnahmen	
B Einnahmen aus dem Verkauf von Waren und aus Dienstleistungen an Private	B Ausgaben für den Kauf von Waren und für private Dienste
1 Erlös aus dem Verkauf landwirtschaftlicher Produkte auf dem Kolchosmarkt	1 Kauf landwirtschaftlicher Produkte
2 Einnahmen aus Dienstleistungen, Verkauf persönlichen Eigentums u. a.	2 Kauf von persönlichen Gebrauchsgegenständen, Bezahlung von Dienstleistungen und sonstigen Ausgaben
Einnahmen insgesamt	*Ausgaben insgesamt*

kampagnen veranstaltet, um die Kolchosen zu veranlassen, in stärkerem Maße Bargeld auf Bankkonten zu deponieren. Barauszahlungen für Aufkäufe landwirtschaftlicher Produkte können im Bedarfsfall durch bargeldlose Verrechnung ersetzt werden. Auch die Sparkassen dienen dem Rücklauf des Geldes, und die Spartätigkeit ist ein Kriterium für den Kassaplan der Staatsbank – überall der Mechanismus der Kontrollen!

Das ist die eine Seite, die Manipulierung des Geldumlaufs durch bank- und finanztechnische Hebel zur Erweiterung oder Reduzierung des Notenumlaufs. Dies hat noch eine gewisse Ähnlichkeit mit den Hebeln der westlichen Notenbank zur Beeinflussung des Zahlungsmittelumlaufs. Dagegen fehlt die Finanzierung von Industrie-Investitionen und über private Anleihen, soweit man sehen kann, ganz. Die Investitionen werden nach einem Investitionsplan von der Bank gesteuert, nach welchem den Betrieben die Mittel zur Verfügung zu stellen, die Einzelpläne selbst zu prüfen sind und die Durchführung zu überwachen ist. An die eigentlichen Staatsbetriebe werden die Investitionsmittel von der Bank zinslos und ohne Rückzahlungsverpflichtung gegeben, wobei die Mittel zu etwa fünfzig Prozent der Staatsbank vom Finanzminister zur Verfügung gestellt werden. Der sogenannte genossenschaftliche Sektor erhält teilweise unverzinsliche und nicht zurückzahlbare Darlehen, teilweise langfristige, die mit 1,75 Prozent zu verzinsen sind, und zwar von den eigenen Investitionsträgern (aus angesammelten Abführungen der einzelnen Genossenschaften). Der Zins hat also kaum eine Bedeutung, wie dies selbstverständlich ist in einem Geldsystem ohne eigentliche Leihgeldfunktion. Wie nicht anders zu erwarten, ist das Ergebnis eine riesige *bürokratische Geldapparatur,* bei der »die Banken den größten Teil ihrer Zeit darauf verwenden, die Einhaltung der Vorschriften zu überwachen und ständig verfeinerte, schwerer zu umgehende Verfahrensvorschriften auszuarbeiten«, heißt es zum Schluß des Buches von G. Menz. Das zentralistisch-mechanistische Prinzip ist damit bis zur letzten Konsequenz durchgeführt.

Wohin führt der Weg im privatkapitalistischen System? Rationalisierung ist Trumpf. Dafür bietet die Automation noch ungeahnte Möglichkeiten. Aber sie zwingt auch zu einer ›technischen Fusion‹ der Geschäftsbanken und zur Errichtung von regionalen Rechenzentren wie dem der amerikanischen *Interbank Card-Organisation,* in welchem die Kreditkartenkonten von rund zweihundert Banken im Osten der USA abgerechnet und nach den Einzelangaben der zuständigen Bank geführt werden. Das einzelne Kreditinstitut bestimmt nur noch den Inhaber der Kreditkarte und sein Kreditlimit. Die Gesellschaft wird dadurch zur ›checkless society‹ mit Kreditkarten für die verschiedensten Zwecke. Die andere Umwälzung ist die Automation des Schecksystems, das die Überweisung im Giralverkehr ersetzt und in den USA weit verbreitet ist. CIF-Banken (Central Information File) mit einem funktionierenden Zentralsystem sind in der Lage, integrierte oder kombinierte Monatsauszüge zu erstellen. Mit diesen Auszügen erhält der Kunde eine übersichtliche Aufzeichnung aller seiner Kontoverbindungen mit der Bank, also zum Beispiel sowohl detailliert die Bewegungen seines Girokontos wie auch den Stand und die Veränderungen seiner Sparkonten und der diversen Darlehenskonten. Eine Bank in Chicago nennt diesen Auszug ›our Financial Profile‹. Der einzelne wird damit auf andere Weise als im Bürokratismus des sowjetischen Staatsbanksystems als kleines Rädchen in der Super-Geldmaschine mitgesteuert.

Im Westen nichts Neues. Wir brauchen aber etwas Neues!

2. Die Geldschöpfung durch den Wechsel- und Lombardkredit

Wenn man, wie es häufig geschieht, von gesellschaftlicher oder sozialer Dynamik spricht, dann sieht man zumeist mehr auf die äußere Dynamik im Sinne von Bewegungsvorgängen und nicht auf die sie verursachenden Kräfte, auf die es uns für die wissenschaftliche Erkenntnis des Geldes und der Geldordnung besonders ankommt. Das ist vor allem dort der Fall, wo man sich für die Aufgaben der Notenbank alles von dem Instrumentarium der Notenbank verspricht. In diesem Instrumentarium spielt der Wechsel- und der Lombardkredit eine besondere Rolle.

Es gibt in England ein geflügeltes Wort: Ein Bankdirektor sollte einen Wechsel von einer Hypothek unterscheiden können. Das sollte jeder. Für die Frage nach einer neuen Geldordnung ist es darüber hinaus von richtunggebender Bedeutung, wie sich die Rechtssubstanz in diesen drei Geld- oder Kreditformen – Wechsel, Lombard und Hypothek – in sozialer Richtung auswirkt. Versuchen wir, uns ein Bild zu machen.

Bei Samhaber sind die Herkunft und das Wesen des Wechsels anschaulich dargestellt: Die Kreditschöpfung durch den Wechsel gibt es seit dem Mittelalter in England; die Florentiner hatten dieses Geldsurrogat dorthin gebracht. Aber erst um die

Mitte des 18. Jahrhunderts gewann der Wechsel seine heutige überragende Bedeutung dadurch, daß die englische Rechtsprechung aus diesem Stück Papier des kaufmännischen Lebens ein wichtiges Rechtsinstrument des Geldwesens machte. Das sei vor allem ein Verdienst des Richters Lord Mansfield gewesen. Während bis dahin der Wechsel mehr oder weniger ein Zahlungsversprechen darstellte, das erst von einem bestimmten Stichtag an lief, gab Mansfield dem Papier eine unerbittliche, auf den Tag genau unausweichliche Zahlungsverpflichtung. Ihr konnte sich von dann an der Kaufmann nur entziehen, wenn er einen Prozeß riskierte, und damit setzte er unweigerlich seinen Kredit und Ruf aufs Spiel. Kredit aber ist für den Kaufmann in der gegenwärtigen Wirtschaftsverfassung eine Lebensfrage.

In gewissem Sinne ist der Wechsel das brutalste, das heißt das nur auf den Geldbetrag und den Zahlungsvorgang orientierte Geldinstrument mit gleichsam absolutem Zahlungszwang. Er ist dadurch dasjenige Konstruktionselement im Getriebe des heutigen Geldmechanismus, das ihn unabhängig von Meinungs- und sonstigen Differenzen zwischen den an dem Wechsel Beteiligten in seinem Ablauf in Gang hält. »Der Wechsel löst eine Geldschuld von allen ihren Voraussetzungen, unter denen sie eingegangen wurde (etwa von einem Kauf), von jeder Mängelrüge der Ware, die dem Kaufgeschäft zugrunde lag, von der Person des Gläubigers wie des Schuldners, so daß es keine Einrede der Aufrechnung oder mündlicher Abreden mehr gibt. Wer einen Wechsel zieht, ›trassiert‹, ist ohne Einrede verpflichtet zu zahlen.«[55] Er kann sagen, was er will.

Das gleiche gilt für den, der den Wechsel ›akzeptiert‹, der ›querschreibt‹; also die an ihn ergangene Aufforderung zur Zahlung damit annimmt und die rechtlichen Folgen trägt. Der Wechsel ist an einen festen Tag gebunden, häufig 90 Tage nach dem Akzept; dann *muß* er eingelöst werden, und zwar zugunsten dessen, der den Wechsel vorlegt. Ein besonderes Verfahren regelt die Formen; der Wechsel geht, wenn er nicht bezahlt wird, zu ›Protest‹. Mehr ist nicht nötig als diese einfache Feststellung, daß er ›geplatzt‹ sei. Dann rollt das gerichtliche Verfahren. Jetzt haften alle, die diesen Wechsel unterschrieben haben, der Aussteller wie der, der ihn angenommen und weitergegeben hat, ja wer ihn überhaupt weiterverkauft hat. Der protestierte Wechsel ist die schärfste Waffe vor Gericht. Da hilft kein Einspruch, man habe sich getäuscht, man habe

Gegenforderungen, man hätte ›nur eine Gefälligkeit erwiesen‹. Mit seiner unerbittlichen Härte wurde der Wechsel die Grundlage für weitreichende Kredite. Kaum etwas ist sicherer als der Wechsel, sicher ist vor allem, daß er pünktlich auf den Tag präsentiert wird. Er ist ein wichtiger Bestandteil für die Funktionsfähigkeit des Geldmechanismus, mit welchem dieser unmittelbar in die Wirtschaftsprozesse gestaltend und sie fördernd eingreift.

Als die nationale und die internationale Wirtschaft ihren rasanten Aufstieg im 17. und 18. Jahrhundert begannen, zeigte sich, was dies Geldpapier, der Wechsel, für den Warenverkehr zu leisten vermag. Der englische Kaufmann lieferte seine Kolonialwaren an einen Geschäftsfreund in Hamburg. Gleichzeitig zog er (als Aussteller) einen Wechsel auf den Empfänger (Akzeptant) der Ware, der diesem beim Eintreffen der Schiffsladung zum Akzept vorgelegt wurde; fällig wurde er fünfzig Tage später. Bis der Empfänger ›quergeschrieben‹ (akzeptiert) hatte, haftetete nur der Aussteller. Die Bank diskontierte diesen Wechsel auch ohne Unterschrift des Empfängers der Waren (ohne Akzept), weil sie mit dem Wechsel auch die Schiffspapiere (Konnossemente)[56] bekam. Die Ware bot ihr neben dem Aussteller eine zweite Sicherheit. Sobald der Empfänger in Hamburg ›quergeschrieben‹ hatte, erhielt er die Konnossemente und damit die Verfügung über die Ware. Jetzt hat die Bank schon zwei Unterschriften, die für die Summe auf dem Wechsel haften.

Nun kann die Bank dieses Stück Papier wieder zu Geld machen, wenn sie selbst nicht ›flüssig‹ genug ist, um den Kredit gegen den Diskontzins einzuräumen. Sie kann den Wechsel gegen bares Geld weitergeben, indem sie nun ihren Namen als dritten auf die Rückseite des Wechsels setzt. Sie haftet damit ebenfalls. Wer den Wechsel mit diesen drei ›soliden‹ Unterschriften erwirbt, ist nach menschlichem Ermessen gesichert, daß die Summe bei Fälligkeit gezahlt wird. Ein solcher Wechsel ist also dadurch so gut wie bares Geld.

Nun möge der besagte Hamburger Empfänger der Ware, für die er den Wechsel akzeptiert hat, diese an Geschäftsfreunde in Kopenhagen, Berlin oder Leipzig weiterliefern. Er kann seinerseits Wechsel ›ziehen‹ auf die Empfänger dieser Sendungen, also die Kaufleute, die bei ihm en gros Waren bestellt haben. Geht er mit diesem Wechsel – mit nur einer Unterschrift – zur Börse, dann findet er dort jemanden, der seinerseits Zahlungen an den betreffenden Handelsplatz zu leisten hat. Dafür übernimmt er den Wechsel, wobei die Ware wieder so lange als Sicherheit haftet, bis der ›Bezogene‹ den Wechsel akzeptiert hat, also seinerseits die volle Haftung für pünktliche Einlösung des Betrages übernimmt.

Will der Kaufmann die Ware zurückhalten (um bessere Preise abzuwarten) oder hat er sie noch nicht absetzen können, benötigt aber gleichzeitig Kredit, so kann er versuchen, sie bei seinem Bankhaus zu verpfänden oder sie ›lombardieren‹ zu lassen. In dieser Weise als Faustpfand werden in Form des Lombardkredits beliehen: Waren, Wechsel, festverzinsliche Anleihen und Dividendenpapiere (Aktien und Kuxe, das sind Anteile an Bergbaugesellschaften).

An den Warenbörsen werden die wichtigsten Rohstoffe des Weltmarktes in Standardqualitäten gehandelt: Edel- und andere Metalle, Getreide, Baumwolle, Gummi, Kaffee, Zucker usw. Auch die Noten- oder Zentralbanken lombardieren satzungsgemäß Edelmetalle, vor allem Gold, und im Inland lagernde Kaufmannswaren oder sie vertretende Urkunden (längstens auf sechs Monate). Sehr wichtig ist an der Produktenbörse die Lombardierung landwirtschaftlicher Produkte, besonders die Beleihung der Ernte. Dieser ›Warenlombard‹ wird in der Regel von den landwirtschaftlichen Kreditgenossenschaften vermittelt und ist für die Lagerhäuser eine wichtige Quelle des Betriebskredits, um sich vor dem Zwang zu überstürztem, preisdrückendem Verkauf der Produkte zu bewahren.

Mit diesem Wechsel- und Lombardsystem eroberte sich London seine führende Stellung als Finanz- und Börsenplatz und England seine Position als führende Wirtschaftsmacht in der Welt. Mit dem Wechsel erfolgte der Durchbruch zu einem neuen Verhältnis zum Geld, der sich in den Ideen von John Law angebahnt hatte, und zu Gold und Silber. Nicht die Edelmetalle, lehrte schon Adam Smith, der Vater des marktwirtschaftlichen Systems, sondern die Arbeit und ihr Ertrag an verkäuflichen Waren machen den Reichtum der Nation aus – Waren, die mit Wechseln finanziert werden können.

So ist der Wechsel ein außerordentlich interessantes Instrument nicht nur für die individualistische Geschäftstätigkeit der Geschäftsbanken, sondern auch für die Geldversorgung der Wirtschaft durch die Notenbank. Der Wechselkredit setzt wirtschaftliche Tätigkeit für die Zukunft voraus. Er »antizipiert Produkte, die noch nicht wirklich produziert sind«. Der damit auf breiter wirtschaftlicher Basis geschaffene Kredit ist »viel allgegenwärtiger als das Geld« (Adam Müller). – Was ist damit gesagt? Das ist in der Geschichte des Geldes etwas Neues; Geld in der Form von Kredit umfaßt mehr als die äußeren physischen Produkte, auf die sich zum Beispiel der Lombard-Kredit stützt. Diese Produkte sind *Ergebnisse* menschlicher Tätigkeit. Wenn sie aber als Grundlage eines neuen Wechselkredites dienen, verbindet sich mit diesem Kredit-Geld die *Initiative* der in der Wirtschaft Tätigen. Kredit wird zum Ausdruck für eine dynamische Kraft, die im Wirtschafts- und Geldkreislauf wirkt und die ausgehend von der laufenden Wirtschaftstätigkeit auf die Zukunft der Produktion, Zirkulation und Konsumtion gerichtet ist.

Der Richter Mansfield war im Sinne der Verselbständigung der Individuen in seiner Epoche der Vollstrecker des Zeitgeistes, als er dem Wechsel oder deutlicher: dieser Geldform – denn der Wechsel ist aus dem papiernen Nichts geschöpftes Nur-Geld – durch das Recht jenen unerbittlichen Charakter der Zuverlässigkeit gab. Jeder, der seinen Namen auf das Papier gesetzt hat, wird aus der Zahlungsverpflichtung, die seine Initiative dem Leben des sozialen Organismus gegenüber übernimmt, nicht entlassen, bevor er zunächst seine Leistungszusage erfüllt hat. Denn dieser Kredit ist in Wahrheit kein papierener Trick, sondern das Zeichen des Vertrauens, das der soziale Organismus als der Träger der kreditschöpfenden Potenz in die individuelle Initiative setzt.

Die auf Arbeitsteilung basierende pluralistische Gesellschaft ist eine auf den Glauben an die Zukunft und an den initiativen Menschen angewiesene Sozietät. Die Initiative, die in frühen Kulturen nur ›von oben‹ im weitesten Sinne ausging, ist ›umgepolt‹ auf das Neben- und Miteinander der Menschen. Der einzelne hat nicht mehr den Kredit seines sozialen Standes oder seiner gesellschaftlichen Privilegien, um im Sozialen zu wirken, sondern er braucht dafür seinen *eigenen* Geist und seine eigene soziale Genialität. Er braucht auch nicht erst Geld und Gold zu thesaurieren – er kann Kredit haben: »Wenn ich sechs Hengste zahlen kann / Sind ihre Kräfte nicht die meinen? / Ich renne zu und bin ein rechter Mann / Als hätt' ich vierundzwanzig Beine« heißt es in Goethes *Faust* II. Aber wer sagt es? Mephistopheles! Es kommt darauf an, wofür er die Vervielfachung seiner Kräfte durch das Geld verwendet.

Der Chartalismus des heutigen Geldwesens liegt nicht in

einem staatlichen Annahmezwang und Kurswert, sondern ergibt sich aus der sozialen Zukunftsverpflichtung des Geldes als Instrument der individuellen Initiative. Von dieser These her eröffnen sich Perspektiven für eine Reform des Geldwesens und des Funktionsprinzips der Geldmaschine. Solange aber nicht aus der Wirtschaft selbst durch eine soziale Gestaltung der darin sich entfaltenden Initiativen dem System der Geldschöpfung durch die Zentralbank eine Hilfe für die Geldordnung und die Stabilität der Währung entsteht, wird die Zentralbank den destruktiven Kräften, die ihrem Sozialprinzip entgegenstehen, nicht gewachsen sein. Denn diese unsoziale, auf Kapital-Besitz, Geldansammlung und Geldvermehrung zielende Macht des Geldes hat ja ebenfalls ihre Rechtspositionen im Geldwesen; das zeigt sich bei der Betrachtung der Hypothek, des Wertpapieres und der Börse; wir werden die Fragen des Geldumlaufs und des Notenbankprinzips erst danach weiterverfolgen können.

3. Die Hypothek

Der Rechtscharakter der Hypothek (Belastung eines Grundstücks) weist in zweifacher Weise auf die Vergangenheit: die Hypothek entstammt dem römischen Rechtsdenken und ist darin Rechtsgeschichte; sie begründet, wie der Lombardkredit, zwar ein Pfandrecht, aber nicht an beweglichen Sachen, sondern besagt, daß an den Berechtigten eine bestimmte Geldsumme aus dem Grundstück selbst zu zahlen ist. Diese Rechtsform des Immobiliengeldes hat durch die Belastbarkeit des Grund und Bodens dem Geld die Immobilität aufgeprägt, an welcher derjenige Interesse hat, der Geld langfristig ›anlegen‹, also thesaurieren will. Das Geld wird damit in einer Sache ›festgelegt‹, die als Pfand den Gläubiger von der Initiative und Tüchtigkeit des Schuldners unter normalen Verhältnissen unabhängig macht; denn die ›Tüchtigkeit‹ liegt im Wert des Grundstücks selbst, das sich nicht abnützt und wegen Knappheit einen risikolosen Markt hat. Die Hypothek ist gleichsam eine abstrakte Form des alten Hortgeldes, die ›Schatzkammer‹ für individuelles soziales Sicherheitsbedürfnis einerseits, und ein prägnanter Ausdruck für die hier schon als ein Kernproblem des heutigen Geldwesens mehrfach apostrophierte ausschließliche Vermehrungstendenz des Geldes andererseits. So wie der Eigentümer eines Grundstücks eine dauernde Grundrente beziehen kann, so würde eine nur auf Verzinsung abgestellte Hypothek dem Gläubiger theoretisch einen ewigen Zinsgenuß gewährleisten – wenn das sich permanent entwertende Geld nicht einen Strich durch diese Rechnung machte.

Die Hypothek klebt durch das private Eigentumsrecht am Grundstück. Bebaute und unbebaute Grundstücke sind hypothekarisch belastbar. Zahlen sind schwierig zu haben: Fehr[57] schreibt, daß bei Kriegsausbruch 1914 in Deutschland etwa sechzig Milliarden in Hypotheken angelegt waren bei einem gesamten Volksvermögen von dreihundertundfünfzig Milliarden. Die Zahlen haben sich gewiß geändert. Darauf kommt es jetzt nicht an, sondern auf das Gesamtbild, auf die gewaltige Summe von damaligen Gold-Hypotheken, die im Grund und Boden thesauriert waren. Was bedeutet demgegenüber das Grundstück? »Es ist schließlich nur noch ein Schemen, das als pfandrechtliche Unterlage gilt für Geldeswerte.« Das Geld sitzt darin fest: wenn eine Hypothek abgezahlt wird, sucht sich das Hypothekenkapital ein anderes Pfandobjekt: Hauptträger dieser Manipulation sind die Hypothekenbanken und Pfandbriefanstalten. Wenn ein hypothekenfreies Hausgrundstück, auch wenn es schon abgeschrieben ist, den Besitzer wechselt, erscheint es in der Regel wieder belastet mit einer neuen Hypothek.

Durch die Hypothek verliert das Geld als hypothekarische Gesamtmasse eines Währungsgebietes einen Teil seiner sozialen Dynamik; es wird zu einer sozialen Hypothek – im Erbrecht. Im Erbrecht zeigt es sich, wie anachronistisch das römisch-rechtliche Eigentumsinstitut ist, und wie wenig es noch übereinstimmt mit der inzwischen völlig veränderten gesellschaftlichen Struktur und den darin zur Selbständigkeit und Selbstbestimmung berufenen Individuen. Die Gesellschaft ist durch ihre unendlich differenzierten Bedürfnisse auf die ebenso differenzierten Fähigkeiten der Menschen angewiesen. Unter all den Elementen, die die Grundlage der Gesellschaft und der Menschheit bilden, ist die Verschiedenheit der Menschen das auffälligste und das widerstandsfähigste. Das Erbrecht widerspricht diesem elementaren Fundus der Individualität, den die Gesellschaft in der Verschiedenheit von Begabungen und Fähigkeiten der einzelnen hat; es gestattet in unzähligen Fällen den Erben, den Besitz und nicht die eigene Leistung zum Mittelpunkt und Zweck ihres Lebens zu machen und die Statik, die im vererblichen Kapital und Eigentum liegt, auf den Erben zu übertragen. Dem Geld und dem Kapital wird im Erbfall sein Gang infolge des Erbrechts vorgeschrieben: das Recht ist es, das dem Geld alle auf Thesaurierung und Vermehrung gerichtete Tendenz gibt.

»Eigentum verpflichtet. Sein Gebrauch soll zugleich dem Wohle der Allgemeinheit dienen«, heißt es im zweiten Satz des Artikels 14 des Grundgesetzes, durch welchen »das Eigentum und das Erbrecht gewährleistet (werden)«. Der soziale Pflichtgedanke ist im Erbrecht und im römisch-rechtlichen Eigentumsinstitut durch die mit dem Eigentum verbundenen Rechte so tief verschüttet, daß die soziale Floskel geradezu naiv anmutet. Die Jurisprudenz der letzten zwei Jahrhunderte hat durch Historismus und Rechts-Positivismus ein Rechts-Vakuum geschaffen, das zu einer der Ursachen der Weltspaltung und der permanenten sozialen Erschütterungen geworden ist – in dem militanten Gegensatz der Ideologien des privaten oder gesellschaftlichen (staatlichen) Eigentums.

4. Das Wertpapier

Auf dem Wertpapiergebiet setzt sich die in das Geldwesen hineingetragene Problematik des römischen Rechts fort in den zwei Wertpapierformen, der Aktie und den sogenannten festverzinslichen Werten (Anleihen). Beide Wertpapierformen sind börsengängige Papiere, die durch Kauf- und Abgabeangebote einen Kurswert haben. Mit den festverzinslichen Wertpapieren brauchen wir uns zunächst nicht näher zu beschäftigen, wenn wir das, was sie gegenüber der Aktie charakterisiert, für später im Bewußtsein haben: daß sie kein Eigentum, auch nicht anteilmäßig, begründen, in der Regel mit einer festen Verzinsung und einer bestimmten Laufzeit ausgestattet sind, bei deren Ablauf das Darlehensverhältnis zwischen Schuldner und Gläubiger erlischt; das geschieht entweder durch Rückzahlung des Betrages oder dadurch, daß durch Zusammenfassung von Zins und Tilgung in der sogenannten Annuität die Rückzahlung bereits in den jährlichen Zahlungen erfolgt ist; das letzte ist wichtig, wir brauchen es später.

Die Aktie dagegen begründet Eigentum an einem Unternehmen, die Pflicht, den Anteil einzuzahlen und das Recht auf Dividende. Die Aktionäre sind zwar ›Mitunternehmer‹, sie haben aber keinerlei Verantwortung und haften nur mit ihrer Einlage. Dadurch ist das Unternehmen selbst, seine Führung und seine Gestaltung (abgesehen von den handelsrechtlichen Vorschriften zur Sicherung der Kapitaleigner) völlig unabhängig von der Person des Inhabers, der insofern ›anonym‹ bleibt. Alle Verantwortung tragen die Organe des Unternehmers, die Aktionäre genießen nur die Gewinne und können sich durch Verkauf der Aktien absichern.

Diese Art des Wertpapiers beruht also auf dem Aktienrecht, das (von seinem Ursprung in Italien abgesehen) in der heutigen Form jüngeren Datums ist; die allgemeinen handelsgesetzlichen Bestimmungen bestehen erst seit etwa Mitte des vorigen Jahrhunderts. Die Aktiengesellschaft ist also das Produkt der frühkapitalistischen Epoche. Es ist nicht notwendig, ausführlicher darzustellen, welche Bedeutung diese Gesellschaftsform für die industrielle Entwicklung hat: Sie bahnte der Industrie den Weg zu den heutigen Mammutunternehmen, reizte die Gewinnsucht der kleinen und großen Geldbesitzer und steht als Macht- und Vermögensorganisation in einem schroffen Gegensatz zu früheren genossenschaftlichen Gemeinschaftsformen insofern, als diese in erster Linie Arbeits- und Berufsgemeinschaften ohne fremde Besitzer waren. Davon ist nichts mehr in dieser Urform des Kapitalismus zu finden, aus der alle sozialen Probleme dieses Jahrhunderts hervorgegangen sind. Auf eine juristisch trickreiche Weise ist das Kapital, das Eigentum an den industriellen Produktionsmitteln, die als solche ebenso immobil sind wie der Grund und Boden, auf dem sie stehen, ›fungibel‹ gemacht worden durch eine Urkunde, das Aktienpapier; fungibel heißt, daß das Eigentum durch ein Stück Papier ›vertretbar‹ gemacht ist, so daß es als beweglicher Kapitalwert börsenmäßig gehandelt werden kann. – In der Bilanz steht das Aktienkapital als Schuld des Unternehmens auf der Passivseite, darunter folgen die Darlehensverpflichtungen, Obligationen, Anleihen des Unternehmens, die es durch seinen ›gefestigten Kredit‹ zusätzlich zur Finanzierung hat aufnehmen können. Hier stehen also untereinander zwei Schuldposten verschiedenen Rechts, die beide für das Unternehmen selbst nur zwei Wege für die Kapitalversorgung darstellen. Warum das hier kurz dargestellt werden muß, ergibt sich später.

Wir richten das Augenmerk zunächst nur auf die eine Tatsache: die Anleiheposten (Obligationen) verschwinden, sobald sie zurückgezahlt sind, aus der Bilanz, das Aktienkapital dagegen ist ›unsterblich‹; es steht an dieser Stelle, solange das Unternehmen besteht, obgleich die Kapitalbesitzer wechseln können. Aber dann tritt eben wieder ein anderer durch Aktienkauf ein. Das Kapital selbst kann deshalb nicht ›sterben‹, weil es nun gar nicht mehr Geldcharakter hat, sondern in die Kategorie des grundgesetzlich gewährleisteten Eigentums- und Erbrechts aufgestiegen ist. Durch die Eigentumsrechte ist das in den Produktionsmitteln investierte Unternehmenskapital ebenso thesauriert wie das in Hypotheken festsitzende Geldkapital. In beiden Fällen ist der Besitzer dieser vom Geld repräsentierten Rechte nicht der Träger der Initiative. Die ›Intelligenz ohne Kapital‹ hat Produktionsmittel zur Betätigung erlangt dadurch, daß fungible Wertpapiere von ›Kapitalbesitzern ohne Intelligenz‹ gekauft worden sind[58]. Das ist das Wesen des Aktienkapitals, das mithin eine besondere Geldkategorie darstellt.

Ohne Kapital müßte die moderne arbeitsteilige Wirtschaft auf der Stelle treten. Deshalb ist die Tatsache interessant, daß es sogar im sowjetischen Geldsystem für die Betriebe einen Zwang zur Aufnahme von Betriebskrediten gibt, und daß es nicht als Kennzeichen für besonders gute Arbeit des Betriebes gilt, wenn dieser genügend Eigenmittel hat (man könnte im Gegenteil annehmen, im sowjetischen Wirtschaftssystem stünde die Eigenkapitalbildung der Betriebe an erster Stelle!).

Aber auch im Westen ist nicht die Tatsache sozial relevant, daß das Produktionsmittelkapital nicht eigenes ist, sondern die Wirkung des fremden Eigentums auf das soziale Bewußtsein der mit den Produktionsmitteln arbeitenden Menschen. Hier liegt der für das soziale Verhalten, das soziale ›Klima‹ entscheidende Unterschied zwischen Leihkapital und Aktienkapital: Dadurch, daß anonyme Eigentümer die Sachherrschaft (nach § 903 BGB) über die Produktionsmittel besitzen, kann sich kein volles Verantwortungsbewußtsein der Belegschaft für die technischen Produktionsmittel und kein soziales Verantwortungsbewußtsein der Unternehmensleitung für das investierte *volkswirtschaftliche* Kapital herausbilden. Ebenso ist das Verantwortungsbewußtsein der Belegschaft gegenüber dem Leihkapital paralysiert dadurch, daß es auf dem Schuldkonto *der Eigentümer* steht; das wäre anders, wenn die Menschen im Unternehmen unmittelbar die Leihgeldnehmer wären. Dies wiederum wäre der Fall, wenn der Betrieb keinen Eigentümer hätte.

Damit wird der soziale Komplex berührt, der mit dem Marxschen Begriff der Entfremdung, der Objektstellung, der unter fremdem Eigentumsrecht arbeitenden Menschen in der sozialwissenschaftlichen Literatur einen so breiten Raum einnimmt. In bezug auf die Geldordnung interessiert uns vor allem: in welcher Weise wird durch das investierte Kapital entweder (im Falle der Anleihe) die Annuität bis zum Ablauf oder (im Falle der Aktie) die immerwährende Dividende gewährleistet?

Im System der Geschäftsbanken suchen diese für ihren Schöpfkredit und ihre Ausleihungen individuelle Gewinnchancen in der Wirtschaft. Die einzelne Bank beurteilt dabei ihre Chancen nach individuellen Gesichtspunkten; oft ging das schief, denn die Zahl der Bankzusammenbrüche in den letzten einhundertfünfzig Jahren reiht sich würdig an die industrieller Unternehmen. Die Interessen der Allgemeinheit haben dabei keinen Fürsprecher. Dasselbe wiederholt sich bei den Unternehmen, die die Kredite erhalten; ihr Gewinninteresse muß die Gewähr dafür bieten, daß das Gewinninteresse der Geschäftsbanken und deren Geldgeber sein Ziel erreicht. Wieder hat das Allgemeininteresse keinen Fürsprecher. Das ist die Situation, in der unser Geld ›sozial‹ tätig ist. Eine Statistik der Kapitalverluste in den letzten einhundertundfünfzig Jahren durch Konkurse, Stillegungen, Deflationsverluste – Folgen des ausschließlich gewinnorientierten Kapitaleinsatzes – könnte die Anarchie im System des sogenannten Kapitalmarktes mit Erschrecken zum Bewußtsein bringen – wenn wir in diesen Erwartungen nicht schon so abgebrüht wären.

Sensationell sind die Verluste der festverzinslichen Anleihen in dem Geldkrieg dieses Jahrhunderts gewesen, ebenso sensationell der Erfolg einzelner Industrieaktien: »Wenn ein Vater Ende 1938, erfreut über die Geburt des Stammhalters, für 10000 RM Aktien von Daimler-Benz gekauft und sie festgelegt hat, so ist dieser ohne jegliches Zutun am Ziel, Vermögensmillionär zu sein. Denn aus den vor dreißig Jahren gekauften Daimler-Benz-Aktien sind trotz Krieg, Zusammenbruch der Wirtschaft und Währungsreform bis Ende 1969 weit über eine Million DM geworden.«[59] Gesetzt, jemand hätte zum gleichen Zeitpunkt Daimler-Benz eine Anleihe gegeben – der hätte das Nachsehen. Chaotisch, anarchisch und abgründig unsozial wirkt sich im Geld- und Kapitalwesen aus, was im privatkapitalistischen Wirtschaftsliberalismus lebt.

Es wird wenig Väter gegeben haben, die den glücklichen Einfall hatten, 1938 ihrem Neugeborenen zehn Daimler-Benz-Aktien à 1000 RM in die Wiege zu legen, aber andere (Groß-) Aktionäre, die viele zehntausende Daimleraktien inzwischen hinzugekauft haben. Und so bringt es den erstrebten Zustrom für weitere Kapital-Akkumulierung, wenn der Großaktionär von Daimler-Benz, Flick, für 1968 neben 42 Millionen DM Dividende zusätzlich 103 Millionen Gratisaktien erhalten hat.[60] Das Kapital braucht Waffen für seinen gegenseitigen Kampf auf Leben und Tod, nämlich immer mehr Kapital. Wohin führt das?

»Diese Expropriation vollzieht sich durch das Spiel der immanenten Gesetze der kapitalistischen Produktion selbst, durch die Zentralisation der Kapitale. Je ein Kapitalist schlägt viele tot. Hand in Hand mit dieser Zentralisation oder der Expropriation vieler Kapitalisten durch wenige entwickelt sich die kooperative Form des Arbeitsprozesses auf stets wachsender Stufenleiter, die bewußte technische Anwendung der Wissenschaft, die planmäßige Ausbeutung der Erde, die Verwandlung der Arbeitsmittel in nur gemeinsam verwendbare Arbeitsmittel, die Ökonomisierung aller Produktionsmittel durch ihren Gebrauch als Produktionsmittel kombinierter, gesellschaftlicher Arbeit, die Verschlingung aller Völker in das Netz des Weltmarktes und damit der internationale Charakter des kapitalistischen Regimes. Mit der beständig abnehmenden Zahl der Kapitalmagnaten, welche alle Vorteile dieses Umwandlungsprozesses usurpieren und monopolisieren, wächst die Masse des Elends, des Drucks, der Knechtschaft, der Entartung, der Ausbeutung, aber auch die Empörung der stets anschwellenden und durch den Mechanismus des kapitalistischen Produktionsprozesses selbst geschulten, vereinten und organisierten Arbeiterklasse. Das Kapitalmonopol wird zur Fessel der Produktionsweise, die mit und unter ihm aufgeblüht ist. Die Zentralisation der Produktionsmittel und die Vergesellschaftung der Arbeit erreichen einen Punkt, wo sie unverträglich werden mit ihrer kapitalistischen Hülle. Sie wird gesprengt. Die Stunde des kapitalistischen Privateigentums schlägt. Die Expropriateurs werden expropriiert.« – So Karl Marx am Schluß des ersten Bandes des *Kapital.*

Dieses »Spiel der immanenten Gesetze der kapitalistischen Produktion« hat seine Ursache in der ausschließlichen Vermehrungstendenz des Geldes. Aber das liegt nicht am Geld, sondern an den mit dem Kapital verbundenen Eigentumsrechten. Es liegt aber auch nicht am Eigentum selbst, sondern an der darin liegenden Rechtsmacht. Es liegt auch nicht an dieser, sondern am menschlichen Egoismus. Aber dieser Egoismus wird dem Menschen eingeimpft – durch die Wirtschaftsideologie des Kampfes und durch die Vermehrungstendenz des Geldes: der Zirkel schließt sich – und das Ergebnis sind der kranke, von antisozialen Wucherungen durchsetzte soziale Organismus und das kranke Geld.

5. Die vereinigte Großmacht: Bank und Börse

Aus der skizzenhaften Darstellung der Geschichte des Geldes geht hervor, daß erst in der neuesten Zeit die Frage nach einer Eigenordnung des Geldwesens, frei von den herrschenden Mächten, auftreten konnte. Dieser Punkt wird schlaglichtartig beleuchtet durch das Grübeln des seltsamen Abenteurers John Law über sein ›System‹, das wie ein Fanal erscheint für ein Geld mit magischen Fähigkeiten, die Wirtschaft anzukurbeln und allgemeinen Reichtum zu gewährleisten – ein System, beweglich, universell, allgemeingültig und wirksam, zentralistisch und ohne den Ballast der Materie von Gold und Silber, die bestenfalls noch als ideeller Fetisch für die Banktresore gut sein sollten. Aber das Experiment lehrte, daß dieses neue System Kredit nur aufgrund von allgemeinem Vertrauen schaffen konnte und daß dieses allgemeine Vertrauen eine exakte Kenntnis der Gesetze des modernen Geldwesens voraussetzt. Und um diese Gesetze des modernen Geldwesens geht es seitdem in der so schwierigen Geld- und Finanzwissenschaft des Industriezeitalters.

Bis zur Gegenwart vollziehen sich fortwährend Wandlungen im Geldwesen, die hinzielen auf einen zuverlässigen Geldmechanismus und eine stabile Währung. Es kann davon ausgegangen werden, daß auf diesem Wege der Geldmechanismus eine bewundernswerte Beweglichkeit, Sicherheit und auch den notwendigen Rechtsschutz durch die Gesetzgebung gegen das individuelle Geldmachen erreicht hat. Zwei Grundfragen stellen sich nun: Erstens: Wem dient diese hochentwickelte Geldapparatur? Geld ist seit Jahrtausenden mit der Vorstellung von Macht und Ungerechtigkeit verbunden. Die moderne Industriegesellschaft braucht eine Geldform, die den individuellen *und* den sozialen Bedürfnissen dient. Und zweitens: Welches sind die Ursachen des fortlaufenden Verfalls aller Währungen in der ganzen Welt?

Blickt man in die Geschichte des Geldwesens mit seinen Geldwertschwankungen, Preisverfall, Inflationen, Geldmangel, Konkursen, Staatsbankrotten, dann scheint es ein hoffnungsloses, ja ein waghalsiges Unternehmen, die Bedingungen der Währungsstabilität so zu konkretisieren, daß diese endlich nach Jahrtausenden sich verwirklichen lassen. Aber ist nicht der Zeitpunkt jetzt da, wo gerade der hochentwickelte Mechanismus ein solches Unterfangen nicht mehr als utopisch erscheinen zu lassen brauchte? Liegt aber die Stabilisierung nur in der Richtung einer Verfeinerung dieser Apparatur, wie gerade die Geldfachleute glauben, die die Hoffnung noch nicht aufgegeben haben? Um diese entscheidende Frage zu klären, ist es notwendig, über ein paar Phänomene des Geldwesens zu berichten, die ihre Ursache gerade in der Beweglichkeit und der kreativen Macht der Geldapparatur im Zeitalter der Kreditwirtschaft haben. Im Mittelpunkt steht dabei die Börse, diese merkwürdige Institution für den Handel mit ›fungiblen‹ Werten.

Fungible Werte sind frei bewegliche, verkäufliche Wertpapiere; die Börse ist der Ort, wo sie marktmäßig gehandelt werden. Die ersten Wertpapiere waren einfache Schuldscheine; Schriftstücke, durch die sich ein Schuldner zur termingemäßen Rückzahlung eines Betrages verpflichtet. Solche Schuldverschreibungen der Fürsten wurden schon früher unter Kaufleuten gehandelt. Den Fürsten kennt man, sein Kredit gründet sich auf seine Machtstellung in der Gesellschaft.

Im 16. Jahrhundert bürgert sich der Handel mit Wertpapieren ein. Neben Warenmärkten entstehen Märkte zum Handel mit Wertpapieren. Ihren Namen soll die Börse von einer Kaufmannsfamilie ›van der Burse‹ haben, in deren Haus in Brügge sich im 15. Jahrhundert die Finanzleute aus Italien zur täglichen Besprechung ihrer Geschäfte trafen; zur Zeit seiner Blüte war Brügge damit der erste ›Börsenplatz‹. Das 1531 von der Stadtverwaltung in Antwerpen errichtete Gebäude trug bereits die Merkmale der späteren Börsen: Säulenhallen um einen überdeckten Mittelhof, speziell bestimmt für diesen Geschäftszweig, den Handel mit Wertpapieren. Dann folgen mit wechselnder Bedeutung die großen Handelsstädte diesem Beispiel.

Zwei Arten von Wertpapieren (Effekten) spielen an der

Börse die Hauptrolle: die Aktien und die Obligationen oder Schuldverschreibungen (Staatspapiere, öffentliche oder industrielle Anleihen). Mit dem in den Geldapparat eingebauten Instrument der Börse erreichte die Manipulierbarkeit der fungiblen Werte in den letzten beiden Jahrhunderten einen spektakulären Höhepunkt. Zwei Episoden mögen diesen Aufstieg illustrieren; in ihrem Mittelpunkt steht der Aufstieg der Rothschilds.

Die Geschichte des Hauses Rothschild beginnt im Jahre 1755. Amschel Rothschild übernimmt zwölfjährig mit einem kleinen Erbe seines verstorbenen Vaters das väterliche Geldwechselgeschäft. Seine Liebhaberei für Goldmünzen bringt ihn in Verbindung mit dem Kurfürsten von Hessen. Der Kurfürst, geldgierig und geschäftstüchtig, verkauft Untertanen an England als Söldner für dessen Kampf gegen die rebellischen Kolonien in Nordamerika. Die englische Regierung zahlt an den Fürsten mit Wechseln, Rothschild diskontiert sie. Das Geschäft ist sehr lukrativ. Es zeigt sich, daß gekrönte Häupter die besten Kunden sind und daß Wechselgeschäfte besonders ertragreich sein können. Die große Chance für Rothschild kommt, als der Kurfürst – damals der reichste deutsche Fürst, dessen Vermögen auf zwanzig bis sechzig Millionen Taler geschätzt wurde – seinen Reichtum vor dem Zugriff Napoleons zu retten sucht. Rothschild rät ihm, englische ›Consols‹ (consolidated annuities, ›konsolidierte‹ Rentenschuldverschreibungen aus verschiedenen staatlichen Anleihen) zu kaufen, die Sicherheit und gute Verzinsung bieten. Rothschild erhält den Auftrag, in London Consols zu kaufen zum Kurs von 72 als Ankaufspreis. Aber er kauft erst, als der Kurs auf 62 gesunken ist, und verdient daran 50 000 Pfund.

Das Haus Rothschild hatte damit seinen Platz an der Londoner Börse erobert. Es war das Jahr 1810. Als Napoleons Heer in Rußland zugrunde gegangen war, schlossen sich die Nationen auf dem Festland gegen ihn zusammen. London finanzierte ihre Aufrüstung mit 15 Millionen Pfund. »Den Transfer übernahmen die Rothschilds. Sie zahlten den größten Teil der Subsidien in der jeweiligen Landeswährung aus. Niemand erfuhr, was sie daran verdienten. Da sie Niederlassungen in Frankfurt, London, Wien und selbst in Paris besaßen, verrechneten sie Zahlungen von einem Platz auf den anderen untereinander: sie bildeten gewissermaßen ein Clearinghaus. Daher konnten sie freier disponieren, als wenn sie darauf angewiesen gewesen wären, jeweils eine Währung in die andere umzutauschen, Wechsel an der Börse anzubieten, für Gold- und Silbermünzen Käufer zu suchen.«[61] Sie arbeiteten mit dem neuen Geld, das beweglich ist: Die örtliche Rothschildbank zahlte in bar aus und wartete, bis ihr Wechsel an einem Ort angeboten wurde, wohin sie Zahlungen zu leisten hatte.

Die Rothschilds hatten Englands Kampf gegen Napoleon durch lukrative Transaktionen finanzieren geholfen. Wellingtons Armee war auch Rothschilds Armee, als sie 1815 gegen Napoleon in Frankreich stand. Der Londoner Rothschild Nathan wartete fieberhaft im Hafen von Folkestone auf Nachricht vom Festland über den Ausgang der Schlacht von Waterloo. Dort erfuhr er zuerst, daß Napoleon besiegt sei. Im Eiltempo fuhr er zur Londoner Börse und nahm »totenbleich vor Anstrengung und Ermüdung« seinen Platz ein. Er begann, Consols abzustoßen. Wer wußte wohl, ob die Schlacht verloren war? Infolge des unlimitierten Verkaufs fielen die Kurse. Wilde Panik erfaßte die Börse. Als der Kurs erschreckend tief gefallen war, kaufte Rothschild plötzlich Consols, soweit sie angeboten wurden. Später stellte sich heraus, daß er die Consols an eigene Makler verkauft hatte, da niemand bei dem Zusammenbruch der Kurse wagte, einzusteigen! Monte Carlo ohne Musik.

John Law war bei seinem Geldsystem noch von volkswirtschaftlichen Impulsen getragen. Zweihundert Jahre später hat das Kredit-Bankensystem sich das Geldwesen als Profit produzierende Kreditfabrik angeeignet. Nun heißt es um die Jahrhundertwende: »A banc is not an office for borrowing and lending money, but it is a manufactory of credit« – eine Kreditfabrik (Macleod, *Geldtheorie)*. Darin kommt zutage, daß das Geldmachen über den Bankkredit aus der Macht des einzelnen Bankiers auf das Geschäftsbanken-System übergegangen ist; dieser instinktiv verlaufene Vorgang ist mit diesem berühmten Satz erst wissenschaftliches Bewußtsein geworden.

Durch die Geldschöpfung der Banken hat sich das Geldwesen immer mehr losgelöst von seinen natürlichen und persönlichen Subjekten.[62] So entstand das frei operierende Finanzkapital, das seine eigenen Zwecke und Ziele verfolgt. »Objektlosen Imperialismus« hat Hilferding diese Form des Geldimperialismus genannt. Das ist der ›Gegenspieler‹, mit dem die Notenbanken zu rechnen haben, der aus dem objekt- und subjektlosen Geldinteresse ihre Währungsmanipulationen konterkariert. Es ist die operative Geldmasse, die den »Verwahrern von Kapitalien« jenen »unbeschränkten Einfluß« gibt, womit sie den Geldmarkt beherrschen und den Kredit verteidigen.

Die Geschichte des Geldes ist die Geschichte seiner Krankheiten. Diese sind die Folge seines Mißbrauchs im Interesse der persönlichen, der politischen, der wirtschaftlichen, der utopischen Interessen und Leidenschaften von Individuen und Institutionen. Der Mensch ist es damit, der das Geld mißbraucht und vergewaltigt in der »Politisierung«, der »Nationalisierung« und »Zentralisierung«, der »Militarisierung« und »Internationalisierung« des Geldes, wie Hugo Ritter einzelne Kapitel seines Buches über das Geld überschreibt. Aber wie kommt man zu einer Befreiung des Geldes, ohne daß der Prozeß rückläufig wird und, wie in der Geschichte öfter, alte überwundene Formen erneut zum Durchbruch kommen? Die »Liberalisierung« des Geldes müßte in einer selbständigen, lebensgesetzlichen Ordnung des Geldwesens bestehen, die keinen anderen Interessen dient als den sozialen und mit und durch diese auch den individuellen Interessen und denen des kulturellen Fortschrittes. (Unter ›lebensgesetzlich‹ wird verstanden, daß die sozialen Einrichtungen der Bewußtseinsentwicklung der Individuen adäquat sind; dadurch, daß die ›Ordnungen‹ der Bewußtseinsentwicklung nachhinken, entstehen erst die ›Probleme‹ des Geldes, der Wirtschaft usw.) Die Zeiten, in welchen die politischen, dynastischen, die bloß wirtschaftlichen und die Geldinteressen selbst noch gewissermaßen übergeordnete Rechte hatten, denen sich das Geldwesen unterordnen mußte, sind vorüber. Es ist eine Situation globaler Verantwortung erreicht, in der das Geldwesen seine Eigengesetzlichkeit erhalten muß, wenn nicht alles riskiert werden soll durch die heutigen Möglichkeiten imperialistischer, politischer und militärischer Macht, die das Geldinstrument durch seine unerhörten Kredit- und Finanzierungsmöglichkeiten denen bietet, die es in der Hand haben. Wer sich nicht bewußt diesen Tatsachen verschließen will, muß sie verstehen lernen: Wie ist diese Fondsbörse entstanden und wozu dient sie in der Wirtschaft?

Sie ist entstanden aus den gleichen Triebkräften, aus denen der Wirtschaftsliberalismus hervorgegangen ist. Wenn man sich nicht genauer mit der Funktion der Börse befaßt, muß man denken, sie sei ein integrierender Bestandteil des Systems der freien Marktwirtschaft und für deren Funktionsfähigkeit nicht zu entbehren.

Das Schlußkapitel in dem Buch von H. Eckhardt *Geld-, Bank- und Börsenwesen*[63] ist überschrieben »Wirtschaftliche Kritik der Börse«. Die Kritik richtet sich gegen die Folgen der Spekulation, die sowohl im Falle der Spekulationsgewinne wie -verluste die Produktion und die Verteilung der Geldmittel störten und »somit die gesamte Volkswirtschaft schädigten«. Die Spekulation beanspruche Geldmarktmittel für sich und entziehe sie dem Warenverkehr. Diese Momente werden später vom Verfasser bagatellisiert, nachdem er »moralische und soziale« Gesichtspunkte von vornherein abgelehnt hat. Der Wirtschaftsliberalismus als wissenschaftliches System ist so sehr ideologisch präformiert, daß dadurch jeder Zweifel an einem sozial dubiosen Bestandteil des Systems schon im Keim erstickt wird – weil man die instinktive Furcht hat, daß damit das System selbst angezweifelt wird. Und so ist es typisch, daß die Frage nach Sinn und Wert der Börse unter Berufung auf eine wissenschaftliche Koryphäe (Schmoller) mit der üblichen ideologischen Plattheit abgetan wird: »Die Börse zertrümmern, weil sie Auswüchse und Schäden hat, weil ihre Zentralisation der Geschäfte einzelne riesenhaft bereichert, heißt doch, das Instrument lahmlegen, das die Volkswirtschaft leitet.«

Diese Behauptung, die Börse sei das Instrument, das die Volkswirtschaft leitet, ist eine schlichte, wissenschaftlich getarnte Unwahrheit. Wer heute diesen verbrauchten Satz Schmollers wiederholt, obwohl inzwischen fast die halbe Welt ohne diese ideologische Spekulationsbörse des westlichen Systems Wirtschaft betreibt und obgleich es in diesem Jahrhundert auch im Westen Jahrzehnte gegeben hat, in denen die Börse praktisch lahmgelegt war, beweist nur die eigene ideologisch blockierte Denkart in wirtschaftswissenschaftlichen Fragen. Die Börse »leitet« nicht die Wirtschaft, sondern sie stört ihre Leitung und bringt die Wirtschaft durch die spekulativen Aktionen des unberechenbaren, »subjektlos und objektlos« zirkulierenden »Finanzkapitals« periodisch in die größten Schwierigkeiten. Die Börse in der spekulativen Form ist ein Symptom für die Krankheit des heutigen Geldsystems. Diese Kritik richtet sich nicht im Prinzip gegen börsenmäßige Vorgänge, wie sie zu einem System gehören, in dem Produktion, Zirkulation und Konsumtion die wirklichen eigenständigen Instrumente für die Gestaltung der Wirtschaft sind. Produktion und Konsumtion sind Polaritäten, die durch Vermittlung der Zirkulation erst eine Ganzheit höherer Ordnung darstellen, als die mittelalterliche Marktwirtschaft es war. Wir werden darauf zurückkommen, in welcher Art börsenmäßige Vorgänge zum Wesen einer assoziativ geordneten Wirtschaft gehören.[64] Eine Aktienbörse aber wird nicht dahin gehören.

In Wirklichkeit ist die spekulative Fondsbörse von heute nur das Instrument für eine engbegrenzte Schicht von Geld- und Kapitalbesitzern, die sich für ihre kapitalistischen Spiele eine eigene »Lotterie« geschaffen haben, deren Regeln sie beherrschen, während die kleinen Leute, die glauben, mitmachen zu müssen, in der Regel die Dummen sind, auf deren Kosten sich »einzelne riesenhaft bereichern«. Dafür gibt es in der Börsengeschichte eklatante Beispiele; denn der Gewinn des einen ist der Verlust vieler anderer. (Hier brauchen für die Zeit nach dem Zweiten Weltkrieg nur die Namen Flick und Krages als Beispiele genannt zu werden.) Die Spekulationsbörse legalisiert, was die Taschendiebe illegal machen und wofür sie bestraft werden; womit gerade die Fragwürdigkeit des Systems der Marktwirtschaft in moralischer und sozialer Hinsicht offen zutage tritt.

Daß Sachgeld in frühen Stadien und in primitiven Völkerschaften zur Schatzbildung verwendet wurde, hat Gerloff nachgewiesen. Im sakralen Geldbereich war der Tempel der soziale Ort, wo sich die Edelmetalle sammelten. Das dekadente Pendant dieser sakralen Schatzkammern sind die heutigen Wertpapierdepots der Banken; Uraltes spielt hinein in neue Formen, Fossiles in rudimentäre Ansätze. Das Fossile, das heute die Börse sozial so fragwürdig macht, ist, daß sie der Thesaurierung volkswirtschaftlich steriler Eigentumsrechte und Kapitalien dient, die durch das Aktienrecht für das Börsenspiel ›fungibel‹, das heißt jederzeit übertragbar gemacht sind. Hier liegt einer der Krebsschäden des Geldwesens.

Wenn morgen das Börsenspiel durch Änderung des Eigentumsrechts und Auflösung der Fungibilität der Aktien aufhören müßte – was würde passieren? Ein Gesundungsprozeß! Die Wirtschaft würde durch Anleihen, die in ihrer Laufzeit begrenzt sind, mit Kapital ebenso reichlich versorgt sein wie heute durch den Aktienmarkt – und ohne moralischen und sozialen Hautgoût. Doch das gehört in die spätere Darstellung.

Eine Sozialordnung, die sich mit organischer Vernunft vollzieht, ist gerade dadurch gekennzeichnet, daß sie Kapitalchaos, Anarchie und soziale Ungerechtigkeit überwindet. Es wäre dilettantisch, eine solche soziale Geldordnung darzustellen, ohne die Bedingungen für ihre Verwirklichung rückhaltlos auszusprechen. Damit ist nicht eine soziale Schönheitsoperation gemeint, die nur nötig ist, um dem Geldwesen ein soziales Piedestal zu geben, sondern eine Existenzfrage für die Menschheit. Der Verfasser hat an anderer Stelle dargestellt, wie das Vakuum beseitigt werden kann, das die Jurisprudenz durch ihre Abhängigkeit von den jeweils herrschenden Mächten in bezug auf eine zeitgemäße Eigentumsordnung hat aufkommen lassen.[65] Er hat darin eine Gliederung der Eigentums-Rechtssubstanz vorgeschlagen, durch welche die vom römisch-rechtlichen Eigentums-Institut ausgehende Verfügungsmacht in die Hände derer gelegt werden kann, die mit den modernen Produktionsmitteln arbeiten. Denn heute wird die im Eigentum verankerte Sachherrschaft so auf das Geld übertragen, daß das größte soziale Übel, der Kauf der menschlichen Arbeitskraft, als etwas ganz Selbstverständliches zur Struktur der sogenannten freien Gesellschaft gehört. Diese ›freie‹ Gesellschaft kennt einen Arbeitsmarkt, so wie es vor zweitausend Jahren den Sklavenmarkt gab. Zwar ist die gesellschaftliche Institution der Sklaverei abgeschafft, aber die Arbeitskraft wird durch die beiden machtvollen Repräsentanten des Kapitalismus und der Arbeit, die Arbeitgeberverbände und die Gewerkschaften, kollektiv gekauft und verkauft – eine mit sozialen Aufregungen und großen volkswirtschaftlichen Verlusten verbundene, periodisch wiederkehrende Zeremonie. Was eine gemeinsame Leistung sein sollte – die organisierende und die ausführende Zusammenarbeit in den Unternehmen –, wird durch das Lohnsystem in einen Gegensatz verwandelt, der in diesem Buch zum Schluß noch eine Rolle spielen wird bei der Frage nach der Stabilisierung des Geldes – und dem Gegensatz zwischen Arbeit und Kapital. Wir ahnen meist nicht, was dadurch angerichtet wird, daß man so gedankenlos vom ›Arbeitsmarkt‹ spricht. Man kann Waren kaufen: man kann dem Grund und Boden schließlich durch Eigentumsrechtsnormen Warencharakter geben und dadurch in den Warenbereich wesensfremde Elemente bringen, die schon durch ihre erzwungene Marktgängigkeit und durch ihren der Knappheit wegen steigenden Preis die Wertverhätltnisse nachhaltig stören und einen wesentlichen Anteil an dem säkularen Geldwertverfall haben – aber man *kann* menschliche Arbeitskraft nicht kaufen. Tut man es, dann schleppt man soziale Zustände in das Bewußtsein, wie sie zur Zeit der Sklaven in Rom schon Ausdruck eines sozialen Tiefstandes und eines kulturellen Verfalls waren – mit allen sozialpsychologischen Folgen.

Durch die Löhnerei wird die krankhafte Vermehrungstendenz in der heutigen Kapitalverwendung vom Kapital auf das Geld, die Entlohnung übertragen. An den Folgen für die Geldstabilität sieht man geflissentlich vorbei. – Die *sozialen* Folgen hat Karl Marx in seinen Werken den proletarischen Massen eingehämmert, und sie haben verstanden, was er über die Arbeitssklaverei durch das Lohnsystem ihnen sagte: »Was der Arbeiter verkauft, ist nicht direkt seine Arbeit, sondern seine Arbeitskraft, über die er dem Kapitalisten vorübergehend die Verfügung überläßt. Dies ist so sehr der Fall, daß die maximale Zeitdauer, wofür ein Mann seine Arbeitskraft verkaufen darf, festgestellt ist. Wäre es ihm erlaubt, das für jeden beliebigen Zeitraum zu tun, so wäre ohne weiteres die Sklaverei wieder hergestellt. Wenn solch ein Verlauf sich zum Beispiel auf seine ganze Lebensdauer erstreckte, so würde er dadurch auf einen Schlag zum lebenslänglichen Sklaven seines Lohnherrn gemacht ... weniger als ein Lasttier ... Statt des konservativen Mottos: Ein gerechter Tagelohn für ein gerechtes Tagewerk, sollte sie (die Arbeiterklasse) auf ihr Banner die revolutionäre Losung schreiben: Nieder mit dem Lohnsystem!«[66]

Es ist heute notwendig, das soziale Gewissen zu schärfen, um aufmerksam darauf zu werden, was durch antiquierte Rechtsverhältnisse an sozialem guten Willen zerstört wird und das soziale Leben immer mehr zur Hölle machen muß. Gewiß, die Menschheit hat es in zivilisatorischer Hinsicht weit gebracht. Aber sie hat aufgrund der historischen Eigentumsmacht noch nicht die gesellschaftlichen Konsequenzen gezogen, die aus der radikalen Wandlung des Selbstbewußtseins der Individuen in den zweitausend Jahren zu ziehen sind, in denen das römischrechtliche Eigentums-Institut zur Weltmacht geworden ist.

Es schien notwendig, als Voraussetzung für die schwierige Verständigung über eine neue Geldordnung, darzustellen, wie Naturgegenstände – Opfergeräte, Werkzeuge, Stoff, Schmuckstücke, Nahrungs- und Genußmittel – »unter zeitweiligem Verlust ihrer Eigenschaften als ›reale‹ Bedarfsgüter den Gelddienst übernommen haben« (Andreae).

Es gab zu alledem in der Geschichte noch eine besondere Art von ›Geld‹-Sklaven‹. Oswald Spengler hat im letzten Band seines *Untergang des Abendlandes* dargestellt, wie Menschen durch ihren Rechtsstatus als Sklaven »unter zeitweiligem Verlust ihrer Eigenschaft als Menschen« den Charakter von Geld-Kapital bekommen haben:

»Aber als diese Welt in das Zeitalter der unbedingten Geldherrschaft getreten war, etwa seit Hannibal, reichte die natürlich begrenzte Masse von Edelmetall und stofflich wertvollen Kunstwerken innerhalb ihres Machtgebietes bei weitem nicht mehr aus, um den Bedarf an Barmitteln zu decken, und es entstand ein wahrer Heißhunger nach neuen geldfähigen Körpern. Da fiel der Blick auf den Sklaven, der eine andere Art von Körper, aber nicht Person, sondern Sache war und deshalb als Geld gedacht werden konnte. Erst von da an wird der antike Sklave etwas Einzigartiges in der gesamten Wirtschaftsgeschichte. Die Eigenschaften der Münze haben sich auf lebendige Objekte ausgedehnt, man vermietete sie, wie man bares Geld auslieh; man ließ sie Geschäfte auf eigene Rechnung treiben, so daß sie reich werden konnten; man unterbot mit ihnen die freie Arbeit, alles nur, um wenigstens die Erhaltungskosten dieses Kapitals zu decken. Die Mehrzahl konnte gar nicht voll beschäftigt werden. Sie erfüllten ihren Zweck, indem sie einfach da waren, als ein Geldvorrat, den man zur Hand hatte und dessen Umfang nicht an die natürlichen Grenzen der damals vorhandenen Goldmenge gebunden war.«[67]

Es ist eine Frage, der sich die Sozialpsychologie gründlich annehmen sollte: Inwiefern gibt es eine geschichtliche Parallele zwischen den örtlichen Sklavenmärkten des alten Rom und dem heutigen universellen Arbeitsmarkt? Den Geldtheoretikern der Währungsbanken stellt sich damit die Frage nach der tieferen Ursache der Geldkrankheit: Ist sie nicht eine Folge der sozialen Krankheit, die durch den Gegensatz von Kapital und Arbeit verursacht wird? Und schließlich können die Kulturphilosophen und Kulturhistoriker sich mit der Frage konfrontiert sehen: Welche Auspizien ergeben sich für die Zukunft der abendländischen Menschheit aus der Parallele zwischen dem römischen Sklavenmarkt und dem weltweiten Arbeitsmarkt von heute? Hat Spengler etwa mit Absicht das Kapitel über diese seltsame Geldform, die sich die Plutokratie des alternden Rom in ihren Sklaven geschaffen hat, an den Schluß seiner Untergangsvision gestellt?

Solange das Geldsystem es möglich macht, kollektive Arbeitskraft zu verkaufen und zu kaufen, steht die Zukunft der Kulturmenschheit auf wackligen Füßen. Wie entläßt man das Geld selbst aus diesem Sklavendienst des Gruppenegoismus, damit es auf neuer Stufe Kulturgeld werden kann? Lassalle nannte die Bemühungen der Gewerkschaften um die Hebung der Lage der Arbeiter »das vergebliche Bemühen der Ware Arbeit, Mensch zu werden«. Er kam auf tragische Weise ums Leben; im Marxismus ist dieses Problem seither offengeblieben. Die Erarbeitung von Elementen einer neuen Gesellschaftsordnung ist unterblieben; einer Gesellschaftsordnung, durch welche die Ware Mensch dadurch Mensch wird, daß die Individuen soziale Verantwortung übernehmen können und müssen.

VI

Die neue Gesellschaft – Prolegomena für das gesunde Geld

1. Emanzipation der Geldfunktion durch polare Gliederung

Die Problematik einer organischen Geldordnung kann man in zwei Richtungen verfolgen. Die eine ist gekennzeichnet, wenn man sagt: Der Teufel steckt im Detail. Die andere sieht sofort auf die sich auftürmenden Widerstände und schreckt damit schon vor weiteren Einzelheiten zurück.

Aber die Feststellung vorläufig unüberwindbarer Widerstände ist kein Einwand gegen eine fruchtbare Idee selbst. Was im Gang der Entwicklung liegt, wird sich auch gegen noch so große Widerstände durchsetzen, weil darin schon die Zukunft in die Gegenwart hineingreift, und das geschieht in Form von Gedanken und geistigen Impulsen. Die Geschichte zeigt dies. Was daraus folgt, ist der Kampf mit der Vergangenheit. Der ist lang und schwer; dabei gibt es Rückschläge wie bei John Law – Siege und Niederlagen. Denn niemals haben sich Gedanken, die im geschichtlichen Entwicklungsgang liegen, ohne Umwälzungen verwirklichft.

Wenn man eine wirklich von der Zukunft her eingreifende Idee im Detail darstellen will, dann stellt sich der Detail-Teufel dazwischen. Er macht Einwände, die ihren Ursprung in der Übermacht jener konventionellen und routinemäßigen Gedanken haben, in denen man eben gerade lebt und denkt. Solche Einwände ließen sich in seminaristischer Kleinarbeit widerlegen. In einem Buch kann man dem Leser nur die Möglichkeit geben, sie selbst zu überwinden durch einen weiten Horizont der Weltbetrachtung. So wird man es vielleicht am ehesten verstehen, daß die Geschichte des Geldes in ihrer Wechselwirkung mit der Bewußtseinsentwicklung der Individuen dargestellt wurde. In dieser Bewußtseinsentwicklung hat man den weiten Horizont der Weltbetrachtung, der die Wandlungen des Bewußtseins durch markante Einschnitte in der Kultur- und Sozialgeschichte deutlich hervortreten läßt: nur an den inneren und äußeren Wandlungen läßt sich das Gesetz der Evolution im Kulturfortschritt ablesen. *Es ist das Gesetz der Umstülpung.*

Das individuelle Bewußtsein wandelt sich in der Geistesgeschichte in einer auffallenden Weise von außen nach innen. Durch natürliche, blutsmäßige Zusammenhänge war der Wille der Individuen gebunden und unfrei, durch religiöse Vorstellungen ebenso das seelische Fühlen; durch die hierarchischen Gemeinschaftsvorstellungen und durch Gebote wurde das individuelle Denken von außen bestimmt.

In den sozialen Lebensformen verläuft dieser Prozeß umgekehrt: Was in der unitarischen Hülle der ursprünglichen Gemeinschaften ungetrennt lebte – Kultur, Recht, Wirtschaft –, wird durch Umstülpung nach außen gekehrt: geistiges Leben, Rechtsleben und zuletzt das Wirtschaftsleben trennen sich und nehmen um so mehr Eigengesetzlichkeit an, je mehr die geistige Macht gebrochen wird, die von außen die Bewußtseinskräfte der Individuen in Bann hielt.

Dieser Umstülpungsprozeß hat in dem heutigen gesellschaftlichen Pluralismus seine kritische Phase. In dieser erst konnte eine Sozialwissenschaft entstehen und eine solche Bedeutung erlangen wie heute.

Die Sozialwissenschaft wird es als ihre wichtigste Aufgabe betrachten müssen, herauszufinden, welches das Bildungsgesetz der neuen Gesellschaft ist, die ihrer Geburt aus dem Pluralismus entgegensieht. Sie findet bis heute durch ihre analytische Methode nur die Kräfte, die die alten Gesellschaftsstrukturen immer mehr in die Auflösung und schließlich in das heutige gesellschaftliche Chaos gebracht haben – die sozialen Gegensätze. Daß es zwei Arten von Gegensätzen gibt, weiß man auch. Selbst die Sowjetideologie spricht von antagonistischen und nicht-antagonistischen Widersprüchen in der Gesellschaft; die ersten sind die »zwischen sozialen Klassen und Gruppen, deren grundlegende Interessen unversöhnlich sind«.[68] Die nicht-antagonistischen werden in ihrem Wesen meist nicht erkannt als die konstruktiven, die bildenden, die zusammenfügenden, produktiven Kräfte, die man als ›polare‹ Gegensätze von den antagonistischen unterscheiden kann. Mit dem Wort Polarität ist das Geheimnis der Neugestaltung des sozialen Organismus nach der Auflösung der alten Einheitsstrukturen angedeutet.

Das Wesen der Polarität liegt in der qualitativen Verschiedenheit der Gegensätze; gerade dadurch entsteht organische Spannung und Ganzheit. Man kann dieses Prinzip der Polarität im Bereich des sozialen Lebens auch als das Gesetz der richtigen Zuordnung der auseinandergegliederten, ursprünglich zusammengehörigen gesellschaftlichen Bauelemente bezeichnen. Negativ gewendet besagt dieses Prinzip dann, daß alle gesellschaftlich organisierten Antagonismen, die sozial zerstörend wirken, auf einer falschen Zuordnung beruhen.

Im folgenden soll in kurzen Abschnitten diese polargegensätzliche Zusammengehörigkeit einiger sozialen Bauelemente skizziert werden.

VIER BEISPIELE POLARER GEGENSÄTZE

a) Polare Gegensätze sind: *das Wirtschaftsleben und das Kultur- und Geistesleben.* Das Wirtschaftsleben bringt die zur Existenz des sozialen Organismus notwendigen materiellen Güter hervor; im Kultur- und Geistesleben stehen den materiellen Leistungen geistige Leistungen polar gegenüber. Ohne materielle Grundlage könnten geistige Leistungen nicht hervorgebracht werden, und ohne geistige Leistungen müßte alles Wirtschaftliche in die Primitivität versinken. Das charakterisiert diesen polaren Gegensatz in seiner gegenseitigen Abhängigkeit. – Wirtschaftsleben und Kulturleben sind durch ihr polares und eigenständiges Wesen autonome Bereiche. Nach dem Gesagten können sie ihre organische Funktion nur erfüllen, wenn sie ihre spezifische Eigenart ohne Beeinträchtigung durch die polaren sozialen Gegenkräfte selbständig entfalten können. Die Wirtschaft darf nicht bestimmen, wie die Kultur und Erziehung zu gestalten sei, sonst schädigt sie sich zuletzt selbst; und das Kultur- und Geistesleben kann nicht im Speziellen sachverständig für die Gestaltung der Wirtschaftsprozesse sein; es muß aber das Wirtschaftsleben von seiner Bildungsaufgabe her befruchten. Aber der omnipotente heutige Einheitsstaat steht in einem antagonistischen Gegensatz zur Autonomie der drei sozialen Glieder.

Der Staat formt das Kultur- und Geistesleben schon mehr als man denkt dadurch, daß das Erziehungs- und Bildungswesen von der staatlichen Finanzierung abhängig ist; er ›fördert‹ es. Er bestimmt durch Gesetzgebung und Steuerwesen auch die Wirtschaft; auch diese ›fördert‹ er. Die Notenbank ist in Wirklichkeit Staatsbank, vor allem, weil die Geldschöpfung keine aus der Autonomie der Notenbank, sondern de facto eine von der Macht des Staates abgeleitete ist. Darin liegt ein fundamentaler Irrtum: Der Staat kann der Geldordnung zwar durch das Recht

Allgemeingültigkeit geben, aber er kann letzten Endes ebensowenig Geld schöpfen, wie er Bildung und Kultur produzieren kann. Wenn er trotzdem Geld schöpft, entsteht ein Scheinvorgang, für den die Wirtschaft die Deckung übernehmen muß; nicht anders ist es, wenn der Staat Kultur und Bildung zu produzieren vorgibt, während er sich die Kräfte dafür doch aus dem Kulturbereich ›ausleihen‹ muß. Der Staat ist Rechtsstaat nur als ›reiner Staat‹, aber schon nicht mehr als Universalstaat.[69] Man findet damit eine auf drei selbständige soziale Polaritäten sich gründende Gesellschaftsform: die durch die Umstülpung entstandene soziale Dreigliederung – als die durch polare Funktionen ausgeglichene neue Gesellschaftsstruktur.[70]

b) Hier liegt der Drehpunkt für das Problem einer eigenständigen Geldordnung. Das Geld ›fließt‹ heute nicht durch den sozialen Organismus, es wird durch die Macht und Omnipotenz des Staates im sozialen Organismus hin- und hergepumpt; das geschieht bürokratisch. Der Staat fungiert als Verteiler der Steuereinnahmen und steuert damit willkürlich den Geldfluß. Daß Geld entsteht und im sozialen Organismus kreist, hat seine eigentliche Ursache weder im Staat, noch allein in der Wirtschaft, noch wie am Anfang im Kulturleben. Das klingt befremdlich, weil alle Welt auf den ›Geldbedarf der Wirtschaft‹ blickt. Was steht hinter dem Geldbedürfnis der Wirtschaft; was treibt die Wirtschaft an? Sagt man – für die heutigen Verhältnisse richtig –: das Bedürfnis, Geschäfte zu machen, dann trifft man nur die Schale, den ideologischen Überbau der freien Marktwirtschaft, das Profitprinzip. Das letzte wäre aber ohne den Zwang der materiellen Lebensbedürfnisse nur Chimäre. Das ›Bedürfnis‹ nach Gewinn- und Lohnmaximierung sitzt wie ein Parasit auf der Naturtatsache, daß der Mensch um zu leben, um zu arbeiten und – um zu philosophieren auf die materiellen Produkte der Gesellschaft angewiesen ist. Erst als die Folge dieser wesentlich individuellen Bedürfnisse der Menschen ist das Geldbedürfnis der Wirtschaft sozial gerechtfertigt: Die Lebensbedürfnisse der Menschen können erst dann wirtschaftliche Tätigkeit erzeugen, wenn Geld in den Händen derjenigen Menschen ist, die materieller Dinge bedürfen oder soziale Leistungen vollbringen wollen. Nur dadurch, daß Geldinhaber Kaufentscheidungen treffen, was täglich milliardenfach geschieht, braucht die Wirtschaft die Institution des Geldes.

Was also die Geldbewegungen schafft, ist im Wirtschaftsleben das natürliche und berechtigte Begehren nach materiellen Bedarfsgütern, die eine Grundbedingung des sozialen und individuellen Lebens sind. Die Summe dieser Bedürfnisse nach Existenzmitteln jeder Art ist die gewaltige Saugkraft, die die wirtschaftlichen Kräfte in Bewegung setzt und das Geld in den Bannkreis der Produktion treibt. Betrachten wir das näher.

Für den, der wirtschaftliche Güter produziert, ist das Geld mehr wert als die Ware, die er abgibt; er hat seinen Vorteil im Geld. Für den Konsumenten besteht der Vorteil darin, daß sein Bedürfnis nach Konsumgütern erfüllt wird; ihm ist die Erfüllung seines Wunsches nach Ware mehr wert als das Geld, das er dafür gibt. Die allgemeine Auffassung tut so, als ob nur der Verkäufer den Vorteil aus dem Geschäft habe. Das wird lediglich verschleiert durch das alberne Reklamegerede vom ›König Kunden‹. Die allgemeine Auffassung hat sich inzwischen zur falschen Ideologie verfestigt; aus einer berechtigten volkswirtschaftlichen Kategorie, dem *Vorteil oder Gewinn auf beiden Seiten,* ist der einseitige *Profit* geworden. Anstelle des Ausgleichs durch beiderseitigen Vorteil oder Gewinn wird der Profit zum alleinigen wirtschaftlichen Motor stilisiert. Daraus ist das Ungleichgewicht entstanden, das nicht den Ausgleich, sondern den Geld- und Kapitalbesitz in den Mittelpunkt des wirtschaftlichen Denkens stellt.

Es entstehen falsche Tauschverhältnisse. – Der ›Vorteil‹ unterschiedlicher Art ist also eine volkswirtschaftlich und geldwirtschaftlich berechtigte Kategorie. Für den Verkäufer oder Produzenten ist der Gewinn nicht nur eine Bestätigung dafür, daß seine Tätigkeit im sozialen Interesse liegt, sondern daß er auch berechtigt ist, seine unternehmerische Initiative auf die Konsumbedürfnisse zu richten. In der sozialistischen Vorstellung ist der Gewinn durch den Marxschen Begriff des Mehrwertes zum Buhmann des Kapitalismus gemacht worden. Dadurch jedoch, daß der sozialistische Staat den Mehrwert einnimmt und verteilt, ist dieser offenbar nicht sozialer geworden. Der welthistorische Irrtum bei Marx liegt darin, daß er Gewinn gleich Profit setzte. Worauf kommt es an? Daß *richtig* und nicht falsch ausgetauscht wird. Damit sind wir wieder beim Geld.

Würde kein Gewinn auf der Seite desjenigen vorhanden sein, der das Geld nimmt und die Ware abgibt, dann wäre dies ein Kriterium für einen verfehlten volkswirtschaftlichen Prozeß; denn es wäre falsch, das heißt nicht dem Warenwert entsprechend ausgetauscht worden. Unter Profitwirtschaft versteht man das

Umgekehrte: daß der Empfänger der Ware falsch getauscht, das heißt zuviel Geld gegeben hat. Beim Geldwert kommt es also auf die *richtige* Preisbildung im Austausch an, damit das Geld sein wirtschaftliches ›Gewicht‹, seinen richtigen Wert bekommt. – Polare Gegensätze entstehen also durch die gekennzeichneten qualitativ verschiedenen Vorteile zwischen Produzenten und Konsumenten. Daraus entsteht die Geldbewegung.

Die agrarische Stufe war noch Selbstversorgerwirtschaft im Großen, vergleichbar mit einem großen Gutshof. In der modernen Arbeitsteilung ist Produktion und Konsumtion auseinandergegliedert.

c) Auch *Produktion und Konsumtion* sind polare Gegensätze. Die industrielle Revolution begann mit einem wirtschaftlichen Chaos, das entstanden ist aus dem Kampf um die Marktbeute. Darin ging es um Profit, Besitz und wirtschaftliche Machtstellung. Adam Smith machte daraus seine Theorie der freien Marktwirtschaft. Diese Theorie wurde zum Glaubensprinzip erhoben. Inzwischen sind mehr als 200 Jahre vergangen, seit jenes berühmte Buch von Adam Smith erschien, das der Menschheit im Marktmechanismus die »prästabilierte Harmonie« verkündete. Sieht man aber auf die damit entfesselten Gelddämonien, dann ist der imperialistische, politische und wirtschaftliche Endkampf das Ende aller Harmonie. Durch die moderne Geldschöpfung ist das Geld Instrument und Waffenarsenal in diesem besinnungslosen Kampf um Macht und Märkte geworden.

Das dem Prinzip der Arbeitsteilung in der modernen Industriegesellschaft adäquate Organisationsprinzip ist nicht das unmenschliche Prinzip des Niederkonkurrierens, sondern das der universellen Kooperation. Das ergibt sich aus der Natur der Sache; das Manchesterprinzip der rücksichtslosen Konkurrenz (cut-throat-competition, Halsabschneiderkonkurrenz) ist der ideologische Überbau, mit dem man nur die egoistische Blöße des ›häßlichen Gottes‹, den Geldegoismus, zudeckt.

Die drei Grund-Teile der Arbeitsteilung in der Wirtschaft sind Produktion, Zirkulation und Konsumtion. Wenn diese drei an einen Tisch kommen könnten, dann würde damit die Gewähr geschaffen für die ›Tauschgerechtigkeit‹, die auf die *richtige* Preisbildung zielt. Nur dann, wenn die Preise richtig sind, kann das Geld seine Tauschfunktion ohne Schwankungen erfüllen. Das ist eine Seite der Geldordnung. Aber die Urteilsgrundlagen über die richtigen Preise lassen sich nur assoziativ, das heißt durch fortlaufendes Zusammenurteilen der drei polaren Interessen von Produktion, Zirkulation und Konsumtion gewinnen. Eine assoziative Wirtschaftsordnung zielt permanent auf Ausgleich durch Preisvereinbarungen. Das ist eine entscheidende Voraussetzung für die Geldstabilität. Inwiefern?

Das System der freien Wirtschaft hat den Lobbyismus und die Interessenverbände hervorgebracht als Resultut des egoistischen Wirtschaftsprinzips. Die auf dauernde Kooperation der drei polaren Elemente der Wirtschaft sich gründende assoziative Wirtschaft dagegen ist die Umkehrung des Wirtschaftsegoismus; das Prinzip fortlaufender Vertragsschließungen ermöglicht es, ›Altruismus‹ als wirtschaftliche (nicht ethisch-moralische) Kategorie, das heißt in der polaren Gestaltung der Wirtschaft zu verwirklichen.

d) Die sozialen Übel der Wirtschafts- und Geldordnung sind aus der Eigentumsordnung hervorgegangen. Das römischrechtliche Eigentumsinstitut hat die durch die Umstülpung der unitarischen Ordnung entstandene Gliederung nicht mitgemacht. Der Kampf gegen die Eigentumsmacht wird den Erdball in Flammen setzen, wenn die Vernunft nicht das heutige Vakuum im Eigentumsrecht und im Erbrecht beseitigt. Auch dabei geht es wieder um die richtige Zuordnung, durch welche die Verfügung über die Produktionsmittel in die Hände der kompetenten sach- und fachkundigen Individuen gelegt wird. Läge hier nicht die entscheidende Problematik der sozialen Gerechtigkeit, dann wäre die Welt nicht in zwei antagonistische Lager gespalten.

Die Macht des Geldes hat ihre Fixierung im Eigentumsrecht. Die Eigentumsordnung und die Geldordnung von heute sind durch die Verbindung mit der wirtschaftlichen und politischen Macht abgründig unsozial.

Eine organische Geldordnung setzt die Befreiung des Geldes aus der Verkettung mit der *Macht des Eigentums* voraus. Erst eine *gegliederte Eigentumsordnung* gibt die Möglichkeit, daß die Konkurrenzwirtschaft den Weg in die assoziative Ordnung beschreiten kann, die man statt Konkurrenzwirtschaft besser Fähigkeitenwirtschaft nennen könnte. Erst auf die Befreiung von der Macht des Eigentums kann die Befreiung der Wirtschaft von der Ideologie des Profits und der Geldmacht folgen. Das sind zwei Schritte auf dem Wege zu einem eigenständigen

Geldwesen. – Der dritte entscheidende Schritt liegt in der Befreiung vom Staate. Der Staat kann weder die Wirtschaft fördern noch das Kulturleben, sondern nur das Recht wahren. Genau das wiederum tut er dann nicht, wenn er omnipotent, das heißt auf allen drei Gebieten durch parlamentarischen Zentralismus führend ist. Der Staat kann auch niemals als Staat den Geldwert stabilisieren und die Währung erhalten, weil es auch nicht der Staat ist, der dem Gelde seinen Wert gibt; das tut allein die richtige Ordnung und die Leistung der Wirtschaft. Also gehört die Verantwortung für die Währung in das Wirtschaftsgebiet.

Der omnipotente Staat ist ein Staat für Unmündige. Man wird dahin erzogen und daran gewöhnt, den Staat als Vormund zu haben. Würde man Repräsentanten der Wirtschaft fragen, ob die Wirtschaft nicht die Verantwortung für die Währung aus freien Stücken übernehmen würde, weil sie doch selbst das größte Interesse an einer stabilen Währung haben müßte, dann ist zu befürchten, daß es heißt: Hände weg, das muß der Staat machen, wir haben anderes zu tun. Und der Staat würde auf diesen Vorschlag erst recht das Selbstinteresse in den Vordergrund stellen: Wie käme ich dazu, das Geldwesen, das ius cudendi monetam abzugeben? Das ist *regale majus* des Staates, ist – Majestätsrecht! Außerdem – ich soll doch das Erziehungswesen bezahlen, das Kulturleben fördern, Subventionen an die Wirtschaft geben – und wer wird dann mich selbst versorgen? – Zu kurz gedacht! Sind denn die Verantwortlichen noch immer nicht so weit mündig, daß sie den Staat als Amme für die Milch brauchen, die sie ihm in den Steuern erst wieder liefern müssen?

Freiheit für das Geld! »Wir brauchen ein Geld, welches entsteht, wenn sich das Bedürfnis danach zeigt, und verschwindet in dem Maße, als das Bedürfnis nachläßt; ein Geld, welches in kleineren und größeren Kreisen zu zirkulieren vermag, Geld, welches in einem gewissen Giro ausschließend herumläuft, ohne gleich Geld für die ganze Welt zu sein; ein Geld endlich, was sich nach Maßgabe unserer Erwerbstätigkeit und ihres Erfolges ausweitet und zusammenzieht – kurz, gewissermaßen ein lebendiges Geld.«[71] Diese Sätze finden sich schon im Jahre 1811 in einer Schrift des ausgezeichneten Volkswirts und Publizisten Adam Müller, des Freundes Heinrich von Kleists.

Im ersten Kapitel seiner *Einführung in die Wirtschaftstheorie* beschäftigt sich Erich Schneider[72] mit den bekanntesten Kreislauftheorien von François Quesnay (1694–1774), Karl Marx (1818–1883) und Böhm-Bawerk (1851–1914). Das Kreislaufdenken ist, wie man sieht, so alt wie die ökonomische Wissenschaft.

Die erste Theorie ist die des Begründers der physiokratischen ökonomischen Schule, Quesnay. Wie geht er vor? Er teilt die gesamte Wirtschaft in drei Sektoren. A Grundeigentümer (weltliche und kirchliche), B Urerzeuger (Landwirte, Bergarbeiter) – die sogenannte produktive Klasse, C Manufakturisten und Händler – die sogenannte sterile Klasse. Der Kreislauf spielt sich dann bei ihm so ab: Die produktive Klasse B produziert im Jahr für drei Millionen Nahrungsmittel und für zwei Millionen Rohstoffe; die sterile Klasse C für zwei Millionen Manufakturwaren; die Grundeigentümer beziehen von B für zwei Millionen Pacht (Reinertrag), kaufen von A für eine Million Nahrungsmittel und von der sterilen Klasse für zwei Millionen Manufakturwaren; diese Klasse C kauft von B für eine Million Nahrungsmittel und für eine Million Rohstoffe und von der sterilen Klasse C für eine Million Manufakturwaren. Damit hat sich alles in Wohlgefallen aufgelöst und kann von vorn beginnen.

Die Begeisterung über diese erste Kreislauftheorie war außerordentlich. Mirabeau preist »die graphische Darstellung der volkswirtschaftlichen Verhältnisse als die unter allen anderen hervorragende Erfindung, die den Ruhm unseres Jahrhunderts bilden und deren Früchte die Nachwelt pflücken wird«. Und Schneider fügt dem hinzu: »Erst unserer Zeit mit ihren enormen statistischen Möglichkeiten ist es vorbehalten geblieben, das Tableau in den volkswirtschaftlichen Gesamtrechnungen zu einem zentralen Instrument für Theorie und Wirtschaftspolitik zu machen.« Diese volkswirtschaftliche Gesamtrechnung macht das statistische sowjetische Staatsbankwesen ja bereits a priori im Gosplan und steuert ihn damit, während man im Westen noch versucht, ein Nationalbudget a posteriori aufzustellen, um danach mit dem Instrumentarium der Notenbanken der Entwicklung – vergeblich – hinterherzurennen.

Quesnay hat gewissermaßen dann das Kreislaufproblem an Karl Marx weitergereicht. Inzwischen fand die industrielle

Revolution statt, und nun nehmen die Produktionsmittel in der Marxschen Kreislauftheorie schon die erste Stelle ein. Marx schematisiert den Kreislauf, indem er ihn in eine Produktionsmittelabteilung I und eine Konsumgüterabteilung II teilt und Ersparnisse und Investitionen in Abteilung III herauszieht. Da alle Arbeitslöhne in seiner Rechnung konsumiert werden, vereinfacht sich der Vorgang mit dem erwarteten Ergebnis: Die Summe der in Abteilung I verdienten Einkommen ist größer als der Wert der Käufe in Abteilung II: der Investitionsanteil aus III wird in der Produktionsmittelabteilung I wieder investiert. Der finanzielle Konsumtionsertrag wächst dem Unternehmerkapital zu.

Der Produktionsmittelfaktor wird für spätere Versuche einer Kreislauftheorie immer ungreifbarer und undurchsichtiger. Im Gegensatz zu Quesnay, bei dem er noch gar nicht in Erscheinung tritt, ist nun nach Marx der Geldkreislauf und der Kapitalkreislauf hoffnungslos verknäuelt. – Böhm-Bawerk versucht gar nicht mehr, den ganzen Geldverlauf darzustellen wie noch Marx. Sein umfangreiches Werk konzentriert sich ganz auf die Entstehung und den Fortgang des Kapitals, das bei ihm in den Konsumkreislauf untertaucht. Er unterscheidet die direkte Produktion, die »mit der nackten Faust auf das Ziel losgeht«, als »kapitallose Produktion« von der indirekten Produktion, die sich eines »klug gewählten Umweges«, nämlich der vorweg herzustellenden Werkzeuge bedient, und bezeichnet sie als die »kapitalistische Produktion«. Für Böhm ist die ganze, heute riesige Produktionsmittelverwendung also nur ein Umweg in der Verwendung der ursprünglichen Elemente der Produktion: Natur und Arbeit, um zu Genußgütern zu kommen.

Da alle Werkzeuge auch aus den beiden Urelementen Natur und Arbeit gewonnen seien, sei das Kapital kein selbständiger dritter Produktionsfaktor. Dies demonstriert er durch folgenden kuriosen Vergleich: »Ein Mensch wirft auf einen anderen einen Stein und tötet ihn. Hat der Stein den Menschen getötet? Wenn man diese Frage stellt, ohne einen besonderen Nachdruck in sie zu legen, wird man sie ohne Bedenken bejahen können. Aber wie dann, wenn der zur Verantwortung gezogene Mörder zu seiner Entschuldigung behaupten wollte, daß nicht er, sondern der Stein den anderen getötet habe? Wird man auch in diesem Sinne noch bejahen wollen, daß der Stein der Mörder war, und den wirklichen Mörder lossprechen? Nun, in ganz ebensolchem Sinne fragen die Nationalökonomen nach der selbständigen Produktivität des Kapitals. Man fragt nicht, ob das Kapital bei der Herstellung eines produktiven Erfolges überhaupt eine Rolle spielt – wie etwa auch der geworfene Stein beim Tode des Erschlagenen –, sondern man fragt, ob vom produktiven Erfolge etwas dem Kapital so ganz und gar zu eigen gehört, daß es schlechterdings nicht den beiden anderen anerkannten elementaren Faktoren, Natur und Arbeit, zugerechnet werden kann. Läßt sich nun diese Frage bejahen? Ganz und gar nicht. *Das Kapital ist ein Zwischenprodukt von Natur und Arbeit, weiter nichts.*«

In diesem Dilemma vom Wesen des Kapitals und seinem Anteil an der Produktion bleibt die Kreislaufforschung stecken, so daß Schneider hinzufügen muß, daß es »erst der großen Depression in den dreißiger Jahren bedurfte, um das Interesse der Forschung wieder auf die essentiellen Kreislaufprobleme zu lenken.«[73] Erst im Jahre 1936 tritt die makro-ökonomische Kreislauftheorie wieder in den Vordergrund des Interesses, als J.M. Keynes die Frage nach dem Volkseinkommen als dem bestimmenden Faktor des Geldkreislaufs stellte.

Damit landete die westliche Kreislaufforschung in derselben Sackgasse wie der Kassaplan der sowjetischen Staatsbank: die Methoden der volkswirtschaftlichen Gesamtrechnung und die Aufstellung von Nationalbudgets suchen ihre Stütze in der Einkommenanalyse. Die wirklichen Fragen der Geldwertentstehung und des Geldkreislaufs sind damit sterilisiert, weil die zwei eigentlichen Determinanten: der Verlauf oder der Weg des Kreislaufs durch den sozialen Organismus und die dabei sich vollziehenden Wandlungen des Geldes im Gesamtbild verschwimmen.

Die Notwendigkeit einer wiederholten Einschaltung historischer wissenschaftlicher Klimmzüge, um über die Hindernisse im Geldkreislauf zu klettern, wird man verstehen, wenn man dieses Hindernis selbst ins Auge faßt, für dessen Realität die Geldwissenschaft einfach einen blinden Fleck hat. Mag auch Andreae jene Theoretiker der utilitaristisch-individualistischen Wirtschaftslehre wegen ihrer Engstirnigkeit schelten, mit der sie in »freier Erfindung« die Geldentstehung nur von »wirtschaftlicher Zweckmäßigkeit« ableiten, so findet doch auch bei ihm die Entdeckung des sakralen Ursprungs des Geldes keine Konsequenzen in seiner Geldlehre. Es ist nun einmal eine Tatsache, daß das Geld und seine Institutionalisierung nur utilitaristisch-wirtschaftlichen Zwecken dient und daß nur aus dem Blickwinkel der »individualistischen Wirtschaftslehre« wissenschaftlich gedacht wird.

Dabei fällt verständlicherweise das Kultur- und Geistesleben, das im gegliederten sozialen Organismus aus dem sakralen Bereich hervorgegangen ist, in die Region des blinden Flecks der Wissenschaft. Da nun dieser früher so übermächtige geistige Bereich heute völlig entmachtet ist, nimmt es nicht wunder, wenn es niemandem einfällt, daß er doch da ist und daß dies seine Konsequenzen auf dem Geldgebiet haben müßte. Denn wenn es wirklich einen in drei Bereiche gegliederten sozialen Organismus gibt, dann müßte es auch eine dieser Gliederung entsprechende Geldordnung geben. Und wenn einem organischen Geldkreislauf durch den Zwang, sich nur wirtschaftlichen Zwecken fügen zu müssen, Hindernisse in den Weg gestellt werden, dann müssen Störungen unausbleiblich sein.

Von drei funktionellen Bereichen mit polar entgegengesetzten sozialen Kräften muß ausgegangen werden. Das Entscheidende dabei ist, daß menschliche Individuen mit seelisch-geistigem Vermögen in differenzierter Weise in diesen Bereichen tätig sind. Wie ist das Wirksam-Werden des menschlichen Geistes vom Gesichtspunkt des Geldes aus zu beurteilen? Welches polare Spannungsverhältnis stellt sich dabei für die Bewegungen im Geldkreislauf heraus? Ergeben sich daraus nicht differenzierte Geldkategorien?

Das Geld ist der ständige aktive und passive Begleiter aller wirtschaftlichen Prozesse im sozialen Organismus. Wenn man nicht mehr daraus macht als ein Bild – dann kann man dafür wieder den Blutkreislauf zur Veranschaulichung heranziehen: Das Blutplasma, Träger der Aufbaustoffe und Potenzen für den Stoffwechsel, ist ständig begleitet von Blutkörperchen. Auch eine bestimmte Sorte von Geld muß immer zur Stelle sein, wenn materielle Bedürfnisse sich geltend machen und mit Hilfe von Geld ihre Befriedigung suchen. Die Vorstellung, die sich mit diesem Vorgang verbindet, ist noch immer das Tauschen und das Tauschgeld, wobei man begrifflich auf die Vorstufen des Geldes zurückgreift, in denen sich das Geld aus dem Tauschvorgang heraus gebildet hat in Gestalt von Naturgegenständen, die »unter zeitweiligem oder dauerndem Verlust ihrer Eigenschaften als ›reale‹ Bedarfsgüter die ›zirkulatorische Befriedigung‹, den Gelddienst übernommen haben« (Andreae,

S. 11). Der »zirkulatorischen Befriedigung« dient das Geld heute in verschiedenster Weise: als Scheidemünze, Banknote, Giralgeld, Scheckgeld usw. Man kann diese spezielle Dynamis des Geldes mit dem Begriff des *Kaufgeldes* richtiger und prägnanter zum Ausdruck bringen.

Wenn wir ›Kaufgeld‹ sagen, verbindet sich damit das, was im vorigen Abschnitt als das Wesen des Kaufens und Verkaufens dargestellt wurde; daß bei jedem richtigen Austausch von Ware gegen Geld Vorteile zustande kommen sollen; daß jeder der Partner beim Kaufvorgang gewinnt. Das ist der entscheidende Gesichtspunkt für diese Kategorie Kaufgeld. Zwei gewichtige Akzente kommen hinzu: das Momentane des Kauf-Verkaufvorgangs und das Begehren, das die Entscheidung in dem polaren Feld von Verkäufer und Käufer, Geldempfänger und Geldgeber herbeiführt. Das Geld, das damit a tempo aus der Geldtasche heraus oder vom Konto usw. in Aktion tritt, ist damit in eine ganz bestimmte Situation geraten, in der es unter dem Einfluß dieser zwei Akzente tätig wird – es ist Kaufgeld geworden; man könnte auch von ›aktuellem‹ Geld sprechen, denn dieses Prädikat erteilt dem Begriff zwei Charakteristiken: das Momentane und die Handlung. Dadurch bekommt dieses Kaufgeld jeweils eine individuell-aktive Färbung, so daß man es sich in diesem Augenblick auch als ›rotes‹ Geld deutlich machen kann – die Farbe, die ›momentane Wunscherfüllung‹ signalisieren soll.

Alle Bereiche des sozialen Organismus sind auf das Kaufgeld angewiesen, gleichgültig, wo der einzelne Mensch tätig ist, ob in der für den materiellen Bedarf tätigen Wirtschaft oder in dem polaren geistig produzierenden Gebiet oder in der Verwaltung: Kaufgeld ist der Begleiter der ungeheuren Warenströme, die sich tagtäglich durch den sozialen Organismus bewegen.

Hat man so das Kaufgeld als besondere Geldindividualität identifiziert, dann tritt sogleich ein zweiter Geldtypus aus der Allgemeinform Geld hervor, das *Geld-Kapital.* Darunter verstehen wir eine verfügbare Geldsumme, die einerseits dem Besitzer oder Nutznießer nennenswerten Ertrag (oder Gewinn) bringt oder andererseits als die finanzielle Grundlage für eine Unternehmung dienen kann. Dazu muß das angesammelte Geld-Kapital ausgeliehen werden. Was sich dabei abspielt, ist grundverschieden von dem Kaufvorgang. Es entsteht *Leihgeld.*

Man braucht keinen ausführlichen Steckbrief zu erlassen, um Leihgeld von Kaufgeld zu unterscheiden: der es hingibt, will nun gerade *nicht* kaufen, um den Vorteil des Konsumierens zu haben, sondern er hat auf Konsum verzichtet; es kommt ihm auf den Geldertrag an. Der andere, der das Leihgeld nimmt, hat mit dem Kapital etwas vor. Er will etwas unternehmen, weshalb das Geld in seiner Hand zum Unternehmungsgeld oder Produktionskapital wird. Bei beiden ist das, was beim Kaufgeld als Vorteil auf beiden Seiten zum Anlaß des Kaufvorgangs wird, zwar auch vorhanden, aber es hat sich völlig verändert. »Die Intelligenz ohne Kapital« erlangt Produktionsmittel mit Hilfe des Leihkapitals; sein Vorteil liegt in der Möglichkeit, die Intelligenz zu betätigen, einen auf wirtschaftlichen Ertrag zielenden Plan zu verwirklichen. Der Nicht-Unternehmer, der das Geld-Kapital unter Verzicht auf Konsum ausleiht, will an dem Ertrag dieses Unternehmens teilnehmen in Gestalt des Zinses auf eine bestimmte Laufzeit des Leihgeld-Vertrags; erfolgt diese ›stille Beteiligung‹ in Form einer gleichbleibenden Annuität (das heißt einer Zahlung, die Zins und Tilgung in einer gleichbleibenden Summe erfaßt), dann erlischt das Leihverhältnis sang- und klanglos mit dem Ablauftermin des Vertrags.

Soweit, so gut; das sind ja im wesentlichen bekannte Dinge: Aktien, Anleihepapiere und die Hypothek (diese nur als eine besondere Form der Sicherstellung des thesaurierten Kapitals und der Zahlungen). Geldwirtschaftlich geht es um die Bedeutung dieser Geldkategorie, der unter dem Begriff des Leihgeldes in der Industriegesellschaft eine ganz besonders wichtige Rolle zukommt; denn was diese Industriegesellschaft besonders unterscheidet von der agrarischen und handwerklichen Stufe der Wirtschaft, ist das Unternehmen und sein Inaugurator, der Unternehmer, der in diesem Leihvertrag die »Intelligenz ohne Kapital« repräsentiert. Wir haben bei der kurzen Darstellung der drei wichtigsten Kreislauftheorien gesehen, welche unüberbrückbaren Schwierigkeiten darin gerade das Kapital in Form von Produktionsmitteln oder Industriekapital bereitet. Um hier weiterzukommen, müssen wir noch einmal auf die Böhm-Bawerksche Theorie zurückgreifen.

In dieser Theorie kommt dem Kapital keine »selbständige Produktivität« in der arbeitsteiligen Industrieproduktion zu. Natur, Bodenbenutzung und Arbeit allein sind »die Pfunde, mit denen der produzierende Mensch auf dem breiten Nährboden der ungemessen sich darbietenden freien Naturkräfte wuchert«. Der Vorteil der dazwischengeschalteten »kapitalistischen Produktion« ist nach Böhm »die größere technische Ergiebigkeit dieser Methode«; der Nachteil liege im »Opfer an Zeit: Da das Ziel die genußreifen Schlußprodukte (Konsumgüter) sind, bedarf es in vielen Fällen eines mehr oder weniger langen Zeitraumes, um erst die Produktionsmittel und -anlagen zur Produktionsreife« zu entwickeln, deren Endziel das damit hergestellte Konsumprodukt ist.

Böhm hat damit den Zeitfaktor in den Kapitalbegriff eingeführt, um danach das Kapital selbst durch die Darstellung von »Reifeklassen« im Entstehungs- und Reifeprozeß der Produktionsmittel zuerst zu begreifen und es am Ziel, der »Konsumreife« als »Umweg« aus dem Prozeß wieder herauszuwerfen, nur weil es selbst nicht das Ziel, sondern nur Hilfsmittel ist.

Die wirtschaftliche Produktivität oder Virulenz des Industriekapitals ist nun einmal eine offenbare Tatsache; man fragt sich, wie eine fachwissenschaftliche Theorie daran so vollkommen vorbeisehen kann. Man kann nicht ohne Verblüffung dieses Phänomen einer nationalökonomischen wissenschaftlichen Denk- und Arbeitsweies zur Kenntnis nehmen, in welcher die unerläßliche Voraussetzung für das, was da in der Produktionsmittelsphäre geschieht, so vollkommen übersehen wird – die Rolle des menschlichen Geistes, der »Intelligenz ohne Kapital«.

Man kann natürlich einwenden, daß in den gebräuchlichsten volkswirtschaftlichen Lehrbüchern Natur, menschliche Arbeit *und* Kapital als die den Wirtschaftsprozeß veranlassenden Faktoren genannt werden. Aber auch diese Nebeneinanderreihung überzeugt nicht. Denn das Geldkapital läge so träge im Kasten wie der ominöse Böhmsche Stein auf der Erde, wenn es nicht ergriffen würde vom menschlichen Geist: in dem Augenblick, in welchem das Geldkapital in die Hand des Unternehmers gelangt, ist das, was sich in der unternehmerischen Initiative auslebt, nicht mehr das abstrakte, nominalistisch ideelle Geld, sondern – Intelligenz, menschlicher Geist. Und so trifft es den Kern der Sache, wenn Rudolf Steiner sagt, daß es »ohne daß Geld geschaffen wird, überhaupt nicht möglich ist, daß der Geist eingreift in den volkswirtschaftlichen Organismus, wenn wir von der Arbeitsteilung sprechen«; daß dann aber dieses Geld auch nicht Geld bleibt, sondern »die Errungenschaft des Geistigen« in den volkswirtschaftlichen Prozeß hineinträgt. Das Geld ist, was es in diesem Sinn ist, nur als – »realisierter Geist«.[74]

Man kommt weder in der Erkenntnis noch in der Praxis weiter, solange die Geldwissenschaft wie bislang nur mit dem Abstraktum Geld operiert und nicht sehen will, was das Geld bewirkt dadurch, daß es sich mit der menschlichen Person und der geistigen Individualität im Menschen verbindet und daß dadurch nicht das Geld, sondern der menschliche Geist im Gelde volkswirtschaftlich tätig ist. Das Geld ist daher nicht abstraktes »Schuldenausdrucksmittel« und »Schuldenzahlungsmittel« usw. – um nochmals auf die Geldabstraktionen vom Anfang zurückzukommen –, sondern dadurch, daß der eine Geld ansammelt und an die Intelligenz ausleiht, wird der eine Gläubiger und der andere Schuldner; sie haben beide ihren Vorteil dabei, und für die Volkswirtschaft ist dies ein gesunder Zustand: das Geldkapital löst allein durch dieses Gläubiger-Schuldner-Verhältnis die volkswirtschaftliche Dynamik aus (wie im Kaufgeld durch Kauf und Verkauf) und ist, dadurch in den Geldkreislauf gebracht, selbst nur die geldtechnische Erscheinung für diese im Menschen liegende Dynamik; das Geld-Kapital ist das im Geldkreislauf erfaßbar Gewordene dieser Dynamik des Geistes. Damit ist zu dem Kaufgeld das *Leihgeld* hinzugetreten, zwei Geldindividualitäten, deren Dynamik sich in *zwei* Ebenen vollzieht.

Das Kaufgeld ist auf seiner Ebene das rote Geld, so sagten wir, das seine Dynamik à tempo in Erscheinung treten läßt. Könnte man diese Dynamik mit einem Zeitraffer verfolgen, so würde man sehen, wie dieses Kaufgeld, in solcher Weise Kaufgeldvorgänge vollziehend, immer in pulsierender Bewegung ist; es wäre ein kurzweiliges und nicht selten aufregendes Erlebnis, den Weg der Banknoten nur in einem Ausschnitt zu verfolgen und dabei die Physiognomien der Hände zu erleben, die sie weggeben und empfangen. Man hätte da den einen Strom von Kaufgeld vor sich, dessen Lebensgeschichte bei der Notenbank begonnen hat und der immer im Kreislauf des Kaufgeldes ›reist‹, aus gütigen Händen in raffgieriege, aus reichen in arme; lange festgehalten und schnell verschleudert, vom Taschendieb verloren und vom Hungernden gefunden, bald weite Reisen (über den Erdball) machend, bald in engen Kreisen sich bewegend – aber immer in derselben Sphäre ohne ›höhere‹ Ambitionen – immer in der roten Livree des Kaufgeldes.

Aber dann kommt da noch ein anderer Zufluß von Umlaufgeld in den Strom des roten Geldes hinein; der hatte inzwischen interessante Erlebnisse, als er mit vielen Genossen davon befreit wurde, wie ein Irrwisch dauernd zwischen Kauf und Verkauf hin und her zu hopsen: dieses Geld wurde gespart; es sollte damit etwas unternommen werden. Und als diese Schar nun wieder in den Geld-Alltag zum Kaufen hineingeschickt worden war, da hatten diese Geldmännchen unter der allgemeinen roten Livree eine blaue Robe, die sie allerdings nur durchblicken ließen, als sie sich nun zum feierlichen Kaufakt begaben (anstatt für Konsum- oder Genußgüter:) für Produktionen des menschlichen Geistes – ›produzierte‹ Produktionsmittel, wie der Fachausdruck heißt; aber diesen Vorzug hatten sie nur einmal; danach begann wieder der allgemeine rote Alltag, das Rennen nach den gewöhnlichen Lebensbedürfnissen. Obgleich es schon betont wurde, muß hier noch ausdrücklich gesagt werden, daß diese ›Farbe‹ des Kauf-, Leih- und Schenkungsgeldes auf keinen Fall materiell oder real in den Geldscheinen gedacht werden darf. Sie sollen nur *soziale Qualitäten* veranschaulichen, durch welche sich die Funktionen oder ihre sozialen Antriebskräfte grundlegend unterscheiden. Wir benutzen ja auch sonst solche Farbnuancen, um etwas Geistig-Seelisches zu kennzeichnen, was sich als solches materiell gar nicht manifestiert. Die Farbe ist einfach hier ein kleiner Trick, der es erleichtern soll, bei den Worten Kaufgeld, Leihgeld, Schenkungsgeld begrifflich ›umzuschalten‹.

Nun aber rasch wieder in medias res. Als Signalement haben wir dem Leihgeld ›die blaue Robe‹ erst über-, dann untergezogen als Merkmal für die Unterbrechung seiner Kaufgeldfunktion und seiner besagten ›höheren Ambitionen‹ für wirtschaftliche Initiativen. Dadurch ist sein Charakter ambivalent, doppelwertig geworden; geistige Kräfte sind mobilisiert; es ist kaufkräftiges Geld, für die Produktionsmittelsphäre neu geschaffen und als Neugeld (wir begründen es später!) ausgegeben worden. Damit ist die ganze soziale Szenerie in der von der Intelligenz angestoßenen Richtung verändert worden. Böhm-Bawerk hat ganz recht, wenn er den Blick auf einen »fortschreitenden Ausreifeprozeß« der durch das Kapital hervorgebrachten ingeniösen Hilfsmittel für die Konsumgüterproduktion lenkt. Durch Jahrtausende ist die dafür notwendige Intelligenz des Menschen herangereift – ein Entwicklungsgang, der nicht stillstehen kann, sondern seinen Sinn geradezu in der Entwicklung der Individualitäten des menschlichen Geistes hat.

Damit ist das Stichwort gegeben für ein drittes Territorium, auf welchem das Geld noch einmal eine besondere Individualität hervorkehrt, das Gebiet des Kultur- und Geisteslebens. Was diese dritte Geldkategorie in diesem Bezirk des Geistes offenbart, könnte es nahelegen, für den allgemeinen Begriff ›Kultur- und Geistesleben‹ das Goethesche Bild der »Pädagogischen Provinz« (aus *Wilhelm Meisters Lehrjahre*) zu wählen. Denn – das wird sich immer deutlicher herausstellen – nun verändert das Erscheinungsbild des Geldes seinen Charakter durch die besondere Lebenslage der Pädagogischen Provinz noch einmal grundlegend.

Man kann nicht sagen: Das Kapital ›baut‹ Fabriken und ›produziert‹ Produktionsmittel, sondern man muß formulieren: Ohne daß Kapital geschaffen wird, kann der menschliche Geist, die Intelligenz, in einer auf Arbeitsteilung beruhenden Wirtschaft nicht in den wirtschaftlichen Prozeß eingreifen. Damit hängt die von Böhm-Bawerk so überspitzte Tatsache zusammen, daß Zeit nötig ist, um zuerst Produktionsmittel zu produzieren, bevor diese Konsumgüter produzieren können. Der Mensch könne, sagt Böhm, entweder mit der Hand die vom Meere an den Strand gespülten Seetiere als Nahrungsmittel aufnehmen oder zunächst ein anderes Gut, und erst mit dessen Hilfe später das begehrte Genußgut herstellen; er fertigt zum Beispiel ein Boot und Netze an und unternimmt erst mit Hilfe dieser Werkzeuge den eigentlichen Fischfang. Was mit diesem Beispiel gesagt werden soll, wird deutlicher, wenn man sich als Boot ein modernes Walfangschiff vorstellt, das mit seinen Verwertungseinrichtungen mindestens zwei Jahre Bauzeit hat. Eine schwer überschaubare Zahl von Arbeitskräften muß in vielen Zweigen der Produktionsmittelindustrie jahrelang unterhalten werden, bis der Ertrag gestattet, das *vorweg* investierte Unternehmerkapital zu verzinsen und zurückzuzahlen. Das Leihkapital realisiert diesen Vorgriff als gegenseitige Existenzhilfe auf Zeit, was ohne die Kategorie Leihgeld (also zum Beispiel unter den alten Tauschverhältnissen und mit Kaufgeld) gar nicht möglich wäre. Daß diese Geldkategorie geschaffen und durch die Rechtsordnung institutionell werden konnte, hat natürlich wieder seinen Ursprung in der Natur des Menschen, der in unterschiedlicher Weise fähig ist, ›zusammenfügend hervorzubringen‹; das besagt nämlich die Wurzel *tekh*– des griechischen Wortes *techne:* Technik.[75]

Das vorausgeschickt, verstehen wir das Kulturgebiet als einen durch seine Eigenart, die Menschenbildung, selbständigen Bereich des sozialen Organismus: hier geht es nun nicht mehr um eine Existenzhilfe auf Zeit, wie beim Leihgeld, sondern alle diejenigen, die hier tätig sind, müssen auf Dauer von dem Konsumgüter produzierenden Gebiet der Wirtschaft unterhalten werden; ihr Lebensunterhalt muß ihnen ›geschenkt‹ werden. Das will uns im ersten Augenblick gar nicht einleuchten: sie bezahlen doch ihren Lebensunterhalt! Wohl, aber man denke sich das Kaufgeld für Konsumgüter aus diesem Bereich einfach einmal weg – dann müßte die Wirtschaft alles in natura liefern ohne Bezahlung, also schenken. In unserem derzeitigen Wirtschaftssystem bringt der Staat das Geld in die Pädagogische Provinz hinein, indem er das Erziehungswesen und den ganzen Kulturbereich ›finanziert‹. Finanzieren heißt in diesem Falle nicht leihen, sondern schenken – daher der Begriff *Schenkungsgeld.*

Gehen wir der Sache auf den Grund, dann ist es *geldwirtschaftlich* eine Lüge, zu sagen, der Staat finanziere das Bildungswesen oder der Staat schenke. Die Wahrheit ist, daß der soziale Organismus selbst diese Schenkung vollzieht – auf dem Umweg über den Staat. Das ist leicht zu verstehen: Der materiell produzierenden Wirtschaft steht das geistig produzierende Kulturgebiet polar gegenüber. Nur zusammen sind sie ein lebensfähiger Organismus, sie ergänzen sich: Die Wirtschaft liefert dem Kulturleben die Konsumgüter zum Leben, und das Kulturleben liefert der Wirtschaft den Geist – die differenzierten Intelligenzen zum Wirtschaften und Produzieren. Das Geld muß dabeisein, sonst vollzieht sich dies im gegliederten arbeitsteiligen sozialen Organismus nicht. Soll dieser Vorgang sich aber mit selbsttätiger Vernunft vollziehen, dann muß die Geldordnung so sein, daß das Leihgeld, wenn es im Leihgeldgebiet ausgedient hat, das von selbst vollzieht als Schenkung, was der Staat heute ›Finanzierung‹ nennt, wobei er ›lügt‹. Das werden wir noch in Einzelheiten darzustellen haben. Jetzt kommt es nur darauf an, den Begriff des ›Schenkungsgeldes‹, dieser dritten Geld-Individualität wirklich vom Gelde her konkret zu verstehen.

Wenn ich tausend Mark in der Hand oder auf dem Konto habe – was kann ich damit machen? Ich kann kaufen und wählen, was mir am vorteilhaftesten erscheint – *Kaufgeld.* Ich kann auf Konsumgüter verzichten und das Geld ›anlegen‹ auf Zeit – *Leihgeld.* Ich will beides nicht, sondern einer geistig produzierenden Institution, die ich für wichtig halte, das Geld als Beitrag für ihre Arbeit geben; dann muß ich ihr das Geld schenken – *Schenkungsgeld*. Was geschieht dadurch? Das Geld ist als Geldwert für mich wertlos geworden durch seine Eigenschaft als Schenkungsgeld. Würde die Geldordnung so ›vernünftig‹ sein, das von selbst zu tun, was ich unter Umständen tue, wenn ich es für eine geistig produzierende Institution für notwendig halte, dann würde das Geld aus dem Leihgebiet von selbst in die Pädagogische Provinz fließen – und das ist es, was zum wirklichen Kreislauf des Geldes gehört; solange sich dieser Vorgang nicht organisch vollzieht, haben wir einen geköpften oder amputierten Geldkreislauf. Es ist nicht schwer, das zu verstehen, wenn man nicht ausschließlich mechanische additive Denkformen entwickelt; nur dadurch ist es für die Geldwissenschaft eine kaum zu überwindende Hürde, weil sie mechanistisch denkt.

3. Das Kaufgeld

Mademoiselle Zelie, eine Sängerin des Pariser ›Théâtre Lyrique‹, machte um 1860 eine Weltreise, bei der sie auf die Idee kam, auf einer Südseeinsel ein Konzert zu geben. In einem Brief an ihre Tante in Paris schilderte sie ihre Erlebnisse: »Auf mich fiel, wie Du Dir denken kannst, der größere Teil der Einnahmen. Ich erhielt allein ein Drittel. So hatte ich also im Tausch gegen mein Lied aus ›Anna Bollena‹, für ein Duo der Norma und Adalgisa, für eine Arie aus der ›Lucia‹ und für das Lied ›Oh, welche Lust Soldat zu sein‹ als Zahlung meines Anteils an 860 Eintrittskarten gestern abend einkassiert: 3 Schweine, 23 Welschhühner, 44 Hühner, 500 Kokosnüsse, 1200 Ananas, 120 Maß Bananen, 120 Kürbisse und 1500 Orangen. Was nun machen mit dieser Einnahme? In der Markthalle von Paris würden sie wohl 4000 Francs wert sein, vorausgesetzt, daß die Kokosnüsse und die Bananen noch eßbar wären. 4000 Francs wären nicht übel für das Absingen von fünf Stücken, obgleich nach dortigem Maßstab nicht ganz ein Schwein auf das Lied kommt, oder nicht ganz fünf Welschhühner. Aber hier, wie all das Zeug wieder verkaufen, wie es zu Geld machen? Die Sache liegt so, daß kaum zu hoffen ist, daß man bei den Insulanern Geld findet, die ja das Vergnügen, zuzuhören, selbst mit Kokosnüssen und Kürbissen bezahlt haben. Die wenigen Münzen, die auf der Insel vorkommen, dienen zur Bezahlung der Steuern, weil Seine Majestät, der König von Makea, sich nicht dazu versteht, daß man ihm Kisten mit Gemüse und Geflügel als Steuerzahlung ins Haus bringt. Was ist nun mit dieser Einnahme zu machen? Soll ich sie verzehren? Man sagt mir, daß morgen ein Spekulant von der benachbarten Insel Mangéa kommen soll, um mir und meinem Kollegen Kaufofferten in klingender Münze zu machen. Inzwischen geben wir unseren Schweinen, um sie am Leben zu erhalten, die Kürbisse zu fressen, die Puten und Hühner verzehren die Bananen und Orangen, so daß ich, um den animalischen Teil meiner Einnahme zu erhalten, den vegetabilischen opfern muß.«[76]

Wir haben in diesem Geschehnis das Bild des primitivsten Tauschhandels, dessen Schwierigkeiten dadurch deutlich hervortreten, daß die tauschenden Personen als Käufer von ›Liedern‹ und Verkäufer von Agrarprodukten aus sehr verschiedenen Lebensverhältnissen zusammentreffen. Diese sind so unterschiedlich, daß sich der Vorgang des Verkaufens und Kaufens überhaupt nicht befriedigend lösen läßt, wenn nicht irgendein Medium sich in dem Austausch so unterschiedlicher ›Angebote‹ zum Zwischentauschgut entwickeln läßt; und es zeigt sich hier, daß ein Teil der Substanz untergehen muß, wenn nicht Geld dazwischentritt. Also ertönt auch hier der Ruf nach dem ›Geld‹, das irgendwo existiert und angeboten werden könnte. Gesetzt, diese primitive Tauschwirtschaft grenze nicht an eine schon ausgebildete Geldwirtschaft an, dann würde sich das ergeben, was für diese primitive Wirtschaftsform tausendfach geschehen und in Beispielen hier dargestellt worden ist, daß sich eine Ware, eine Natursubstanz, heraushebt und zum Geld wird, zum Wertmesser und Tauschvermittler. Das wird in der Regel nicht gerade ein verderbliches Naturprodukt sein oder ein Nahrungsmittel, weil dies dann immer sich bewegen müßte zwischen dem Aufbewahrtwerden als Geld und dem Verbrauchtwerden als Naturprodukt.

Vom Kaufgeld aus betrachtet, kann man die Entwicklungsstufen gliedern in:

a) die Stufe der individuellen Nahrungssuche, die kein Geld nötig hatte, falls es diese Stufe in Reinkultur je gegeben haben sollte;
b) die geschlossene Hauswirtschaft oder Selbstversorgerwirtschaft, in der man sich im wesentlichen noch ohne eigentliches Geld gegenseitig borgt und aushilft (Laum bezeichnet

das homerische Griechenland als »Typus der geschlossenen Hauswirtschaft«);

c) die Naturaltauschwirtschaft, in der sich das Geld als Mittel für den Tausch herausgegliedert hat, um danach im Metallismus und im Münzwesen durch das Recht zum allgemeinen Zahlungsmittel aufzusteigen;

d) die moderne Industriewirtschaft, in der als Folge der Arbeitsteilung das substanzlose, das Nur-Geld, entstanden ist und als Kaufgeld eine Geldklasse für sich bildet.

So bilden die Stufen des wirtschaftlichen Fortschritts mit dem Geldwesen ein Ganzes. Besonders deutlich wird es, wie sich die Rolle des Geldes seitdem ändern mußte, wenn man von der umwälzenden Wirkung der Arbeitsteilung auf die Wirtschaftsgestaltung ausgeht: Bei der geschlossenen Hauswirtschaft addieren sich die Einzelleistungen der Wirtschaftsgemeinschaften zur Gesamtleistung. Auch wenn die geschlossenen Wirtschaftsräume dann an Größe zunehmen mußten (nach dem Gesetz des Wachstums), so ergab sich doch bis zum Durchbruch der Arbeitsteilung die Gesamtleistung der Wirtschaft durch Addition. Die Arbeitsteilung bringt darin einen völligen Umsturz: Was die geschlossenen Wirtschaften einzeln ›egoistisch‹ produzierten und was sich addierte, wird nun durch das Prinzip der Arbeitsteilung als Produktion auf die Gesamtheit verteilt. Dadurch wurde in hundert Jahren die Wirtschaft zu einer erdumspannenden Ganzheit: Weltwirtschaft entstand. Durch die Teilung der Arbeits- und Wirtschaftsvorgänge erhöhten sich diese zahlenmäßig sprunghaft – so daß auch das Geldwesen eine neue Dimension bekam, denn zu jedem Einzelvorgang in der millionenfachen Aufteilung der Gesamtarbeit gehört je ein Geldvorgang. Mit der Arbeitsteilung und Weltwirtschaft entstand *die Geld- und Kreditwirtschaft.*

Darin hat das Geld nicht mehr nur seine frühere Tauschfunktion; die Geldwirtschaft ist jetzt unentbehrlich, denn die in der Arbeitsteilung auseinanderfließenden Einzelleistungen werden zahlen- und leistungsmäßig durch die Geldwirtschaft wieder zusammengebracht. Nun erst wird durch die Geldwirtschaft der Gesamtvorgang einer geschlossenen Wirtschaft zahlenmäßig überschaubar und erfaßbar, so daß in der Sowjetwirtschaft das Banksystem, wie wir sahen, zum zentralen Steuerungsmittel gemacht wird und in der sogenannten volkswirtschaftlichen Gesamtrechnung (Nationalbudget) im westlichen System als Spiegel und Kontrollmittel des Gesamtablaufs dient.

Welche Konsequenzen eine globale geschlossene Wirtschaftseinheit hat, soll jetzt noch nicht weiterverfolgt werden. Hat die Geldwirtschaft im Ganzen die Aufgabe, die auseinanderlaufenden Produktionsvorgänge zusammenzuführen und überschaubar zu machen, so spielt das Kaufgeld dadurch, daß es nicht nur unmittelbar dem Tauschen dient, die entscheidende Rolle bei der Preisbildung, indem es sich als Wertmesser zwischen Kauf und Verkauf stellt und dadurch den Preis zustande bringt. Die Werte, die durch Arbeit im arbeitsteiligen Wirtschaftsprozeß geschaffen werden, sind fluktuierend; sie ändern sich durch die unterschiedlichen Produktionsbedingungen und Transportkosten von Ort zu Ort. Vergeblich versucht man durch mathematische Methoden Werte und Preise konkret zu erfassen und zu bestimmen. Erst wenn die volkswirtschaftlich vorgebildeten Werte in die Zirkulation kommen, kann sich mit Hilfe des Geldes der richtige Preis bilden. »Die Objektivierung und Quantifizierung subjektiver und qualitativer Leistungen, diese ›Rechnung des Unrechenbaren‹, macht das Wesen der sogenannten Geldwirtschaft aus ... Der Fortschritt liegt in der Vereinheitlichung des Wertmessers, in der Verwendung einer einzigen Rechnungseinheit für jede Zahlungsgemeinschaft, in der Verbindung vieler Geldsorten zu wenigen Geldsystemen und zu einem Währungssystem für jede nationale Zahlungsgemeinschaft.«[77]

Nur eine oberflächliche Anschauung kann das Ideal einer Währungsstabilität darin sehen, daß die Preise stabil im Sinne von ›gleich‹ bleiben; das ist nur möglich durch staatliche Planwirtschaft oder Höchstpreise in Notzeiten mit dem bekannten bürokratischen oder wirtschaftlichen Fiasko am Schluß. Man muß unterscheiden zwischen der Notwendigkeit der Stabilität der Währung und der Beweglichkeit der Preise, die ihre Ursache in der Dynamik der Wirtschaft infolge der darin tätigen schöpferischen Kräfte der Individuen hat. Man weiß selbstverständlich, daß das Geld nicht im Sinne gleichbleibender Kaufkraft wertbeständig sein kann, weil zum Beispiel die Kaufkraft mit zunehmender Produktivität und damit sinkenden Produktionskosten und Preisen steigt. Inflation und Deflation im Währungssystem und die Lohnkämpfe verhindern, daß das Kaufgeld solche Produktionsfortschritte in den Preisen zum Ausdruck bringen kann. Man muß also die Frage nach der Ordnung der Währung trennen von den Vorgängen bei der Preisbildung, bei der das Kaufgeld das letzte Wort spricht.

Ein Bild soll dafür die Rolle verdeutlichen, die gerade das Kaufgeld im Kollegium der drei Geldsorten spielt.

Ein Riesenspeicher sei dazu bestimmt, die differenzierte Produktion des Monats aufzunehmen, die insgesamt als konsumfähige Ware hergestellt worden ist. Alle diejenigen, die durch die Tätigkeit einen Anspruch auf einen Anteil an diesen Produkten erworben haben, erhalten für sich und ihre nicht arbeitsfähigen Angehörigen nun einen Schein, auf welchem ihr Anteil in Ziffern vermerkt ist. Wenn sich diese Wertziffern auf den Scheinen mit der ermittelten Gesamtsumme der Waren decken, die am Ende des Monats an den Speicher ausgeliefert worden sind, und wenn diese vollständig durch die ausgegebenen Scheine ausgekauft wurden, dann liegen zu Beginn des neuen Monats nur noch sämtliche Wertscheine auf dem Speicherboden, so daß man nun für den nächsten Monat nur dieselben Scheine auszugeben brauchte, um den Tauschprozeß am Ende des nächsten Monats usf. zu wiederholen. Diese Simplifizierung des Kaufvorgangs ist natürlich wirklichkeitsfremd aus zwei Hauptgründen: es wird dabei die Differenzierung der Bedürfnisse unterdrückt, und es wird die Problematik der Preisbildung und der Geldwertentstehung bewußt außer acht gelassen.

Das Bild dient nur dazu, den Kern des Kaufvorgangs mit Hilfe wiederholter Verwendung der gleichen Papiergeldobjekte als zum Wesen des Kaufgeldes gehörig herauszustellen. Vor allem sollte damit gezeigt werden, daß für das Umsetzen einer Industrieproduktion die sattsam bekannte Notlösung der Auf- und Abwertung der Währung oder ein Schwund des Kaufgeldes, von dem sich die Silvio-Gesell-Anhänger alles versprechen, sachwidrig ist. Wenn auch die herausgekauften Waren nach einiger Zeit verbraucht sind, so wiederholt sich doch der Vorgang durch permanent fortgesetzte wirtschaftliche Leistungen. Wodurch soll in diesem vereinfachten Fall der innere Wert der Geldzeichen eine Veränderung erfahren? Wir haben es beim Kaufgeld mit einer Ausdrucksform des Geldes zu tun, in der sich kontinuierlich die volkswirtschaftlichen Leistungen spiegeln und umsetzen.

Wann und wodurch kann sich das Verhältnis von Zeichenwert und Warenwert nur ändern? Wenn in diesen Prozeß

Eingriffe willkürlicher Art erfolgen; entweder durch die Änderung der Nominalwerte des Geldes, also durch einen Eingriff in die nominelle Geldsubstanz durch Umwertung, oder durch eine Veränderung der Arbeitsproduktivität. Würde man auf die Geldscheine einen doppelt so hohen Zahlenwert schreiben, aber die Warenwerte lassen, dann wäre der Speicher bereits ausgekauft, während die Hälfte der Geldscheine nicht mehr bedient werden könnte. Und umgekehrt würde eine Störung eintreten, wenn man die ›Währung‹ der Scheine auf die Hälfte abwerten würde; dann würde nur der halbe Speicher ausgekauft werden können. Ebenso würde nur die Hälfte konsumiert werden können, wenn die produzierende Bevölkerung einen halben Monat streiken würde. Damit sind wir wieder beim Thema ›Arbeitsmarkt‹. Auf die Widersinnigkeit und die kulturelle Barbarei, die im Kauf und Verkauf von menschlicher Arbeitskraft liegt, ist schon hingewiesen worden. Auf dem Geldgebiet gibt es keine Lösung, solange sich Gewerkschaften und Unternehmer durch den kollektiven Verkauf und Kauf von menschlicher Arbeitskraft so zerfleischen, ohne Rücksicht auf Mitmenschen und Geldstabilität, wie es heute der Fall ist.

Hält man sich dies vor Augen, dann wird klar, daß das Kaufen und Verkaufen von Arbeitskraft eine Absurdität im Zeitalter der freien Individualität darstellt. Es erfolgen dadurch Eingriffe in die Geldwirtschaft, die nicht nur das Geldwesen selbst, sondern die Wirtschaft und die Preisbildung in einen Dauerzustand der Korruption versetzen. In dem Kampf zwischen Arbeitergeberverbänden und Gewerkschaften schleppt sich ein historisch antagonistischer Gegensatz weiter fort, der aus der antiquierten Eigentumsmacht stammt; durch den Gegensatz von Eigentümern und Nichteigentümern ist erst ein Klassengegensatz künstlich neu geschaffen worden, der – seit die Sklaverei als gesellschaftliche Institution untragbar geworden ist – im Sinne der Sowjetideologie ›unversöhnlich‹ ist. Ist die Wirtschaft durch antagonistische Gruppengegensätze krank, dann ist das Geld auch krank. Wir können zwar die Fähigkeiten des Kaufgeldes darstellen, Leistungswerte zu übertragen und Preise zu bilden, wodurch eine der Bedingungen erfüllt ist für ein organisches Geldwesen; aber das ist nur möglich, wenn wirkliche Leistungen und nicht Zahlenwerte übertragen werden. Daß da ein weiteres Problem liegt, zeigt sich, wenn man das Bild des reinen Konsumkreislaufes noch etwas ausmalt nach der gesellschafts- und staatspolitischen Richtung.

Beispielhaft für den politischen Anspruch auf die volkswirtschaftliche Produktion ist der Bedarf an militärischer Ausrüstung. Um diesen in das Begriffsfeld hineinzubringen, müssen wir eine Korrektur an der zur Warenproduktion und -konsumtion gehörenden Quantität von Geldzeichen anbringen. Wir errichten dazu einen zweiten Speicher, auf dem diese militärische Produktion deponiert wird. Alle Personen, die zu ihren Diensten da sind (der gesamte militärpolitische Etat), müssen ebenso mit den nötigen Geldzeichen für ihren Lebensunterhalt versehen werden wie die für die zivile Produktion Tätigen; aber ihr Anspruch ist nicht auf das Herauskaufen der militärischen Produktion gerichtet, sondern wie der aller anderen auf den Inhalt des Depots der zivilen Produktion.

Wenn also ein Staat für den militärischen Bedarf zum Beispiel zehn und noch mehr Prozent der Staatseinnahmen aufwendet, dann nimmt er damit zwar auf dem Steuerwege allen Einkommen einen entsprechenden Teil ihrer Kaufkraft, aber diese Geldwerte werden im Umfange des militärischen Etats über dessen Verausgabung wieder als Kaufkraft in den Geldverkehr geleitet und müssen als unbezahlte Mehrleistung von der produktiv in der Wirtschaft tätigen Bevölkerung aufgebracht werden. Das ist selbstverständlich.

In gleicher Weise wirken sich Staatsausgaben für die öffentliche Ordnung und Sicherheit, Justizwesen, Sozialfürsorge, öffentliche Hygiene und für das Bildungswesen aus. Wir haben in dieser Gruppierung drei Faktoren unterschiedlicher sozialer Produktivität. Wenn man von der sozialen Produktivität aus urteilt, das heißt von einer politischen Beurteilung des Wehretats, die so oder so ausfallen kann, bewußt absieht, dann ergeben sich drei Stufen sozialer Qualität dieser drei Ausgabengruppen: der militärische Etat ist sozial unproduktiv (der soziale Organismus als solcher würde bei seinem Fehlen nicht tangiert), der Bildungsetat ist sozial am produktivsten (ohne ihn müßte der soziale Organismus verdorren, absterben), und der öffentliche Etat steht zwischen beiden. Diese drei Etatposten gehören in die Kaufgeldsphäre, denn es handelt sich um laufende Bedarfsanforderungen, die über die Inhaber der Geldzeichen letzten Endes alle bei unserem Lager für die laufende Produktion des zivilen Bedarfs landen. Sie stehen demnach in der geldwirtschaftlichen Bilanz mit verschiedenen Vorzeichen.

Wir haben aber jetzt schon gesehen, daß wir zu der Kategorie des Kaufgeldes den Vorgang der Übertragung von wirtschaftlichen Leistungsanteilen hinzunehmen müssen. Man kann zum Beispiel nicht von einem gleichen ›Kaufvorgang‹ sprechen im Falle der militärischen Produktion zur Vernichtung des Feindes und der zivilen Produktion für die Erhaltung und den Aufbau des physischen, seelischen und geistigen Daseins der beteiligten Menschen; dazwischen liegt das, was man heute ›Dienstleistung‹ nennt – unentbehrliche Subsistenzmittel für die Existenz der Gesellschaft im allgemeinen staatlichen Dienst.

Das ist einfach zu verstehen, wenn man die pluralistische Gesellschaft (nicht nur auf der Ebene des Volkes, sondern auch in menschheitlicher Sicht) als ein wirtschaftliches Unternehmen betrachtet, das außer den eigentlichen Produktionskosten sogenannte ›Generalunkosten‹ aufschlägt und um diese Allgemeinkosten die Einzelpreise erhöht.

Unterstellt man nun, daß das Verhältnis der für produktive, unproduktive und halbproduktive Leistungen ausgegebenen Geldzeichen konstant bleibt, dann ist nicht zu erkennen, woher Inflation als Geldentwertung und Deflation als Preisverfall für die Waren kommen könnten, vorausgesetzt, daß eine echte Bedarfswirtschaft vorliegt, in der Produktion und Konsumtion sich decken. Es ergibt sich daraus ein bestimmter Lebensstandard. Dieser müßte aber sinken, wenn das Verhältnis sich zuungunsten, und steigen, wenn es sich zugunsten der zivilen Produktion ändern würde.

Es wird sich noch deutlich herausstellen, daß zwar die Preisbildung durch die in Quoten der Gesamtleistung vorgebildeten Einkommen mit Hilfe des Kaufgeldes zustande kommt, daß aber das Kaufgeld selbst durch das Leihgeld verschiedene Qualitäten hat, die im Kaufgeldbereich nicht in Erscheinung treten.

4. Das Leihgeld

Die Vorgänge auf dem Gebiet des Kaufgeldes lassen erkennen, daß hier das Geld in seinen verschiedenen Formen die Funktion des Vermittelns und Bewertens hat und daß laufende oder periodische Entwertungsmanipulationen am Kaufgeld dem Wesen und der Aufgabe des Kaufgeldes widersprechen. Ist es doch gerade der laufende Kaufgeldschwund, durch den die Problematik des heutigen Geldwesens der Allgemeinheit erst voll zum Bewußtsein kommt und in den Reihen der Geldreformer die mechanische Manipulation des Entwertungsvorganges zur fixen Idee hat werden lassen im Begriff des Schwundgeldes. Es ist nichts mit dem Schwundgeld! Ein für allemal!

Und doch ist der undeutliche Gedanke, auch das Geld müsse sich wie die volkswirtschaftlichen Güter und Waren entwerten, ein durchaus naheliegender. Die Geschichte des Geldes zeigt, daß außerdem sich alles Geld einmal aus Naturwerten, aus Waren in Geld verwandelt hat; also, sagt man, kann es doch nicht sein, daß die Ware verbraucht wird und das Geld als Warengeld seinen Wert behält! So einfach ist die Sache aber nicht, wie diese einfache Begründung der Geldreformer sie darstellt. Das Problem findet seine Lösung, wenn man die drei Geldsphären, das Kaufgeld, das Leihgeld und das Schenkungsgeld sowohl als Entwicklungsstufen des Geldwesens wie auch als drei verschiedene Geldgebiete untersucht.

Das Kaufgeldgebiet ist die Entwicklungsstufe des Geldes, die einstmals die dominierende war in der vorindustriellen Agrargesellschaft. In dieser waren etwa 92 Prozent der Bevölkerung landwirtschaftlich tätig, während sich die restlichen acht Prozent auf Geistlichkeit und Adel, Kaufleute und Handwerker verteilten.[78] Von Natur aus ist die landwirtschaftliche Produktion im Gegensatz zur Industrieproduktion unkapitalistisch. Heute ist es umgekehrt: in industrialisierten Gebieten sind nur noch vier bis acht Prozent der Bevölkerung im landwirtschaftlichen Sektor tätig; es kommt hier nicht auf die genauen Zahlen an. Diese totale Umschichtung gehört zum Wesen der Industriegesellschaft. Während in der Agrargesellschaft die Leihgeldsphäre gar keine Rolle spielt und der Kultur- und Herrschaftsbereich durch laufende Abgaben aus der Naturalproduktion unterhalten wurde, ist heute der mit Unternehmer-Kapital arbeitende Bereich der Wirtschaft der ausschlaggebende. Die Wirtschaft selbst hat sich ihrerseits deutlich auseinandergegliedert in zwei polare Bereiche: den schrumpfenden unkapitalistischen Teil der Nahrungsmittelproduktion und den expandierenden der kapitalistischen Industrieproduktion. Eben durch diese Differenzierung hat sich auch das Geld in drei Gebiete: Kaufgeld, Leihgeld, Schenkungsgeld differenziert, die im vorindustriellen Geldwesen gleichsam nahtlos zu einer Einheit verschmolzen waren. Welche Konsequenzen hat diese Differenzierung des Geldes?

Da muß man das Augenmerk auf den polaren Unterschied

der beiden Produktionsmittel, der natürlichen im Grund und Boden und der vom Menschen geschaffenen industriellen Produktionsmittel, richten. Die ersten sind dauerhaft; der Mensch hat nichts mit ihrer Herstellung, sondern nur mit ihrer Nutzung zu tun; sie sind gewissermaßen aus dem Schoße der Gottheit hervorgegangen, dem Menschen für seine irdische Existenz nur ›geliehen‹ und für unsere Begriffe unvergänglich. Dagegen ist das Merkmal der vom menschlichen Geist geschaffenen Produktionsmittel, daß sie sich nicht nur im Produzieren selbst verbrauchen, sondern auch deswegen alt werden, veralten, weil der menschliche Geist fortschreitet und andere oder bessere Produktionsmittel hervorbringt; das findet in den Bilanzen der Unternehmen seine Konsequenzen auf der Passivseite durch die sogenannte ›Wertberichtigung‹; also in einem Fonds, der einen Gegenposten bildet für diesen Abnutzungs- und Alterungsvorgang und die ›Abschreibung‹ genannt wird, woraus zu gegebener Zeit die Ersatzbeschaffung für verbrauchte Produktionsmittel erfolgt; für Grund und Boden gibt es folgerichtig keine Abschreibung.

Das Kapital des Unternehmens ist in den Produktionsmitteln investiert. Was ist dieses ›Kapital‹, wenn man nicht die Maschinen und Anlagen als materielle Güter, sondern die darin tätige Geldsubstanz betrachtet? »Realisierter menschlicher Geist!« – so wurde das Leihkapital definiert. Die industriellen Produktionsmittel sind bereits Produkte des menschlichen Geistes. Indem sie sich mit dem Unternehmer- oder Unternehmenskapital tätig verbinden, ist das Kapital in seiner Geldqualität untrennbar nach zwei Seiten mit menschlichem Geist verbunden: mit dem Geiste des Leihgeldempfängers und dem in den Produktionsmitteln durch ihre Herstellung realisierten Geist, durch den die Produktionsmittel eine geistige Leistung der Gesellschaft und ihres Bildungsniveaus sind. – Wenn nun das Kapital in dieser Weise Repräsentant der Produktionsmittel und durch den Unternehmer- oder Unternehmensgeist volkswirtschaftlich tätig ist, dann ist es als Geld mit dem Leben und Schicksal dieser beiden – Menschen und Produktionsmittel – untrennbar verbunden. Alles Leben hat das Schicksal des Werdens und Vergehens. Das Geld, das aus der Kaufgeldsphäre – wie auch immer – als Unternehmerkapital in die Leihgeldsphäre gekommen und von da wieder beim Kauf der Produktionsmittel oder mit dem Bau der Fabrik in die Kaufgeldsphäre zurückgeflossen ist – das ist das Kapital, das altert und stirbt, weil sich seine Funktionskraft verbraucht hat; das heißt weil die Maschinen und die in sie einmal investierte Intelligenz zusammen mit der ursprünglichen Produktionsidee nach einiger Zeit ihre wirtschaftliche Fruchtbarkeit verlieren; die Idee ›rentiert‹ sich dann nicht mehr.

Aber wie soll man es dem Geld ansehen, das man in der Tasche hat, woher es kommt und welche Qualität es hat? Äußerlich sieht man es ihm überhaupt nicht an. Denn nach der Investition ist ja das Geld immer nur Kaufgeld; es wird in diesem Bereich für die Kauf- und Preisbildungsfunktion (im Produktionsmittelsektor) genau so gebraucht wie vorher, bevor es Leihgeld wurde, und als solches ist es allgemeines kaufkräftiges konkretes Geld. Denn die Herstellung von Produktionsmitteln ist ein kontinuierlicher Prozeß in der Industriegesellschaft, so wie die der Konsumwaren. Auch das über die Leihgeldsphäre in den Kaufgeldbereich geflossene Geld hat als Geld in der Kaufgeldsphäre seine Funktion im Produktionsmittelsektor, durch die sich wie beim allgemeinen Kaufgeld sein Wert nicht ändert – Geld – Kapital – Geld: das sind nur drei Kreaturen des einen Proteus Geld. Was sich in der Kaufgeldsphäre ändert, ist nur die Geldquantität im Zusammenhang mit periodischen oder progressiven Entwicklungen in der Wirtschaft selbst, oder – nach dem Zitat von Adam Müller – das Geldvolumen, das »sich nach Maßgabe unserer Erwerbstätigkeit und ihres Erfolges ausweitet und zusammenzieht«. Wir werden später sehen, wie sich dies von selbst regelt.

Der Schwerpunkt für das sich abnützende Geld liegt also in der Leihgeldsphäre. Für diese Einsicht ist die Gliederung des Geldes in die drei Kategorien eine schlechterdings unentbehrliche Hilfe. Denn es stellt sich heraus, daß das, was geldtechnisch notwendig ist, um das Entstehen und Ent-Werden (Entwerten) des Geld-Kapitals durch die Geldordnung zu vollziehen, durch eine einfache Überlegung gefunden werden kann: Das Leihgeld darf nur so lange als Kapitalanspruch des Verleihers bestehen, wie die damit geschaffenen Produktionsmittel als volkswirtschaftliches Vermögen produktiv tätig sind und dadurch der menschliche Geist initiativ mit ihnen verbunden ist.

Die Schwierigkeit, die sich hier der konkreten Vorstellung bietet, hat ihr Gegenbild in der wissenschaftlichen Undeutlichkeit der Begriffe Geld und Kapital. »Nicht genug damit, daß unter zehn Autoren vielleicht nur zwei genau das gleiche meinen, wenn sie von Kapital sprechen, auch die Wirtschaftspraxis und die Betriebswirtschaftslehre haben ihren eigenen Kapitalbegriff«, sagt Alfred Kruse.[79] Das hat seinen Grund darin, daß man die Geldverwandlungen nicht exakt unterscheiden kann, solange man nicht alle geldwirtschaftlichen Bereiche klar trennt, die durch die Kategorien ›Kaufgeld‹, ›Leihgeld‹, ›Schenkungsgeld‹ eindeutig definiert sind – weil sie *Lebensbereiche* darstellen. In Verbindung mit diesen kann man auch die Wandlungen des Geldes in Kapital exakt fassen.

Man wird es bei der Schwierigkeit der Materie vielleicht nicht für überflüssig halten, wenn hier noch einmal versucht wird, gerade das Wesentliche dieser Übergänge von der einen in die andere Geldsorte zu präzisieren. Im Kaufgeldbereich muß immer eine der gesamten Warenzirkulation entsprechende Geldmenge vorhanden sein; die Geldtheorie untersucht diesen Zusammenhang von Geld- und Warenzirkulation quantitativ und dynamisch, das heißt inwiefern dieser Zusammenhang besteht nach der Zirkulationsgeldmenge und seiner Umlaufgeschwindigkeit; man machte daraus eine (umstrittene) Formel. Darauf richtet die Notenbank dann den Einsatz ihres Instrumentariums.

Greifbar wird die Schwierigkeit da, wo sich das ›Geld‹ des Ausleihenden in den ›Geist‹ des Leihenden verwandelt, was eine Trennung der ideellen Geldsubstanz bedeutet: Folgendes vollzieht sich: Kauf*geld* oder Spar*geld* wird Spar*kapital* (wenn es nicht ›verzehrt‹ wird) und Leih*kapital* (wenn es ›angelegt‹ wird); dieses »Kapital höherer Ordnung« (nach Othmar Spann) sei ›Industrie-Kapital‹ genannt; nun trennt sich das (Industrie-)*Kapital* vom (Investitions-)*Geld* (solange es noch nicht für Produktionsmittel ausgegeben ist, steht es als Leih*geld* auf dem Konto und ist buchmäßig ein Darlehen). Sobald mit diesem Geld ›investiert‹ worden ist, das heißt wenn, wie beabsichtigt, Produktionsmittel angeschafft worden sind, ist auf der einen Seite wieder *Geld,* also Kaufgeld in Umlauf gekommen. Während das *Kapital* jetzt *Anlagekapital* ist und als solches als Bilanzposten auf der Aktivseite der Unternehmensbilanz erscheint. Ist dies nun noch allgemeines ›Geld‹? Ist es ›Kapital‹? Es ist in Wirklichkeit in das (materielle und geistige!) ›Vermögen‹ des Unternehmers als der hier oft dargestellte ›Dynamismus‹ des Geldes übergegangen, um eine unternehmerische Tätigkeit auszulösen; es ist ›geistiges‹ Geld – Leistungsvermögen – geworden.

Was in der Bilanz als Aktiva (man beachte das Wort!) steht, ist nur ein Merkposten, der darauf hinweist, daß beabsichtigt ist, eine bestimmte Produktion in die Güterzirkulation einfließen zu lassen, die danach sowohl die Quantität als auch die Umlaufgeschwindigkeit (je nach der Absatzmöglichkeit für die Produktion) beeinflußt, während das Leih*geld* selbst schon wieder im Kaufgeldgebiet zirkuliert.

Verfolgt man danach das ›Vermögen‹, genannt ›Kapital‹, das nun in den Produktionsmitteln ›steckt‹, dann hat das, was mit dem Bilanzmerkposten ›Industriekapital‹ genannt wird, kein ›ewiges‹ Leben (etwa wie Grund und Boden als Produktionsmittel), sondern es ›verschleißt‹ und mit ihm ›entwertet‹ sich auch der Aktiv-Posten in seiner geistig-organisierenden Dynamik. Eines Tages sind diese Produktionsmittel ›Schrott‹; entsprechend macht die Buchhaltung ihr ›Kreuz‹ durch den Bilanz-Posten; er wird ›ausgebucht‹! Ohne daß man bis dahin etwas nach außen bemerkt hat (nur die Fachleute sehen, daß die Maschinen ›alt‹ geworden sind), ist das ›Kapital-Vermögen‹ sozusagen ›gestorben‹ (auf die möglichen zeitlichen Unterschiede von ›Verschrottung‹ und ›Ausbuchung‹ braucht hier nicht eingegangen zu werden). Das ist wie im Menschenleben; gestern ›lief‹ die Maschine noch, heute ist es zu Ende mit ihr.

Meist erfolgt nun eine ›Neugeburt‹, die man auch ›Innovation‹ nennt, das heißt ›fortschrittliche Erneuerung‹, in den Produktionseinrichtungen; dazu ist wieder Leihkapital erforderlich. Diese Innovation hat für die Volkswirtschaften und die Weltwirtschaft auch im ganzen gesehen eine bestimmte mittlere Zeitdauer, die in der allgmeinen Laufzeit des Geldes zum Ausdruck kommt und das Tempo des Fortschrittes der Wirtschaft spiegelt.

So *ist* der Vorgang; die Notenbanken haben gegen die heute infolge der ›unorganisch‹ (durch die Eigenmächtigkeiten bei der Geld- und Kreditschöpfung) sich in den Geldkreislauf ›ergießenden‹ Geldströme nur die Möglichkeiten quantitativer Eingriffe durch ihre vier Hebel; sie können nur hinterherlaufen und sehen, daß die ›Maschine‹ nicht ›durchgeht‹, weil das Geld sich im Wirtschaftsgebiet (in Grund und Boden als Hypotheken und im Industriekapital als ›Anlage‹) staut und die Wirtschaftsprozesse ›überdreht‹.

Dieser Stauungsvorgang entfällt, wenn die *Kaufkraft* selbst, durch den laufenden Übergang von ausgebrauchtem Kapital-

Vermögen als *Geld* in das Kulturgebiet erhalten bleibt, während gleichzeitig die Verzinsung des Leihkapitals wegfällt.

Wir wollten die Vorstellung der Eigenheit des Leihgeldgebietes bis hierher entwickeln, wo die Frage auftaucht: wie könnte ein Ventil in das Leihgeldgebiet eingebaut werden, damit das dort seine Funktion und seinen Nutzen findende Kapital nicht ›rückfällig‹ werden kann, wenn seine Zeit abgelaufen ist; das ist dann der Fall, wenn das Vertragsverhältnis zwischen dem Ausleihenden und dem Unternehmen zu Ende geht. Und das ist dann auch der Augenblick, in dem das Leihgeld seine produktive Kraft als Leihgeld eingebüßt hat und in dem das Unternehmen neue Mittel für neue wirtschaftliche und sozial fruchtbare Produktionsmittel braucht. Was dann wohl aus dem Leihgeld wird? Es stirbt – als Leihgeld! Was bedeutet dieses Sterben für das Geld? Nichts anderes, als daß es an anderer Stelle wieder ›jung‹ wird – im Bereich des Kultur- und Geisteslebens, denn der Kreislauf muß weitergehen. Und damit dieses Kulturleben, das heute nur wie ein Anhängsel im Geldstrom mitgeschleppt wird, gegenständlich erscheint und dem Wirtschafts- und dem politischen Gebiet ebenbürtig, wollten wir das ganze Kulturleben als ›Pädagogische Provinz‹ betrachten. Wir wollen es dem Staate abnehmen; wir zeigen uns ihm gegenüber freundlich gesinnt, indem wir ihm auch seine finanzielle Last abnehmen; denn das Geld bringen wir auf diese Weise mit!

Eine Schwierigkeit kann man darin nicht sehen, wenn man bedenkt, daß auch heute mit der Geldversorung der Pädagogischen Provinz das aus dem Produktionsgeldvolumen über die Steuer abgezapfte Geld im Kaufgeldbereich weiter zirkuliert. Es ist in Wirklichkeit dasselbe allgemeine Kaufgeld, nur hat es als Schenkungsgeld einen anderen Weg genommen. Auf diesem Weg über die Pädagogische Provinz sind jedoch Konsequenzen realisiert, die durch die Vorgänge im Leihgeldgebiet entstanden waren: Es zirkulieren durch die Pädagogische Provinz jetzt die Gelder, die ihren geistigen *Ursprung* in der Ausbildung von Intelligenzen durch das Bildungswesen hatten und denen das ›Gefälle‹ vom Geld-Kapital-Besitzer (Gläubiger) zur ›Intelligenz ohne Kapital‹ letztlich verdankt wird. Und dieser Kreislauf erneuert sich stets durch die Neuemission von Noten für wirtschaftliche Unternehmen und Investitionen und dadurch, daß das an das Ende seiner Laufzeit angelangte Geld zur Notenbank zurückkehrt und vernichtet wird. Das Kapital ist es, das sich abnutzt, und am Geld muß sich dies zeigen – an seiner Funktions*dauer*, nicht an seinem Funktions*wert*: als Kaufgeld behält es bis zu seinem Ablauf den aufgedruckten Wert.

5. Die ›Jahresringe‹ des Kapitals

Kaufgeld, Leihgeld, Schenkungsgeld ist das Gesetz des Geldkreislaufes. Nach diesem Geldgesetz wurde in der Einleitung gefragt. Man könnte es das ›natürliche Geldprinzip‹ nennen. Wenn man gegen die Naturgesetze verstößt, dann versagen die Schöpfungen des menschlichen Geistes, die heutigen Maschinen; wenn man gegen das Geldprinzip ›sündigt‹, dann sind soziale Krankheiten die Folge. Die heutigen sozialen Krankheiten sind Fingerzeige für die sozialen Sünden unseres Zeitalters; im Geldwesen sind daraus manifeste soziale Geschwüre geworden. Der soziale Organismus leidet dadurch Mangel an schöpferisch geistigen Kräften. Daraus entsteht ein fortlaufender Abbau von echten Kulturwerten. Das im Wirtschaftsprozeß wuchernde Geld ist dafür das Bild.

Das Geld hat, wie der Mensch, seine Jahresringe, und das sollte in der Geldordnung auch seine Konsequenzen haben. Man kann die Kennzeichnung in einfacher Weise dadurch am konkreten Geld vornehmen, daß man dem umlaufenden Geld ein Ausgabe- und ein Einlösungsdatum gibt; dann weiß man jeweils zunächst einmal, was mit dem Gelde los ist.

Wen interessiert das? Den, der das Kaufgeld hat, nicht. Das Datum ist nur der Kunstgriff für die Kontrolle und für die Beobachtung des Geldkreislaufs. Es ist ein Geldindikator, wie das Thermometer für die Temperatur. Leihgeld ist Kapital und wird – so führt Folkert Wilken in seinem Buch *Selbstgestaltung der Wirtschaft*[80] aus – auf dreierlei Weise gebildet: erstens in der Konsumsphäre als Sparkapital durch Konsumverzicht; zweitens in der Wirtschaft in besonderem Ausmaß durch den Produktionsprozeß selbst, das heißt durch die Organisation der Arbeit, also durch Einsparung von Arbeit mit Hilfe des menschlichen Geistes, oder drittens durch Kreditschöpfung.

Sparkapital wird heute durch die Geldschöpfung der Banken, ohne daß der Sparer dabei gefragt wird, zu Industriekapital; denn wir haben gesehen, daß die Geschäftsbanken aus Depositen, Spargeldeinlagen durch ihre Koppelung mit der

Notenbank Kredit schöpfen (lt. Geschäftsbericht der Bundesbank erhöhten sich 1980 die inländischen Sparguthaben nur um 1,3 Milliarden DM; dagegen sind die Kredite um 19,3 Milliarden DM gestiegen). Der Sparer glaubt, sein Geld ›liege‹ auf der Bank; es liegt nicht auf der Bank, sondern hat dazu gedient, Bankkredit zu schöpfen. Die Grundlage für diesen Bankkredit, die Mindestreservepolitik der Notenbank, ist eine geldtechnische Fiktion und in einem funktionierenden, nicht ›überdrehten‹ Geldsystem ebensowenig nötig wie die Fiktion der Golddeckung, sie gehört wie diese in den Katalog des geldwissenschaftlichen Aberglaubens. Beide haben ihre tiefere Ursache in dem abgrundtiefen, instinktiven Mißtrauen in bezug auf die Stabilität dieses Gesellschaftssystems. Und dieses Mißtrauen ist ja berechtigt, weil diese auf Arbeitsteilung sich gründende Gesellschaft nicht ist, was sie eigentlich sein müßte: altruistisch, weil ganz auf Gegenseitigkeit beruhend. Der Egoismus in diesem System bricht Steine aus dieser Gegenseitigkeit heraus und macht das ganze Fundament brüchig. Altruismus ist in diesem Falle eine soziologische Kategorie, nicht eine ethische, und Solidarität aller wäre ihre Konsequenz.

Wäre dies so, dann wären die Banken Instrumente dieses Altruismus und nicht, wie heute, des individualistischen Gewinnprinzips. Eine solche Wirtschaft und Gesellschaft, die auf Arbeitsteilung und eine altruistische Solidarität gebaut ist, kann jeden Kredit geben, wenn er Zwecken dient, die im Gesamtinteresse liegen und wenn der Kredit durch die *Organe der Wirtschaft* gewährleistet ist. Der Kredit ruht dann auf dem Vertrauen aller zu den Organen der Wirtschaft. Gegen diesen Gedankengang gibt es keinen gültigen Einwand als den, daß es so nicht ist. Aber das wissen wir ja schon zur Genüge.

Mit der Verwirklichung der dargestellten drei Geldkategorien wird das heutige Geldwesen radikal – so darf man hier einmal sagen – auf andere Füße gestellt, nämlich auf seine eigenen. Das Übel des kranken Geldes besteht ja gerade darin, daß in dem herrschenden Notenbank-Geschäftsbanken-System das Geldwesen nicht auf eigenen Füßen steht. Dieses kranke Geld ist historisch aus der Auflösung des einheitlichen kultischen Geldes hervorgegangen; von seiner geschlossenen Einheit hat sich in der Notenbank nur die staatlich-rechtliche und im Geschäftsbankensystem nur die wirtschaftliche Komponente herausgebildet. Der Staat hat sich in der Notenbank seine eigene Gelddomäne geschaffen (was im sowjetischen Staatsbankensystem nur folgerichtig radikal durchgeführt ist), mit der er zwar die Allgemeininteressen vertreten muß, aber diese zwangsläufig mit den Staatsinteressen identifiziert. Aus der Verselbständigung der Wirtschaft ist – instinktiv – das der privatkapitalistischen Ideologie absolut konforme Geschäftsbankensystem hervorgegangen, das so radikal antisozial ist wie das liberalistische Wirtschaftsprinzip selbst. Ein soziales Geldwesen kann es unter diesen Voraussetzungen nicht geben.

Das Gegenbild dazu ist ein soziales Geldsystem, das seine eigenen wesensverschiedenen drei Geldorgane hat. Es kommt gerade darauf an, daß man diese drei Grundelemente in ihrer Wesensverschiedenheit vorrangig im Bewußtsein behält, wenn man danach darangeht, solche Einzelheiten zu durchdenken wie: die Modalität für den Übergang des ausgedienten Leihgeldes in den Kulturbereich; die Annuität als Gegenleistung des Schuldners für die Leihgeldhingabe; ihren ausschließlichen Zinscharakter und ihren Endtermin und – als eine Konsequenz daraus – die äußere Kennzeichnung der Lebensdaten des umlaufenden Geldes. Das alles sollte möglichst undogmatisch in Richtung auf die bestmögliche praktische Form durchdacht werden.

Um auf die letztgenannte praktische Frage des Umlaufgeldes noch einmal einzugehen: es liegt nahe, den Begriff des Funktionsabbaues des Leihgeldes durch das aus dem Leben genommene Bild des Entstehens und Vergehens oder des Wert-Gewinnens und des Entwertens zu veranschaulichen, da es auch eine geldtechnische Realität ist. Im vollkommenen Gegensatz zu heute, wo die wirklichen Geldvorgänge für die Allgemeinheit in ein mysteriöses Dunkel gehüllt sind, gehört ein allgemeines Verständnis der Elemente eines sozial-organischen Geldes so zu einem ›heilen‹ Geld wie das allgemeine Verständnis und Interesse für Gesundheit und Krankheit zum sozialen Leben; der einzelne muß heutzutage durch Vernunftgebrauch an diesen gesellschaftlichen Vorgängen teilnehmen können, und zwar bis in die praktischen sozialen Konsequenzen der Geldelemente hinein.

Durch diese bleibt ja ein unmittelbarer Zusammenhang zwischen dem Leihgeldverhältnis und dem damit verbundenen wirtschaftlichen Innovationsvorgang für die zahlreichen Zeichner von Industrieanleihen über längere oder kürzere Zeiträume bestehen; dieser Zusammenhang findet seinen Abschluß erst im Schenkungsvorgang. Insofern hat der geldtechnische Vorgang der damit parallellaufenden Herstellung und Einziehung von datierten Gelddokumenten schon eine gewisse *sozialpädagogische* Bedeutung, die uns heute noch fremd ist. Verständnis kann aber dadurch auch für den eigenartigen Zusammenhang von Wirtschaftsleben und Geistesleben gewonnen werden, der sich dann im Geld Ausdruck verschafft.

Es ist für den Verschleiß- und Ersatzvorgang unwesentlich, ob dabei so wie heute die auf Grund der Serienkennzeichnung oder Jahreszahl ältesten Geldsorten sozusagen stillschweigend ›sterben‹, das heißt durch die Banken aus dem Verkehr gezogen werden oder ob gebrauchte Noten (wie bei der Bank von England) nicht mehr ausgegeben werden; es liegt natürlich im System der heutigen Geldmaschine, daß dabei ein sinnvoller Zusammenhang mit dem ideellen und praktischen Alterungsvorgang des Leihgeldes in keiner Weise festgehalten wird. Gerade darauf kommt es an, daß der geldtechnische Automatismus durch das Entstehungs- und Verfallsdatum für ein organisch-soziales Geld bereits dadurch bestimmt ist, daß die Grundelemente schon in der Kreditgebarung der Wirtschaftsorgane gegeben sind. Es kann sich dann die fortlaufende Einziehung verfallender Noten vor ihrem Verfall durch bankmäßigen Umtausch ebenso geräuschlos vollziehen, wie sich heute der Verschleiß- und Ersatzvorgang unbemerkt vollzieht.

Wenn durch eine Umwandlung des Notenbank-Geschäftsbanken-Systems in dem hier skizzierten Sinn der Geldkreislauf in sich geschlossen wird (durch den Übergang von Leihgeld in Schenkungsgeld) und sich dies mit »selbsttätiger Vernunft« vollziehen kann, dann ist auch bereits die ausschließliche Vermehrungstendenz des Geldes – das Erzübel des heutigen Geldsystems – verschwunden. Denn so wie heute die Vermehrungstendenz des in der Wirtschaft akkumulierten Kapitals infolge des herrschenden Gewinnprinzips grenzenlos ist, so ist das Geldbedürfnis des modernen Staates schon durch die Sachzwänge, in denen er sich aus sozialen Gründen befindet, uferlos. Hier haben alle Störungen des sozialen und wirtschaftlichen Gleichgewichts ihren Ursprung.

Mechanistische Systeme lassen sich mathematisch konstruieren und darstellen, organische nicht. Bei diesen kommt es darauf an, daß man ein überschauendes Bewußtsein entwickelt, das im Fluß des Geschehens bleibt, und in jede Veränderung einer Einzelheit die Veränderungen im ganzen Geschehen mit einbezieht; denn so verläuft der organische Prozeß in Wirklichkeit und mit »selbsttätiger Vernunft«. In diesem Sinne möchte das folgende Unterkapitel als Übung verstanden werden.

6. Das Schenkungsgeld

Die religiösen Weltanschauungen der Vergangenheit haben die Welt von oben nach unten gebaut, von den höchsten Hierarchien bis zum Menschen, den Schiller in einer Jugendschrift »das traurige Bindeglied zwischen Tier und Engel« genannt hat. Durch die geistige Abnabelung des intellektuellen Bewußtseins ist die soziale Zukunft in die Hand oder besser in die Sozialerkenntnis des Menschen gelegt. Wir stehen im Grunde hilfos vor der Tatsache, daß die Menschenkultur den Menschen zum Konsumroboter seiner eigenen materiellen Produktion zu machen droht. Dabei ist es gerade das Geldwesen, das durch seine Eigentendenz die instinktartige Willensnatur des Menschen mit Beschlag belegt hat, die ihn zum Tier hinunterzieht, ihn, der doch seiner Veranlagung entsprechend durch seinen Geist zum Engel hinaufreichen sollte. Wer den Blick auf vergangene Kulturkreise richtet, muß beschämt die Einflußlosigkeit, die soziale und kulturelle Asthenie des heutigen Geisteslebens registrieren; wenn der Kulturtod wirklich das Schicksal unserer Epoche sein sollte, wie manche prophezeien, dann hat darin das Festhalten an dem heutigen Geld und an seiner ihm eingeimpften instinktiven, tierhaften Eigentendenz ein gerüttelt Maß von Schuld.

Gegenwärtig beschäftigt sich die Wirtschaftswissenschaft mit der Frage des wirtschaftlichen Wachstums so, als ob es eine fortlaufende Steigerung der materiellen Gütererzeugung geben müsse. Es gehört keine Prophetengabe dazu, vorauszusagen, daß es aus dieser Fiktion ein böses Erwachen geben muß und daß man dann nicht vorbereitet ist, auf die Frage zu antworten, um die es allein im sozialen Leben geht: Wie schafft man ein Gleichgewicht von materieller und geistiger Produktion?

Eine einfache Überlegung sagt also, daß die materielle Produktion, die man allein als das sogenannte Sozialprodukt definiert, nicht endlos wachsen kann, sondern fortlaufend verbraucht werden muß; aber das Gegenteil ist der Fall: das Ideal dieses bornierten Wirtschaftsdenkens wäre eine Gesellschaft, in der alle produzieren und in der hinter jedem ein

Dämon steht, der ihn zum Konsumieren zwingt. Dieser Dämon ist das Einkommen oder der Lebensstandard oder einfach das Geld; und die treibende Kraft darin ist das seine ›Rendite‹ suchende Kapital. Dabei ist dieses Kapital nicht wählerisch. Neben der Waffenproduktion rentiert sich bekanntlich am besten, was dem Laster, den niedrigen Instinkten dient.

Dieses trübe Kapitel soll hier aber nicht breitgetreten werden. Es geht nur darum, die für eine Ordnung des Geldwesens so entscheidend wichtige Tatsache bewußt zu machen, daß der soziale Organismus gar nicht darauf angewiesen ist, daß durch aufpeitschende Reklame und permanente Erhöhung der Einkommen das verbraucht wird, was das Kapital zur Erhaltung oder Steigerung seiner Rendite glaubt immerfort noch zusätzlich an materiellen Gütern produzieren zu müssen. Alle Kultur hat seit eh und je darin bestanden, daß die den Lebensbedürfnissen dienende Produktion mit ihrem Überschuß die geistige Produktion miternährt hat. In den alten Kulturen wurde dies durch die hierarchische Ordnung erzwungen; man erinnere sich an das Bild des Tempels und an die Opfergaben und Zahlungen, die ursprünglich der Gottheit galten, aber schon im Mittelalter in Europa zur Entstehung der hohen Finanz geführt haben in den Abgaben an die Kurie (den ›Peterspfennig‹).[81] Das hat sich grundlegend geändert; das Wirtschaftsleben und das Kulturleben haben den Charakter eigener Bereiche. Was als ›Ausgliederung‹ eine gesellschaftliche Tatsache ist, muß das Geldwesen durch seine Ordnung realisieren. Daher ist grundlegend für das hier intendierte Geldwesen, daß in seinen Gesetzen das Kultur- und Geistesleben als Bereich sui generis verwirklicht wird – vom Wirtschafts- und Geldgesichtspunkt aus betrachtet als reiner Konsumbereich. Wir haben diese Bereiche in klarer Trennung: materieller Produktionsbereich (Wirtschaft) – Kulturbereich (materielle Konsumtion). Und da nun heute alle Vorgänge der Produktion und Konsumtion sich nur in Verknüpfung mit Geldvorgängen vollziehen können, müßte das auch in der Geld-Ordnung seinen Ausdruck finden. Das Korrelat dafür wurde als das *Schenkungsgeld* bezeichnet.

Dieses Schenkungsgeld hat, wie wir sahen, wenn wir die materielle Produktion mit einem Pluszeichen versehen, in dem im Geldwesen sich vollziehenden organischen Rechenvorgang ein Minuszeichen. In diesem simplen Minuszeichen liegt der Fingerzeig, der in die Richtung deutet, in welche die Heilung der Krankheit des Geldes, seiner Eigentendenz zur Vermehrung, zur Wucherung zu suchen ist. Die Polarität zur Produktion ist die Konsumtion; die Polarität zur Wirtschaft ist das Kulturleben; die Polarität zum Kaufgeld ist das Schenkungsgeld, bei dem es sich aber – weil das Wesen des Geldes ein Rechenvorgang ist – nicht darum handeln kann, schematisch der Geldschöpfung die Geldvernichtung als Antithese gegenüberzustellen, sondern eine Rechenoperation mit Plus und Minus. Geschieht dies nicht durch die Geldordnung selbst, dann muß sich die Geldvernichtung irgendwie durch Krisen vollziehen, zu denen heute auch die Kriege gehören.

Wodurch kann bewirkt werden, daß sich diese Rechenoperation als Geldfunktion in den Geldvorgängen wirklich vollzieht? Einfach indem das in der Leihgeldsphäre tätig gewordene Kapital beim Ablauf nicht mehr als Kapital oder Leihgeld in den Wirtschaftsprozeß eingreifen und die Warenproduktion vom wirtschaftlichen Bedarf aus oder durch weiteres Gewinnstreben in Gang setzen kann (das tut es als Kauf- und Leihgeld), sondern sich verschenken muß an das Kulturleben, um erst von diesem Gegenpol aus durch die Warenkonsumtion auch die Produktion in Gang zu halten. Aber um sich an das Kulturgebiet verschenken zu können, muß es sich im Leihgeldgebiet verbraucht haben. Ist dieser Gedanke, daß das Geld mit selbsttätiger Vernunft der wirtschaftlichen Produktion eine feste Grundlage durch die Geldversorgung des reinen Konsumtionsbereichs geben könnte, nicht wert, gründlich geprüft zu werden?

Dieser Vorgang läßt sich sowohl bildlich wie auch mathematisch-rechnerisch fassen, sobald man die Ventilwirkung in den drei Geldbereichen (die für die praktische Verwirklichung später dargestellt wird) in den Prozeß der Geldordnung unwiderruflich eingebaut denkt; sie muß das Geld zwingen, entweder Kaufgeld zu bleiben und Waren im Kaufvorgang zu tauschen, Werte zu übertragen als Geld; oder als Leihgeld im Kapitalgebiet seinen Nutzen zu suchen, um danach – und damit sind wir nun gezwungen, den logischen Faden fortzuführen – entweder einen schmerzlosen Tod zu erleiden oder im Kulturbereich als Kaufgeld wieder zu beginnen. Wie ist das praktisch zu machen?

Diese Idee ist gewiß ein schwieriger Punkt für das gewohnheitsmäßige Denken in Geldvorgängen; es ist deshalb versucht worden, das Verständnis am Dynamismus des Blutkreislaufs vorzubereiten. Das Geld muß gezwungen werden, seinen Weg durch den sozialen Organismus konsequent zu durchlaufen; es muß in der materiellen Produktion als Kapital seine Funktionsenergie erschöpfen, seine geistige Lebensenergie verlieren, die es nur als realisierter Geist, als Unternehmenskapital hatte. Es muß neues Leben empfangen durch geistige Neuschöpfung und Belebung; dazu muß es in der ›Pädagogischen Provinz‹ wieder jung werden, wo es sich mit dem Werdeprozeß der neuen, für die Zukunft schöpferischen Generation verbinden kann. Dieses ›Jung-Werden‹ schließt sich als kohärenter Gedanke an die gewonnene Erkenntnis an, daß sich im Leihgeldgebiet das Kapital mit dem initiativen, unternehmerischen Geist des mündigen und schöpferischen Menschen verbunden hatte und so lange ›realisierter Geist‹ war und daß es danach am Quell der Menschenbildung den Weg aus der sozialen Vergangenheit in die soziale Zukunft findet und mit jungem Geist sich verbindet.

Das Geld muß und wird sich in einer neuen Geldordnung wieder ›opfern‹, um im Geistesleben schöpferischen geistigen Kräften den Zugang in die Sozialität zu ermöglichen, so wie es im sakralen Bereich ursprünglich geopfert wurde, Opfergeld war. Schenkungsgeld ist Opfergeld, nicht mehr für die Götter, sondern für die Mitmenschen und die Zukunft der Kultur; aber die Götter werden dann auch heute noch ihre Gegengabe nicht versagen – in der Heilung des kranken sozialen Organismus. Das Wort ›kreativ‹, das als Begriff für schöpferische Leistung schon ausrangiert war, ist ein Modewort geworden. Es ist seiner Herkunft nach doppelzüngig, wie das verächtlich gebrauchte Wort ›Kreatur‹ zeigt. Das Geld hat diese Doppelnatur; es wirkt dort, wo es den physischen Bedürfnissen dient, kreatürlich, das heißt den Lebensbedürfnissen der Gattung Mensch entsprechend begierdeartig, und es kann dadurch wuchern; aber es kann im reinen Geistesleben im heutigen Gebrauch des Wortes ›kreativ‹ geistige Schöpferkraft hervorzaubern, indem es durch seine Schenkung, sein Opfer dem Werdenden die irdische und soziale Existenzgrundlage gibt. Diese Zwiespältigkeit gibt dem Geld seinen magischen, aber auch seinen dämonischen Charakter. Shakespeare und Marx haben diese Doppelnatur des Geldes nur emotional zum Ausdruck gebracht: Wir müssen sie sachlich-wissenschaftlich fassen, um die wilde Tierhaftigkeit, die die Unordnung im Geldwesen aus der Menschennatur herausholt, durch die Ordnung bändigen zu können! Proteus Geld wird sich dann sozial dienstbar erweisen.

Wenn man die qualitativen Unterschiede der drei Geldkategorien für sich betrachtet, dann ergibt sich aus der Anschauung dieser drei Kategorien auch ein Stufenweg. Er führt vom Kaufgeld, das man ohne moralische Wertung auch das ›Wunschgeld‹ nennen könnte, über das Leihgeld als Instrument geistiger Impulsivität und wirtschaftlicher Initiative zum Schenkungsgeld, dem sozialen Opfergeld, das als ›unbeschriebenes Blatt‹ eine reiche Skala potentieller individueller und sozialer Zukunft repräsentiert. Hier ist auch der Neuanfang für das »lebendige Geld« des Adam Müller. In solcher Weise kann man den Zugang zum ›ideellen‹ Geld gewinnen – dem geistigen Aspekt der ›Entelechie‹ Geld.

Die Ursache dafür, daß es so schwierig ist, das Geld real, konkret zu fassen, liegt in der Tatsache, daß es in seiner Erscheinung als Kaufgeld stets junges und altes Geld, Wert bildendes und sich entwertendes Geld nebeneinander gibt, so wie es im sozialen Leben junge und alte Menschen und in voller geistiger und physischer Kraft stehende Menschen gibt; diese unterscheiden sich äußerlich sehr voneinander. Das Geld dagegen verhüllt da, wo es konkret als Zahlungsmittel auftritt, sein Alter. Man sieht heute dem Geldschein oder der Münze oder dem Giralgeld oder welche Form es auch annimmt, nicht an, ob es jung oder alt ist, oder ob es in voller Funktionskraft steht. Eine Hauptfrage des folgenden Kapitels wird daher lauten: Wie kann der Vorgang des ›Alterns‹ im Geldwesen selbst berücksichtigt und sichtbar gemacht werden? Ein erster Hinweis wurde bereits gegeben: Aufdruck eines Verfalldatums. Wie aber wirkt sich eine solche Maßnahme aus?

Eine zweite Frage lautet, wodurch das Schenkungsgeld einen ähnlichen Dynamismus entwickelt wie das Kaufgeld und das Leihgeld. Von dem Warenstrom erhält der Geldkreislauf den einen Bewegungsantrieb durch die materiellen Bedürfnisse und die Wunschnatur des roten Geldes. Im Kapitalgefälle vom Gläubiger- zum Unternehmergeld liegt ein Sog begründet, der das im Kaufgeld verstreute Geld zum Sammeln in die Bank fließen läßt. Die dritte Kraft ist eine heute primär soziale, die das Geld in die ›Pädagogische Provinz‹ leitet. Bevor es ein allgemeines öffentliches Schulwesen mit Schulzwang und Bildungsrecht gab, war die Bildung ein Klassenprivileg und das Erziehungswesen ein aristokratisches; die Bildung ging vom religiösen Leben und den Kirchen aus. Das hat sich durch die Notwendigkeit einer Bildung für alle grundlegend geändert, die als eine elementare Forderung seit dem vorigen Jahrhundert ein autonomer Bestandteil der Gesellschaft geworden ist. Seither ist Bildung nicht nur ein individuelles Bedürfnis oder eine aristokratische Gesellschaftsinstitution, sondern ein demokratisches soziales Recht. Man betrachte so die drei Kategorien der hinter dem Geldkreislauf sich auswirkenden Antriebe, und man findet für jede Geldkategorie individuelle Impulse, Initiativen von Gruppen und eine allgemeine soziale Dynamik. Es sind nicht die Geldzeichen, die das Geld in seinem Wesen bestimmen, sondern der Mensch. Das wird im nächsten Kapitel näher ausgeführt.

VII

Der organische Geldkreislauf

1. Selbsttätige Vernunft als Leistung einer organischen Geldordnung

Es ist in dem Vorhergehenden versucht worden, diejenigen mechanischen Vorgänge bei der Geld- und Kreditversorgung deutlich zu machen, die am heutigen Geldwesen die bestimmenden sind. In ihnen hat sich ›das System‹ (wie der Besen im *Zauberlehrling*) selbständig gemacht, und es macht dadurch Unsinn, ›Unvernunft‹. Das erste Erfordernis ist deshalb, daß nicht der System-Unsinn die Kreditschöpfung bestimmt, sondern die echten Geld- und Kreditbedürfnisse; dazu bedarf es der assoziativen Organe in der Wirtschaft.[82] Wenn heute jemand seiner Geschäftsbank plausibel machen kann, daß man mit Porno und Sex große Geschäfte machen kann – meistens können diese Leute das nachweisen, die in einem solchen Fall Bedarf an Kredit haben, weil sie bereits großen Profit haben und mit größerem Kapitaleinsatz noch größeren haben möchten –, dann wird die Bank diesen ›guten‹ Kunden nicht abweisen, weil sie selbst an diesem Geschäft teilnehmen will.

Die Bankleitungen haben wohl ihre Vorschriften für die Kredithergabe, aber diese beziehen sich nicht auf die Frage, was im sozialen Leben mit dem damit geschöpften Geld geschieht, sondern nur, wie die Zinsen und das Kapital selbst gesichert sind. Das ist alles so selbstverständlich, weil es alltäglich ist.

Nun dürfte es bis hierher schon deutlich geworden sein, daß der Systemmechanismus nur ›gebändigt‹ werden kann durch die Einschaltung der sozialen Vernunft und daß diese Vernunft nur zustande kommt, wenn bei der Beurteilung des Kreditbedürfnisses nicht das Urteil des auf seinen Gewinn bedachten einzelnen entscheidet, sondern ›zusammengeurteilt‹ wird, damit das Einzelinteresse mit dem allgemeinen Interesse in Einklang gebracht wird. Es ist sehr merkwürdig, wie im Sozialismus das Allgemeininteresse gleichsam mechanisch im Dogma des sogenannten Gesellschaftseigentums untergetaucht ist. Dadurch wird gar nicht mehr wahrgenommen, daß es ja ein Problem für sich ist, in welcher Weise das Allgemeininteresse in der heutigen pluralistischen Gesellschaft zu seinem Recht kommt. In der Praxis des kommunistischen Staates zeigt sich, daß auf diesem Weg die Lösung nicht gefunden werden kann. Es geht nicht darum, das Einzelinteresse auszuschalten, sondern das soziale Interesse in den Mittelpunkt des Einzelinteresses zu stellen und es im sach- und fachkundigen Zusammenurteilen zu realisieren. Das ist nur möglich durch richtige Zuordnung der polaren Teile zusammengehöriger Elemente der Gesellschaftsstruktur. Wenn die heutigen Geschäftsbanken Organe der assoziativen Wirtschaft wären, dann würde jede Kredithergabe das Votum der verantwortlichen Assoziationen voraussetzen, deren Mitglieder ihre Prioritäten unter sich abzumachen haben und nicht einzeln als Partner eines Kreditgeschäftes an die Bank herantreten können.

Wie kommt nun im Gesamtzusammenhang der Glieder des sozialen Organismus das Kulturleben zu seinem Recht, wenn der Staat auf seine eigenständige Rechtsfunktion beschränkt wird? Wir haben gesehen, daß das im Leihgeldgebiet tätig gewordene und ›abgenutzte‹ Kapital nun als Kaufgeld in das Kulturgebiet fließen soll. Wie kann sich dies vollziehen?

Wenn der Leihgeldvertrag abgelaufen und damit der Ausleiher abgefunden ist, dann ist nach dem dreigliedrigen Geldprinzip eine Schenkung ›fällig‹. Als Modalität könnte man sich denken, daß durch den, der das Geld bereitgestellt hatte, die Schenkung unter Mitwirkung einer Korporation des Kulturlebens an eine von ihm zu benennende, anerkannte Kultur-Institution erfolgt. Er selbst ›verschenkt‹ zwar nichts im üblichen Sinne, weil der abgelaufene Leihgeldtitel für ihn nichts mehr wert ist; der soziale Organismus ist es, der die Schenkung möglich macht, nicht der Staat. Der ehemalige Gläubiger kann, da er selbst uninteressiert ist an dem Geld, seinen Vorschlag nur im sozialen Interesse machen; er wird stolz sein, sein Votum entsprechend abzugeben! Das ist *eine* mögliche Modalität, wie abgenutztes Kapital zwangsläufig, aber dennoch mit individueller Vernunft in den Bereich des Kulturlebens gelangen kann – *eine* Vorstellung für das ›Ventil‹ zwischen Leihgeldgebiet und Kulturbereich. Wer als ehemaliger, inzwischen durch die Annuitäten vollständig abgefundener Gläubiger über solch einen auslaufenden Leihgeldvertrag verfügt, mag zum Beispiel als Empfänger eine Schulkörperschaft benennen. Was geschieht dann, wenn diese Entscheidung (nach Beratung mit dem zuständigen ›Kulturrat‹) erfolgt ist?

Die notarielle Schenkungsurkunde, die der Schulkörperschaft ausgehändigt wurde, ist durch die Geldordnung so gut wie bares Geld, etwa wie ein diskontfähiger Wechsel, allerdings hier ohne Rückzahlungsverpflichtung und Termin; denn die Notenbank realisiert diesen Schenkungsscheck, wie sie jeden anderen Scheck in Noten auszahlt oder gutschreibt. Es entsteht Kaufgeld. Was ist dagegen einzuwenden? Wird dadurch Inflationsgeld geschöpft? Nein.

Um sich dessen zu vergewissern, muß man den Vorgang durch drei Vorstellungen trennen. Man verfolgt, was auf dem Kapitalgebiet geschieht: dort ist der Anspruch erloschen, aus welchem während der Laufzeit des Leihvertrages Jahr für Jahr Kaufgeld als Annuität (Zins) in die Kaufgeldsphäre geflossen ist; der Zufluß an Kaufgeld hat mit Ablauf des Leihvertrages aufgehört. Dagegen erscheint jetzt der ursprüngliche Kapitalbetrag nach Auszahlung durch die Notenbank in einer Summe wieder als konkretes Kaufgeld in der Verfügung einer Schulgenossenschaft und beteiligt sich am Herauskaufen der im Wirtschaftsbereich produzierten Waren für den Bedarf der Schule. Es ist klar, daß die Summe der einzelnen Schenkungsvorgänge etwa dem fortlaufenden Geldstrom entspricht, der nach der anderen Seite aus den Annuitäten als Zinsen so lange in das Kaufgeldgebiet fließt, bis in jedem Falle der Leihvertrag abgelaufen ist.

Der zweite Aspekt bezieht sich auf den Wandel in den gesellschaftlichen Vorstellungen, der sich durch eine solche organische Überleitung von Geld (zum Beispiel in das Schulwesen) aufgrund individueller Schenkung vollzieht. Dadurch werden die Zuständigkeiten augenfällig: in der hier skizzierten Geldordnung hat und braucht der Staat keine Steuergelder mehr für das Kulturleben zu erheben; dieser umständliche und Geldsubstanz verzehrende Umweg wird überflüssig. Die kontinuierlich aus dem Leihgeldgebiet in das Kulturgebiet fließenden Geldkapitalien brauchen sich nicht mit den zur Zeit über die Steuer durch den Staat überwälzten zu decken, und ›Schule‹ war nur ein Beispiel; es könnte auch ein wissenschaftliches Institut oder ein Theater usw. sein.[83]

Der dritte Aspekt betrifft die Notenbank selbst. In allen Zahlungen, Krediten usf., soweit sie von der Steuer erfaßt werden – und wo wäre das nicht der Fall? –, ist heute der

›Obolus‹ für das Kulturleben als blinder Passagier dabei. Der ist nun durch den geldtechnischen Schenkungsvorgang ausgebootet. Wie gleicht sich aber in der Notenbankbilanz diese Ausgabe des Schenkungsgeldes für das Kulturgebiet wieder aus, wenn dieses nicht wie beim Wechselkredit zwangsweise in die Notenbank zurückkehrt, sondern fröhlich weiterzirkuliert? Dieser Ausgleich erfolgt von selbst dadurch, daß *alles* Geld, das von der Notenbank ausgegeben wird, sein Ausgabe- und Verfallsdatum hat; es kommt daher auf jeden Fall vor seinem Ablauftermin zurück zur Notenbank und verfällt. Der Rücklauf dauert eben nur länger als beim Wechsel. Wir haben also zwei Dinge zu unterscheiden:

a) Wenn die Notenbank (oder ihre Filiale) Wechsel hereinnimmt, so gibt sie damit Kredit zur Finanzierung der laufenden Produktion, aber unter der Bedingung, daß der Wechsel in drei Monaten eingelöst wird. Wir haben also sozusagen am Wechsel- und Lombardkreditschalter der Bank den ›Kurzkreislauf‹ des Kredits, der in sich geschlossen ist durch den Automatismus des Wechsel- und Lombardkredits. Und wir haben
b) den langfristigen Geld- und Kreditschalter, an welchem Neugeld ausgegeben wird mit einem bestimmten Datum, und dieses Geld kann laufend aufgrund von Schenkungsdokumenten am gleichen Schalter wieder ausgegeben werden für das Kulturleben, bis es dort zu einem Zeitpunkt kurz vor seinem bereits datierten Lebensende wieder erscheint und nach Umtausch vernichtet wird. Diese Vorgänge sind die mechanischen Elemente des organischen Prinzips; sie erfüllen alle Anforderungen, die gestellt werden können, wenn es sich darum handelt, der organischen Vernunft freies Spiel zu lassen, die sich durch die Tätigkeit der Individuen in drei sozialen Lebensgebieten selbsttätig vollziehen will.

Damit aber die Sache noch deutlicher wird, möge man sich zwei Haupteingänge zur Bank vorstellen, um diese beiden Kreisläufe gedanklich auseinanderzuhalten, die in Wirklichkeit ungetrennt in dem Gesamtkreislauf des Geldes untertauchen. Der eine Eingang führt zur Halle A, in der sich der bekannte bankmäßige Geschäftsverkehr abwickelt: Giro- und Sparkontenschalter, Ein- und Auszahlung, Wechsel- und Kreditverkehr. Der zweite Eingang führt zur Halle B, in der die Neuemissionen bearbeitet werden. Wenn eine Anleihe gezeichnet und eingezahlt ist, wird also an dieser Stelle *neues* Geld geschöpft; entweder werden die neuen Noten mit Ausgabe- und Enddatum (diese Daten entsprechen der Laufzeit der jeweiligen Anleihe) hier ausgegeben oder dem Unternehmen wird das Kapital auf einem Konto als Leihkapital gutgeschrieben (Kapital-Vorgang), wobei im letzten Fall der gleiche Betrag an Banknoten für die Ausgabe von Geld im Tagesverkehr (in Halle A und B) bereitgestellt wird (Geld-Vorgang).

Hier in der Halle B wird aber auch das alte Geld gesammelt und aus dem Verkehr gezogen. So wie durch fortlaufende Emissionen ein kontinuierlicher Geldstrom neu entsteht (Neugeldschöpfung als ›Quelle‹), kommen in dauerndem Strom auch alte Noten zur Bank zurück und werden eingezogen; der Geldstrom kann sich dadurch ausweiten oder zusammenziehen, je nach dem Leihgeldbedarf in den einzelnen Jahren.

Nun liegt zwischen Neuausgabe und Sterbetermin des Geldes ja immer eine längere Zeit von zum Beispiel zehn bis zwanzig Jahren, und in diesem Zwischenraum zirkuliert das vom Leihgeldgebiet in das Kulturgebiet übergegangene Kaufgeld, das ebenfalls in der Halle B auf die Schenkungsurkunden ausgegeben wird. Was ist geschehen?

Es muß nun das Bild des großen Konsumgüterspeichers noch einmal herhalten: mit dem Leihgeldvorgang ist nichts anderes geschehen, als daß das im Kaufgeldbereich angesammelte Geld über die Leihgeldsphäre umgelenkt wurde, damit zunächst diejenigen mit Kaufgeld für den Konsumgüterspeicher versorgt werden, die selbst nicht Konsumgüter, sondern Produktionsmittel herstellen. Diese Überleitung geschieht a tempo, weil mit Leihgeld sogleich wieder Produktionsmittel gekauft werden. Das Bildungswesen dagegen muß warten, bis es auch in diesen Konsumgüterbezug durch Kaufgeld eingeschaltet wird; das geschieht gewissermaßen hinterher, wenn die im Leihgeldvertrag durch die Annuität festgelegte Gegenleistung abgelaufen ist. – Das ist nicht ganz einfach zu verstehen, aber so ist es eben bei allen organischen Vorgängen, die nicht wie mechanische ohne Hintergründe sind.

Daß in diesen Gesamtkreislauf auch der Staatshaushalt als ein Nebenkreislauf eingeschaltet sein kann, versteht sich, wenn man diesen von der Steuerseite aus betrachtet. Hier ist die Steuer am Platze, denn durch sie wird von der allgemeinen Kaufkraft soviel abgeschöpft, daß sich der Staat für seine Konsumbedürfnisse ebenso wie die Produktionsmittelhersteller und das Kulturleben auf dem großen Speicher mit Konsumgütern bedienen können. Alle anderen können dann um ihre Steuerbeträge weniger kaufen.

Der Verwandlung des Leihgeldes in Schenkungsgeld wird vielfach entgegengehalten, daß sich die Geldmenge dadurch inflationär vergrößere. Nichts dergleichen kann sich ereignen, weil auch dieser Übergang nur *innerhalb* des Rahmens der Geschäftsbankengeldmenge erfolgt; es ist ein Kaufgeldumsatz wie alle anderen. Die Geldmenge der Geschäftsbanken ist vorbestimmt durch den realen industriellen Investitionsbedarf und durch die Gesamtwirtschaft assoziativ gesichert. Sie paßt sich durch Ausgabe- und Enddatum der Noten den wirklichen Geldbedürfnissen an. Das ist die *Schöpfgeldbilanz* der *Notenbank*. Die andere Bilanz betrifft das Kaufgeldvolumen der Geschäftsbanken; es umfaßt alle *Übertragungsvorgänge* von Geld durch Kauf und Verkauf, durch Umwandlung von Spargeld in Leihgeld und schließlich auch den Übergang von Leihgeld in Schenkungsgeld, wobei stets das schon umlaufende Kaufgeld nur insoweit in andere Hände oder andere Käuferschichten übergeht.

Diese zwei Bilanzierungsvorgänge unterschiedlicher Art, die heute schon vorhanden sind, aber durch den Geldmechanismus korrumpiert werden, müssen trotz ihrer organischen Zusammengehörigkeit deutlich unterschieden werden. Dann zeichnet sich einerseits die Notwendigkeit der Datengebung in der Bilanz der Notenbank ebenso ab wie die Geldzirkulation zwischen dem Produktionsbereich (der Wirtschaft im Ganzen als »Pluspol«) und dem Konsumtionsbereich (der Rentenseite als »Minuspol«) andererseits. Von da wird erst verständlich, daß das organische Geldwesen mehr ist als nur ein Geldmechanismus, der eine ungeheure Menge von Zahlen bewältigen muß. Auf den drei Geldarten beruht die Gesundheit des sozialen Organismus durch ihre Tendenz zur Harmonisierung der Kräfte und Leistungen zwischen dem Wirtschaftsleben und dem Geistesleben. Wie ist dies zu verstehen?

2. *Das soziale Gleichgewicht*

Die sozialwissenschaftlichen Erkenntnisbemühungen drehen sich seit eh und je um das soziale Gleichgewicht, das im Wirtschaftsbereich auf dem Ausgleich von Produktion und

Konsumtion beruht oder – so kann man auch sagen – auf einer echten Bedarfsdeckung. Ungleichgewicht tritt auf, wenn zu viel oder zu wenig produziert wird oder wenn das Geld nicht im Einklang mit Produktion und Konsumtion steht. Notenbankpraktiker überlassen es der Wirtschaft und den Geschäftsbanken, wie und was produziert wird; ihre Praktiken zielen erst, wenn Ungleichgewicht festgestellt wird, dahin, durch schmerzhafte quantitative Eingriffe in das Geld-Kreditvolumen den Ausgleich herbeizuführen. Man vergißt dabei immer, daß schon die in das Geld hineingelegte ausschließliche Vermehrungstendenz die Tendenz zum Ungleichgewicht in die Wirtschaftsverhältnisse hineinträgt.

Da man den Blick nicht auf die innere Ursache richtet, durch welche fortwährend die *Tendenz* zur Disproportionalität entsteht, wird man gezwungen, immer stärker die Produktion von der Einkommensseite her zu manipulieren, und das führt zu einer solchen Einseitigkeit der materiellen Produktion, sozusagen zu einer Kopflastigkeit, daß das System irgendwann ganz zusammenbrechen muß – wenn nicht vorher der Mensch in seinem industriellen Abfall erstickt ist; man muß also mit der systemimmanenten Überproduktion so lange leben –, bis sich alles ad absurdum führt; so etwa wird man die heutigen volkswirtschaftlichen Krisentheorien interpretieren müssen.

Wenn das bisher über die Wirtschaftsordnung und die Geldordnung Vorgetragene richtig aufgenommen worden ist, dann weiß der Leser, wie man diesen ›Todeskreis‹ in einen ›Lebenskreis‹ umwandeln kann. Wir brauchen dafür das in seiner sozialen Funktion organisch sich opfernde Geld. Es setzt an die Stelle der heutigen Tendenz zur Disproportionalität die Tendenz zur Proportionalität – zum sozialen Gleichgewicht, indem es den Wirtschaftsorganen die Kriterien liefert, um die Produktion mit der Konsumtion jeweils zur Deckung zu bringen und damit das Übel der Überproduktion zu vermeiden (ähnlich wie das alte Zunftwesen, aber auf höherer Ebene).

Wenn dies mit einigen konkreten Hinweisen verdeutlicht werden soll, dann dürfen solche nicht dogmatisch genommen werden. Es gibt für das sich abnützende Geld verschiedene Modalitäten – so wie es verschiedene Menschen des einen Typus Mensch gibt –, und es kommt darauf an, die beste Modalität durch das Leben selbst zu finden; das wird möglich sein, denn alles Lebendige ist im Gegensatz zu politischen und ideologischen Programmen vieldeutig.

Es geht also wieder um den Zwangslauf des im Leihgeldgebiet ausgedienten Geldes. In welcher Weise sich im Geldsystem selbst dadurch die Balance einstellt, haben wir gesehen. Wie groß ist nun der Geldstrom, der in das Kulturgebiet fließt, und wie kann man sich vorstellen, daß durch diesen von Hindernissen freigemachten Kreislauf die Balance zwischen Wirtschafts- und Kultursektor nicht nur von Fall zu Fall – so daß man wie heute sozusagen im ›Handbetrieb‹ nachregulieren muß –, sondern permanent der Tendenz nach aufrechterhalten wird? Man muß dafür alles an Gedanken zu Hilfe nehmen, was bisher über das Wesen des Geldes gesagt wurde: daß es konkret, aber auch ideell ist, real und auch nominalistisch.

Zu beachten ist zunächst die auffallende Tatsache, daß die Zahl der in der materiellen Produktion Tätigen dauernd absolut und relativ sinkt und daß die Zahl der Menschen, die im Kulturleben (und im Dienstleistungsbereich) ihre Aufgabe finden, fortwährend absolut und relativ steigt. Ein ungeheurer Strukturwandel hat sich seit der Jahrhundertwende darin vollzogen. Je rationeller die industrielle Produktion wird, desto größer wird der Spielraum für die geistig-kulturelle Produktion. Dieser Strukturwandel vollzieht sich bisher unter ständigen sozialen Friktionen, weil die dafür notwendige einkommensmäßige Verschiebung nicht vorausgeht, sondern durch die Überwälzung in den Steuern erst hinterher erfolgt. In einer organischen Geldordnung wird der Produktivitätsfortschritt in der Wirtschaft durch den fortlaufenden Übergang von Kapital aus der Leihgeldsphäre als Geld in das Kulturgebiet a tempo realisiert. Wie kann man das verstehen?

Es war Nachdruck darauf gelegt worden, darzustellen, daß das Geld nicht eine glückliche Erfindung oder ein praktischer Trick ist, nur um die wirtschaftlichen Tauschvorgänge zu vollziehen, sondern »eine allen Individuen der Gesellschaft inhärente Eigenschaft« (wie Adam Müller sagte; »dynamis«, »energeia« sagt Andreae). Der Verfasser hat mit Bedacht den Begriff ›virtuell‹ hier eingeführt. Das Wort (von virtus, lateinisch: Tugend, Tauglichkeit) bedeutet: der Kraft nach vorhanden, fähig zu wirken, aber noch nicht wirksam; eine schlummernde, unter bestimmten Voraussetzungen in Tätigkeit tretende Potenz.

Da das Geld, wie dargestellt wurde, ein Resultat des Zusammenwirkens dreier sozialer Glieder ist, so ist eine fortlaufende ›virtuelle Verschiebung‹ (ein Begriff aus der Physik) innerhalb der organischen Kräfte dieses großen sozialen Organismus geradezu das Wahrzeichen seines organischen Lebens: die ständige Erneuerung des sozialen Organismus durch Geburt und Tod der Individuen und durch das Eintreten geistig und physisch schöpferischer Individualitäten in das Berufsleben und ihr Wiederausscheiden.

Jedes Neugeborene hat durch seine Geburt ein Recht, zunächst passiv konsumtiv teilzunehmen an der Produktion von Existenzmitteln. Die natürlichen Produktionsmittel, Grund und Boden, ›schenken‹ für diese Hinzukommenden den Überschuß an Nahrungsmitteln über den Bedarf der mit ihnen Produzierenden hinaus: diese Schenkung setzt sich nur in einem geordneten Geldwesen fort; das ist die eine Seite. Die andere beruht auf der Freistellung der im Kultur- und Geistesleben Tätigen von der sonst für ihren Lebensunterhalt notwendigen Arbeit im Bereich der natürlichen und technischen Produktion.

Daraus ergeben sich zwei dynamische Komponenten des Geldes: diejenige, die durch die Zahl der Neugeborenen und der Sterbefälle gleichsam von außen bestimmt wird, die andere, die sich aus der fortschreitenden Verschiebung der menschlichen Tätigkeit von der Naturseite zur Seite der geistigen Leistung innerhalb des sozialen Organismus ergibt, wie dies oben angedeutet wurde.

Eine abgeschlossene primitive Selbstversorger-Agrargemeinschaft wird nur dann ihren Lehrer und Pfarrer haben können, wenn diejenigen, die die Existenzmittel produzieren, soviel von ihrer eigenen Produktion abgeben, wie die beiden Repräsentanten des Geisteslebens brauchen, um sich ihre Existenzmittel nicht selbst erarbeiten zu müssen. Wenn man das so an Lebensmitteln Abzugebende in Geldform aufzeichnen wollte, so würde diese Summe den Gegenwert der Arbeitsstunden wiedergeben, die Pfarrer und Lehrer nicht in der Produktion ableisten mußten, um statt dessen auf geistigem Felde tätig sein zu können.[84] (Früher mußten sich Lehrer und Pfarrer noch einen Teil ihres Unterhaltes selbst erarbeiten, als es noch Pfarrland und Schulland gab.) Da das Geld heute alle Prozesse bewirken, vermitteln und begleiten muß, wird durch diese Schenkung von – sonst selbst auszuführender – Arbeitsleistung ein Gleichgewicht zwischen aufgewendeter Arbeit an den natürlichen und den technischen Produktionsmitteln und der in der Kulturtätigkeit eingesparten Arbeit auch im Gesamtbereich einer arbeitsteiligen Gesellschaft mit selbsttätiger Vernunft hergestellt. In der langen Kulturgeschichte sieht man, wie sich der Mensch immer mehr von der Naturgrundlage freimacht und wie dies auch ein Parallelvorgang ist zur geistigen Emanzipation und Selbstbestimmung des Menschen.

Würde man das Phänomen der periodischen Arbeitslosigkeit unter diesem Gesichtspunkt prüfen, dann würde sich herausstellen müssen, daß diese Arbeitslosigkeit eine Konsequenz der Eigentendenz des Geldes ist: Zu viel Geld wird zu lange im Wirtschaftsbereich festgehalten, das eigentlich aufgrund der Produktivitätsfortschritte schon in das Kulturgebiet gehört. Der Ausgleich muß sich dann durch Konvulsionen und unter Zuhilfenahme staatlicher Prothesen vollziehen. Es kann – um es trivial auszudrücken – wie das berühmte Ei des Kolumbus wirken, wenn man von dem Problem des sozialen Gleichgewichts zwischen materieller und geistiger Produktion ausgeht und in der Geldordnung das Mittel der Wahl findet, dieses Gleichgewichtsproblem zu bewältigen.

Was mit dem kontinuierlichen Übergang des Kapitals als Kaufgeld in das Kulturgebiet geschieht, ist auch nichts anderes als ein Akt der sozialen Gerechtigkeit: Es wird damit dem geistigen, dem Bildungsbereich der Ausgleich gegeben dafür, daß die dort geistig tätigen Fachleute in der Menschenbildung eine Vorleistung zustande gebracht haben, die sich durch den im Kapital realisierten Geist unternehmerisch und sozial ›rentiert‹ hat. – So bildet sich ›virtuell‹ durch die Kultur- und Bildungsleistungen gleichlaufend mit dem alternden Leihgeld ›grünes‹ Geld, um dann in einer Summe als Kaufgeld in die Kultursphäre einzutreten und diese – je nach der Produktivität der geistigen Leistung in der materiellen Produktion – potentiell zu erweitern und zu ›bereichern‹. (Haben die weltlichen Potentaten das nicht durch ihre Macht oder um ihrer eigenen Seligkeit willen früher aristokratisch vollzogen und unvergängliche Kulturleistungen damit möglich gemacht, was sich auf demokratischer Stufe individuell und sozial von selbst durch die Geldordnung vollziehen könnte und müßte?)

Es ist gut, wenn man diesen Schenkungsvorgang als *soziale* Schenkung, das heißt als eine solche versteht, die sich aus dem lebendigen sozialen Geschehen ergibt und einen Wachstumsprozeß des sozialen Organismus darstellt ähnlich dem, wenn im Einzelmenschen der physische Wachstumsprozeß nach Abschluß der Pubertät stockt und dafür geistiges Wachstum als

Fähigwerden zur Selbständigkeit eintritt. Auch der soziale Organismus ist in einem Reifeprozeß begriffen, der seinen Ausdruck in der fortschreitenden Selbständigkeit seiner Individuen findet. Und aus diesem Grunde ist die soziale Schenkung in unserem Bilde der individuellen Vernunft anvertraut: Derjenige, der durch Konsumverzicht zur Kapitalbildung beigetragen hat, soll nun in eigener Entscheidung kulturellen Institutionen – wenn er will –, ohne daß er selbst dabei etwas verschenkt, reale Geldmittel zuführen können (will er das nicht, dann mag er diese Möglichkeit auch der Verwaltung des Kulturlebens überlassen).

Schenken, unter Verzicht auf eigenen Konsum, können wir natürlich nach wie vor an Kinder, Alte und Kranke und an geistige Institutionen, die wir fördern möchten. Doch sollte gerade die Schenkung aus dem organischen sozialen Prozeß als *soziale* Schenkung verständlich gemacht werden. In der gewohnten Handhabung des Geldes ändert sich kaum etwas; was sich ändert, betrifft die Fondsbörse. Davon mehr im nächsten Abschnitt.

3. Das Anlagepapier im dreistufigen Geldwesen

Es zeigte sich, daß zwischen dem privatkapitalistischen Geldsystem mit seinem inneren Widerspruch und dem staatskapitalistisch-sowjetischen kein grundsätzlicher Unterschied besteht insofern, als in beiden das mechanisch-bürokratische Funktionsprinzip das organische überwältigt. Es wurde dargestellt, wie demgegenüber im sozialen Organismus die Antriebe in dreifacher Weise zustande kommen und zum Wirtschaftsprozeß führen, dessen unentbehrliches Korrelat das Geld ist. Da nach jahrtausendelanger Entwicklung nunmehr die einzelnen Menschen das Geld in der Hand haben und nicht mehr die gesellschaftlichen Autoritäten aufgrund ihrer Privilegien, sind es die individuellen Beweggründe, die in allen drei Geldbereichen für den Lauf des Geldes durch das Gemeinwesen entscheidend sind und sein müssen.

Das sowjetische, für die kommunistische Praxis allein in Frage kommende Geldsystem ist ein Rückfall in den totalen Zentralismus, der berechtigterwese am Anfang stand im Tempelgeld, und ist daher sein anachronistisches Gegenstück; heute steht dort ein Netz von Zentralbankfilialen, wo in jenen alten

Zeiten das Netz der untereinander durch die Priesterhierarchie verbundenen Tempel-Filialen stand. Und wie damals die Priesterschaft das Rechnen besorgte, so besorgt das alles im Sowjetsystem heute die Notenbank. Der Staat gibt den Kredit aus eigener Machtvollkommenheit, der doch nur aus dem Vertrauen in die individuellen Fähigkeiten der Menschen resultiert; er steht als der universelle Pseudo-Kreditschöpfer an der Stelle, wo die Individuen Kredit geben und Leihgeld nehmen sollten. Das System richtet sich somit auch durch die Betriebsprüfungsfunktion des Staatsbanksystems gegen den Mündigkeitsstatus des heutigen Menschen.

Im privatkapitalistischen System der Kreditschöpfung hat das Anlagepapier zwar eine zentrale Bedeutung, aber nur dadurch, daß sich mit ihm der Erwerbs- und Besitztrieb amalgamiert, der das marktwirtschaftliche System beherrscht. Durch die Kreditschöpfung der Banken wird das Sparkapital in die Kapitalschöpfungsmechanik hineingezogen, ohne es zu wissen. Der individuelle Mensch ist auch in diesem System nicht freigelassen in seinen Entscheidunggen in bezug auf Konsum, Geldanlage und Geldverfügung; sein Waren- und Geldhunger wird in die vom Geldprinzip gespeiste Maschine einfach hineingenommen. Die Ideologen dieses Systems glauben, daß nur so die moderne Wirtschaft genügend produziere; daß sie daran zugrunde gehen muß, wollen sie nicht wahrhaben.

Auch im dreigliedrigen Geldorganismus ist die Spartätigkeit die Voraussetzung für das Funktionieren des Geldkreislaufs, wie wir gesehen haben. Am äußeren Vorgang ändert sich dabei nicht viel; er vereinfacht sich dadurch, daß nur die Obligation mit bestimmter gesetzlich gewährleisteter Vertragsform übrigbleibt.

Für denjenigen, der bisher sein Geld in guten Geldpapieren ohne spekulative Absichten anlegte, also in festverzinslichen Obligationen, hat sich nur geändert, daß er erstens nach Ablauf die Chance hat, eine Schenkung an eine anerkannte Institution des Kulturbereichs zu machen, daß zweitens der Zwang zur Festlegung einer gleichen jährlichen Zahlung (Zins) und drittens zur Fixierung des Ablaufs des Leihverhältnisses besteht. Anstelle von Bankenkonsortien werden Obligationen von den Branchenassoziationen ausgegeben, wobei – wie heute schon – in diesen Anleiheprospekten in der Regel dargestellt wird, was das Unternehmen mit dem Anleihe-Kapital anzufangen beabsichtigt. Haben solche Anleihen auch einen Markt?

Gesetzt, eine solche Anleihe wird von einem Geldbesitzer mit 10 000 DM gezeichnet. Sie möge angeboten werden mit einer Annuität von acht Prozent bei einer Laufzeit von zwanzig Jahren, dann hat der Anleihegläubiger nach zwanzig Jahren in summa 16 000 DM an ›Beteiligung‹ aus diesem Anleihezweck erhalten und ist damit abgefunden (abgesehen von seinem Schenkungsrecht in Höhe des Leihgeldbetrages). Es bleibt ihm natürlich überlassen, ob er die laufenden Annuitäten konsumieren oder neu anlegen will.

Hier könnte nun wieder eingewendet werden, daß durch fortwährende Neuanlage doch eine Akkumulation von Geldkapital stattfinden kann. Wenn man so denkt, trägt man Vorstellungen und Erfahrungen aus einem Geldsystem, das geradezu auf Vermehrung angelegt ist, in die hier gemeinte Geldordnung erst hinein, in der diese Anhäufung gar nicht veranlagt ist. Wo sammeln sich heute denn die Kapitalien? Im Leihgeldbereich dadurch, daß sich das Kapital hier *zurückstaut*, das in Zukunft in das Kulturgebiet abfließen *muß*. Dieses Gebiet wird zwar nicht mehr zum unterentwickelten sozialen Bereich (der ›Hungerleider‹) gehören wie heute, aber man kann auch in Zukunft hier keine Riesenkapitalien sammeln und Macht akkumulieren, weil hier die Einrichtungen des Bildungswesens wirklich das sind, was man abstrakt ›Gemein-Eigentum‹ nennt. Auch würde eine übermäßige Nachfrage nach Industrieobligationen sehr rasch die Bedingungen für die Unterbringung von Leihgeld wirksam verschlechtern, wie wir noch sehen werden.

Wenn man sich in Erinnerung ruft, daß es keine ›ewigen Rechte‹ in Form von Eigentum, also Aktien geben kann, dann gibt es auch keine Spekulationsbörsen mehr für fungible Werte wie heute mit großen spekulativen Schwankungen; aber es bleibt der börsenmäßige Verkauf und Kauf von solchen festverzinslichen Anlagepapieren. Das ist der notwendige börsenmäßige Vorgang, der sich von der heutigen Fondsbörse nur dadurch unterscheidet, daß die börsenmäßigen Schwankungen nur noch vom Zinsniveau abhängen.

Am Aktienmarkt spielen bei den Kurssprüngen, die durch Hausse oder Baisse zustande kommen, Motivationen eine Rolle, wie sie die Psychologie des Spielers kennt, und andere sachfremde Momente: Machtkämpfe um Majoritäten in den Unternehmen, allgemeine Wellen (›die Hausse nährt die Hausse, die Baisse nährt die Baisse‹); sie spielen die ausschlaggebende Rolle nächst der unterschiedlichen Höhe der Dividenden.

Das fällt nun weg. Was bleibt, ist die Möglichkeit, daß jemand, weil er Geld braucht aus irgendwelchen Gründen, sein Anleihepapier verkaufen kann und daß ein anderer, der Geld anlegen will, nicht warten muß, bis eine Neuemission stattfindet, sondern von den zum Verkauf bereiten Besitzern eine bereits laufende Obligation kaufen kann. Durch den börsenmäßigen Handel bildet sich dann ein entsprechendes Kursgefälle für diese im Lauf befindlichen Obligationen dadurch, daß jene festen Bedingungen gelten: Ablauftermin und fester Zins in Form einer Annuität.

Angenommen, die in einer Anleihe angelegten 10 000 DM sollen nach zehn Jahren Laufzeit angeboten werden, dann hat der potentielle Käufer nur noch ein Anrecht auf die Annuität (Zins) von acht Prozent auf zehn Jahre. Er kann also nur noch 8000 DM bis zum Ablauf erhalten. Bei linearem Abschlag wäre der Tageswert des Papiers dann noch 5000 DM, aber der Preis könnte auch höher oder niedriger liegen je nach der Situation des Geldmarktes: Liegt das allgemeine Niveau des Zinses oder der Annuität nach zehn Jahren höher, dann wird die börsenmäßige Abschreibung größer sein als fünfzig Prozent und umgekehrt; das ist bei Anleihen heute ähnlich. Doch kann der Kurs nur in engen Grenzen schwanken, weil es natürliche Grenzwerte für diese feste Annuität gibt: die Rentabilität beim Schuldner bei steigendem und das Interesse beim Gläubiger bei fallendem Zins. Es läßt sich überschauen, daß damit ein elastisches Mittel gegeben ist, um mehr oder weniger Geld in der volkswirtschaftlich richtigen Weise aus der Kaufgeld in die Leihgeldsphäre übergehen zu lassen.

Wenn zum Beispiel viel flüssiges Geld vorhanden ist oder die Unternehmen weniger Investitionsmittel brauchen; wenn also wenig Bedarf und Neigung besteht, Geist in Geld unternehmerisch zu investieren, dann wird der allgemeine Jahreszins vielleicht merklich sinken und (bei vier Prozent etwa) an die Grenze kommen, bei der das Interesse am Kaufen größer ist als am Sparen und Verleihen: es bleibt Geld in der Kaufgeldsphäre, das bei höherem Zins Anlage suchen würde. Das Ergebnis ist, daß durch größere Kauftätigkeit wiederum die Produktion angeregt und ein Sog in Richtung Leihgeld durch höheren Zins erzeugt wird. Umgekehrt wird bei engem Geldmarkt oder hohem Bedarf an Investitionskapital eine steigende Jahresannuität an die Rentabilitätsgrenze (vielleicht zehn Prozent) stoßen und die Nachfrage nach Leihgeld begrenzen. In dieser

Weise ist ein organisches Prinzip tätig, das sich dann in den Kreislauf von Leihgeld, Schenkungsgeld und Kaufgeld fortsetzt. Wenn heute zum Beispiel eine Zeitlang ein großer Zufluß an Leihgeld stattgefunden hat, dann wird (wie die Wissenschaft weiß) mit dem Ablauf dieses starken Produktivitätsfortschrittes ein (zyklischer) Rückschlag entstehen. Dadurch, daß in unserem Modell dann später größere Kaufkraft von selbst in das Schenkungsgeldgebiet fließt, wird eine Krise vermieden.

Der ›Vorteil‹ ist ein berechtigtes Element im wirtschaftlichen Verhalten, die Spekulationen an der Börse und in der Wirtschaft sind Auswüchse des Profitprinzips. Wenn jemand, weil er Geld notwendiger hat als den jährlichen Zins einer Anleihe, diese verkauft an einen, der gern diesen Zins haben möchte, so ist der damit börsenmäßig zustande kommende Preis eine notwendige Funktion des Geldes, durch welche der Wirtschaft ein bisher unbekanntes Maß an Rationalität, Stetigkeit und Sicherheit gegeben wird, weil sich die Tendenz zum Ausgleich auch hierin auswirken kann. Es wird sich dann nämlich ergeben, daß – umgekehrt wie heute – älteres Leihgeld billiger wird und dadurch kurzfristig rentable Investitionen einen leichteren Start haben. Die Laufzeit des Geldes wird wie heute abhängen davon, wofür es gebraucht wird; es wird immer langfristige, mittelfristige und kurzfristige Bedarfsfälle für Unternehmensgeld geben. Ein neues Unternehmen wird man möglichst langfristig finanzieren müssen. Eine Anlage mit zwanzig- bis dreißigjährigem Zinsgenuß wird attraktiver sein als eine kurzfristige für nur fünf Jahre; das letzte drückt den Preis für die kurzfristige Geldanlage, vorausgesetzt, daß die Währung stabil bleibt, wovon wir ausgehen (heute werden die Laufzeiten auch wegen der Unstabilität der Währungen immer kürzer, aber die Lasten für die Schuldner dadurch höher, wodurch der Kapitalmarkt in eine hektische Verfassung kommt).

Kredit heißt ›Vertrauen‹. Alle Einwände, die gemacht werden gegen die hier vorgetragenen Gedanken, haben Gewicht nur dann, wenn man heutige Erfahrungen nicht zurücklassen kann, indem man hier den Übergang gedanklich vollzieht von der Situation des sozialen und individuellen Mißtrauens in eine Struktur, die durch ihre Einrichtungen die Bedingungen für eine Situation des sozialen Vertrauens schafft. Das setzt voraus, daß Kredit unter der Ägide der sozialen Vernunft gegeben und genommen wird und nicht in der Absicht, die Sozietät dadurch für den eigenen Profit auszunutzen.

Klar ist damit, daß nun völlig abgesehen wird von der Kreditschöpfung der Geschäftsbanken, also von der Möglichkeit der Banken, durch den Refinanzierungstrick die Miniaturnotenbank zu spielen. Fällt diese Geldschöpfung weg, dann tritt das von selbst in Erscheinung, was das sowjetische Staatsbanksystem durch den charakterisierten Kassaplan der Notenbank mit Hilfe laufender Einnahmen- und Ausgabenstatistiken bürokratisch ermitteln muß: der Bargeldumlauf, der nicht durch Interessen von Geschäftsbanken in Verwirrung kommen kann, wird durchsichtig und der Geldmarkt überschaubar. Das ermöglicht verschiedene Modalitäten der Kapitalbeschaffung.

Langfrister und kurzfristiger Geldbedarf in unterschiedlichem Umfang wird sich zu verschiedenen Zeiten mit unterschiedlicher Dringlichkeit geltend machen. In dieser Situation ist die Ausgabe neuer Noten mit der jeweiligen Laufzeit der Anleihe ein ordnendes Prinzip. Die Ergiebigkeit des Geldmarktes zeigt sich in den Quantitäten der Jahresdaten der Umlaufmittel. Kurzfristige Obligationen werden nicht so gerne als Anlage gekauft werden des kürzeren Annuitätengenusses wegen und deshalb billiger sein (ob sie gekauft werden, wird dann auch davon abhängen, ob langfristige gerade zu haben sind).

Daß das Verfallsdatum auf dem Umlaufgeld aufgedruckt ist, mag man auch als psychologische Maßnahme gegen das Horten von Geld betrachten; aber dieser Punkt wird von den Geldreformern überschätzt. In sicheren Verhältnissen wird nur ein Dummer Geld im Strumpf untätig liegen lassen; wenn er es doch tut – wem schadet es, wenn er seinen Vorteil nicht nützt?

Eine andere Möglichkeit ist die Konzentration von Schenkungsmitteln zum Zwecke größerer Kulturbauten: Angenommen, eine Interessentengruppe habe ein Bauvorhaben für kulturelle Zwecke geplant, zum Beispiel ein Theater oder eine große Schule. Für diese Zwecke kommt Leihgeld nicht in Frage, weil es zu teuer wäre; Theater- und Schulbauten verzinsen sich nicht, und da der Steuersäckel nichts mehr dafür enthält, muß das seinem Endtermin entgegengehende Schenkungsgeld herhalten. Es könnten sich also Konsortien bilden, die nicht nur ihre Schenkungsrechte sammeln, sondern auch im Obligationenhandel bald auslaufende Werte kaufen, die vielleicht nur noch fünf oder weniger Prozent des ursprünglichen Betrages kosten, aber als Schenkungsgeld den vollen Wert haben. Man sieht, daß jetzt ähnliche Initiativen, wie sie heute nur zur Profitierung auf dem Wirtschaftsgebiet sich vollziehen und das Geld in die Leihgeldsphäre hypertrophisch hineinlokken, sich nun für das Kulturgebiet entfalten können, die deshalb Aussichten haben, weil sie die Initianten – nichts oder wenig kosten; andere, die kein Interesse an individueller Schenkung haben, werden einen Anreiz finden, ihre auslaufenden Titel abzugeben, wenn dadurch der Kurs steigt.

4. Die neue Kulturmission des Geldes

Hier ist der Punkt, auf den diese Untersuchung zielt, indem sie darzustellen suchte, welchen Weg das Geld in der Geschichte genommen hat. Der Säkularisierungsprozeß hat es dahin gebracht, daß das Finanzkapital keinerlei soziale Funktion mehr hat. Es ist dadurch zum Feind des Kulturfortschritts geworden. Die beiden Weltkriege (und was dazwischen lag) und der ökonomisch-imperialistische Großkampf, in dem wir stehen, der keinen Frieden kennt, sondern nur Waffenstillstände, sollten uns belehren, daß ein Kulturfortschritt nur dadurch möglich ist, daß es erstens ein Kulturleben gibt, das die Verantwortung für die Kultur und Bildung erhält und übernimmt, und daß zweitens Einrichtungen geschaffen werden, in denen von dieser Verantwortung aus die Kapitalverfügungen entscheidend mitbestimmt werden können, die also dieser Verantwortung auch in der Geldordnung Rechnung tragen.

Am Beginn des dramatischen Lebenslaufs des Geldes gab es jene Institution des geistigen Lebens, die das Geld hütete und allein verantwortete. Heute müßten sich die führenden Köpfe der Verantwortung bewußt werden, die sie in bezug auf die sozialen Auswirkungen der Geldordnung innerhalb einer pluralistisch aufgelösten Gesellschaft haben. Der Egoismus war sozial unschädlich, solange der einzelne bestimmt wurde durch eine, wenn auch zunehmend dekadent werdende, aber doch ursprünglich geistig-hierarchische Ordnung. In einer Gesellschaft, deren Existenz davon abhängt, daß die Individuen von ihrer Freiheit einen sozialen Gebrauch machen, muß der Egoismus aus den gesellschaftlichen Einrichtungen mit Stumpf und Stiel ausgerottet werden.

Die äußeren Tatsachen werden in den nächsten zwei Jahrzehnten bereits gezeigt haben, daß die Selbst-Sucht ihre Aufgabe erfüllt hat, die darin bestand, dem Ich des Menschen, der geistigen Individualität und Selbständigkeit zur Geburt zu verhelfen. Aber der Umstülpungsvorgang, von dem bereits die Rede war, ist noch nicht abgeschlossen; er hat zwar die Welt und die Gesellschaft schon so umgekehrt, wie es in diesem Begriff ausgedrückt wird, jedoch fehlt in diesem Prozeß noch die Umkehrung des sozialen Bewußtseins der Individuen, die in der nächsten Zukunft um den Preis der Existenz diese Umkehr vollziehen müssen.

Solange die Menschen ihr Ich erst suchten, mußten sie ihre Urteilsgrundlagen von der eigenen Person und Stellung aus und auf ihr egoistisches Ich, ihre Selbst-Sucht gründen, wie heranwachsende Menschen, bevor sie die innere Sicherheit aus dem Bewußtsein ihrer eigenen Mündigkeit erlangt haben. Schon die heutige universelle Abhängigkeit aller von allen, die globale Interdependenz der Menschheit, wird diese Umkehr des sozialen Bewußtseins Schritt für Schritt aus Sachzwängen heraus fordern und das Miteinander, die universelle Kooperation und die menschheitliche Solidarität auch zur Leitlinie der soziologischen Forschung machen müssen. Eine solche Wandlung des sozialen Bewußtseins kann sich aus solchen Ideen wie die der dreigliedrigen Geldordnung vorausschauend vollziehen.

Der Begründer der modernen Soziologie, Auguste Comte (1798 – 1857), naturwissenschaftlicher Denker und Schöpfer einer »positivistischen Religion«, stellte an die Spitze seines Zukunftsstaates den Bankier. Das erscheint uns heute wie Hohn und war gewiß auch in der positivistischen »Soziokratie« von Comte eine absurde Idee. Aber ist sie nach der Umstülpung des sozialen Bewußtseins wirklich noch so absurd? Prüfen wir!

Warum sollen Banken im privaten oder staatlichen Eigentum stehen? Die Welt ginge nicht unter, wenn sie niemandem gehörten, sondern als Institution des öffentlichen Rechts mit sozialer Aufgabenstellung verwaltet würden. Nur in einem solchen Status haben die Banken auch die Selbständigkeit und Neutralität, die sie brauchen, um diese Aufgabe selbstlos im Interesse des Ganzen zu erfüllen. Die Notenbank ist dann (zusammen mit ihren örtlichen Instituten) wirklich der Mittelpunkt des Blutkreislaufs, aber ihre Filialen sind weder Befehlsempfänger noch Gegenspieler, sie sind die Wahrnehmungsorgane des sozialen Organismus für die wirtschaftlichen Vorgänge, weil sie durch das Geld am ›Pulsschlag‹ des sozialen Lebens teilnehmen. Ihre Verwaltung hört und fühlt diesen Puls und kann heilende Funktionen ausüben wie der Arzt, der seine asklepische Wissenschaft versteht und im hippokratischen Eid den Inbegriff seines Berufsethos vor Augen hat. Wie im Einzelorganismus, so gibt es auch im sozialen Organismus lebenerhaltende und heilende, wie auch abbauende und kränkende Prozesse.

Die Personen, die dann an der Spitze des Geldwesens stehen, sind die eigentlichen Soziologen der Zukunft – nicht kühl abseits stehend und nur registrierend oder analysierend, sondern auf sozialem Gebiet die ›Initianten der sozialen Aktion‹. Die soziale Initiative des Bankiers ist mit Hilfe einer organischen Geldordnung für den ganzen sozialen Organismus das gleiche, was in gutem Sinne die unternehmerische Aufgabe für die Wirtschaft darstellt; im Zusammenwirken beider liegt die Gewähr für das soziale und das wirtschaftliche Gleichgewicht.

Die Geldverwaltung ist somit der Treffpunkt der Erfahrungen und Impulse des ganzen sozialen Organismus, der aber den Quell für seine heilenden und belebenden Kräfte im Kultur- und Geistesleben hat. Der Bankier wird daher die Erfahrungen des Wirtschaftslebens mitbringen müssen, wenn er sich im Auftrag der Leitung des geistig-kulturellen Gebiets an die Spitze des Bank- und Geldwesens gestellt sieht. Daß er diesen Auftrag gerade vom Kulturleben erhalten wird, ist heute noch schwer zu begreifen, aber es liegt in der Natur der Sache, wenn man sie recht verstanden hat.

Der Bankier als ›Zentralfigur‹ einer arbeitsteilig gegliederten Gesellschaft, die im Geldwesen ihr mittleres System hat zwischen Wirtschaft und Kultur (wie der Mensch den Blutkreislauf zwischen Stoffwechsel- und Nervensystem), ist dann nicht mehr das abstoßende Symbol des ›häßlichen Gottes‹, sondern – sit venia verbo – der neue verantwortliche ›Priester‹ des selbstlosen Geldes, das in seinen Händen das soziale Instrument par excellence ist.

Denn je tiefer man in das Geldproblem eindringt, um so enger findet man es verquickt mit der sozialen Frage. Sie ist ohne eine Enträtselung des Geldes nicht zu lösen. Man muß daher das gesunde Geld und die neue Gesellschaft in unlösbarem Zusammenhang sehen und betrachten. Dann aber lassen sich Stück für Stück die Elemente einer sozialen Architektur entwickeln, die ein trinitarisches Fundament hat: nicht ideologischer Staatssozialismus als Gleichheitsprinzip, und nicht ideologischer Wirtschaftsliberalismus als Freiheitsprinzip, denn dies sind die zerrissenen Kleider der trinitarischen Sozialformel, die vorläufig nur als ein zerfetztes Ideal über den »fehlerhaften und sündhaften« Einrichtungen der pluralistischen Gesellschaft schwebt.

Das Geld *hat* eine Kulturmission, indem es das Kultur- und Geistesleben auf eigene Füße stellt; damit kommt das Freiheitsprinzip dahin, wohin es gehört. Hat erst das Bildungswesen die volle Freiheit, dann hat es auch die volle Verantwortung für die Menschenbildung. Es wird sich dann nicht die Bildungsziele vom wirtschaftichen Utilitarismus und vom staatlichen Opportunismus vorschreiben lassen; durch diese kommen die sozialen Fähigkeiten der Menschen heute in der Bildung zu kurz, als da sind: freie Urteils- und Entscheidungsfähigkeit, Sinn für Gerechtigkeit und der Wille zur Brüderlichkeit. Sie sind im Menschen ebenso angelegt wie der Zahlensinn und die technischen Fähigkeiten. Gerechtigkeit wird sich dann auf demokratischem Boden, Brüderlichkeit auf dem Felde der wirtschaftlichen Kooperation sozial entfalten. Da sind sie dann richtig.

Was das Geld wirklich wert ist, das zeigt sich dann als das Resultat der individuellen und der sozialen Leistungen der gegliederten Gesellschaftsstruktur.

VIII

Nationalwirtschaftliche und internationale Währungsproblematik

1. Stabilisierung der Währung – grundlegende Erkenntnisse

Seit es Papiergeld gibt, hat die Geldwissenschaft große Anstrengungen gemacht, zu klären, wie das substanzlose Geld seinen Wert bekommt und wie dieser in Anbetracht der unbegrenzten Vermehrbarkeit des Geldes erhalten werden kann. Der dargestellte Kampf zweier Schulen in England – der Banking- und der Currency-School – ist dafür symptomatisch. Wenn man sich vergegenwärtigt, daß die Notenbanken in der Welt ungeheure Golddepots unterhalten, dann sieht man: diese Frage wartet noch auf ihre Lösung. Fast gespenstisch taucht sie anläßlich aller Währungsveränderungen wieder auf, die auf einen fieberhaften, bald schleichenden, bald akuten Krankheitszustand der Währungen deuten. Der Banking- und Currency-Steit hat gleichsam in der Praxis zu einem Arrangement geführt, über das man nicht mehr viel spricht, die sogenannte Goldkern- oder Goldbarrenwährung: innen noch ein goldener Kern, der aber gleichsam so ›in Papier eingepackt‹ ist, daß man nichts davon sieht und am Geldwert nichts merkt. Die große Kunst ist nur noch – den ›Schein‹ zu wahren, daß das Papier allein den Wert hat und behält.

Unter der Überschrift »Währungspolitik des Als-ob« versucht Otto Veit[85] den Begriff der Währungspolitik der Zentralbank zu definieren. Er findet dabei »recht merkwürdige Probleme«: daß der Begriff der Stabilität einer Währung in Theorie und Praxis nicht eindeutig festliegt; daß die Zentralbankgesetze die Stabilität nicht eindeutig fordern; daß die Zentralbanken in unseren Tagen nur bedingt in der Lage sind, eine irgendwie definierte Stabilität zu sichern. Er untersucht die Notenbankgesetze verschiedener Ländergruppen und kommt zu dem Ergebnis, daß die Vorstellungen über Währungsstabilität noch jener Epoche entstammen, die mit der Wiedereinführung der Einlösungspflicht der Banknoten gegen Goldmünzen durch die *Peelsakte* in England (1844) begann und durch die Währungsvernichtungen dieses Jahrhunderts zu Ende ging –

die Epoche des Goldstandards. Aber es sei keineswegs verblendet, zu glauben, daß der Goldstandard noch eine Zukunft habe.

Da, wo in Notenbankgesetzen die Stabilitätsvorschrift umrissen ist, zeige es sich, daß die in Frage kommenden Bestimmungen kaum greifbare Inhalte haben; diese Zentralbanken verhalten sich ebenso wie die, deren Goldstandard ersatzlos beseitigt ist. Die Notenbanken »genießen« also einerseits »rechtlich eine völlige Ungebundenheit«, während andererseits »die Politik der Notenbanken gleichsam durch einen latenten Goldstandard festgelegt (ist)«. So zeigt sich am Ursprung der Währung selbst, daß das Problem der Währungsstabilität heillos verknäuelt ist. Wie löst man ein solches Knäuel auf? Man muß die dabei entscheidenden Primärfaktoren genauer untersuchen.

In der Stabilisierungsfrage kreuzen sich in undurchdringlicher Weise drei Dinge: das Zusammenspiel von Notenbanksystem und Geschäftsbankensystem in der Geld- und Kreditversorgung (das dargestellt wurde); die Preisbildung und die Gesellschafts- und Wirtschaftsordnung. Fängt man beim letzten Punkt, der Wirtschaftsordnung an, dann fällt der Blick sogleich auf den sogenannten Arbeitsmarkt und den Kampf zwischen Gewerkschaften und Arbeitgeberverbänden um den ›Preis der Arbeit‹, den Lohn, und auf die sogenannte Lohn-Preis-Spirale.

ARBEIT UND KAPITAL

Unter dem Gesichtspunkt der Geldstabilität ist dieser Kampf so vernunft- und witzlos wie nur irgend denkbar. Jedermann weiß, daß die Grundlage für die Bildung der Preise die vorweggenommene Bildung der Einkommen ist. – Alle ihre Darbietungen gibt die Natur umsonst. Nicht die Preise bilden die Einkommen, sondern die Einkommen haben vorher die Preise gebildet. Bevor es zur Arbeitsteilung kam (also in der mittelalterlichen Markt- und Zunftwirtschaft), wurden die Preise und das Einkommen beim Tausch der Fertigprodukte auf dem örtlichen Markt gebildet; Zünfte und Zunftordnung, Markt und Marktordnung hatten ihr Sozialethos: ehrbare Nahrung für jeden im gleichen Gewerbe, Gerechtigkeit für den Konsumenten.

Die Arbeitsteilung zeitigt eine unerhörte Produktivität durch das Zusammenwirken der Polarität von Arbeitsaufwand einerseits und organisierter Arbeitseinsparung andererseits mit

Hilfe der Teilung des Arbeitsprozesses (Rationalisierung). Das ist etwas völlig Neues. Blickt man auf die bisherige Darstellung zurück, dann sieht man in der Organisation der Arbeit die geistige Leistung tätig, repräsentiert durch das Kapital oder den darin ›realisierten Geist‹. Natur, Arbeit *und* Geist (Kapital) müssen also zusammenkommen, um in der Arbeitsteilung volkswirtschaftlich tätig und produktiv zu werden. Da die Natur ihre Güter umsonst gibt, bleiben zwei Faktoren für die Preisbildung übrig: Arbeit und Kapital.

Die geldwissenschaftliche, von Arbeitgeberseite vertretene Modetheorie ist zur Zeit, daß die Preise nicht steigen, solange die Lohnerhöhungen (Kosten der Arbeit) nicht mehr ansteigen, als der Produktivitätsfortschritt ausmacht oder, anders ausgedrückt, solange der Kapital-(Intelligenz-)Einsatz durch Arbeitseinsparung die Arbeitskosteninflation kompensiert. Gelingt es der Politik der Gewerkschaften (durch expansive Lohnpolitik), die Spanne zwischen Senkung der Kosten und unveränderlichen Verkaufserlösen für die Erhöhung der Löhne auszunutzen, dann fällt der durch den technischen Fortschritt erreichte Gewinnzuwachs ganz den Arbeitern zu; alle anderen gehen leer aus. Das wäre sozial ungerecht und unhaltbar. Denn der Produktivitäts*fortschritt* wird ja nicht der Arbeit, sondern dem Geist (Kapital) verdankt. Die Wirklichkeit sieht daher auch anders aus: Wenn eine, und sei es die kleinste Gewerkschaft, eine Lohnerhöung durchgesetzt hat, folgen alle Löhne und Einkommen wie eine Lawine hinterher.

Es ist also ganz absurd, wenn durch einen antagonistischen Gegensatz die Preisbildung so korrumpiert wird, daß sich der durch Geist (Kapital) erzielte Produktivitätsfortschritt nicht in einer *Senkung* der Preise *sozial* und *gerecht für alle* auswirken kann.

Erstes Ergebnis: In der Wirtschaftsordnung ist ein historischer Gegensatz bestimmend, der seine letzte Ursache im Eigentumsrecht hat; aus diesem sind hervorgegangen: das Lohnsystem, der Arbeitsmarkt, das Gewinn- und Profitdenken, der Kampf der Großorganisationen um den Preis der Arbeit und die Tendenz zur Gewinn- und Lohnmaximierung; das Gewinnmaximierungsprinzip hat konsequenterweise die Lohnmaximierung zur Folge. *Keine Notenbank ist in der Lage, mit ihren Erkenntnismitteln die Wirkung dieses Antagonismus mit seinem Gruppenegoismus auf den Geldwert vorauszusehen und durch ihr Instrumentarium zu paralysieren.*

Die Gesellschaftsordnung ist daran insoweit mitbeteiligt, als sie diese Gegensätze durch das Grundgesetz zur Grundlage des Gesellschaftssystems und damit permanent macht. Egoismus und Kampf sind systemkonform!

Zweites Ergebnis: *Der Kaufkraftschwund, der sich durch diese Widersprüche im System ergibt, kann der Währung nicht zur Last gelegt werden.*

DER KAMPF AUF DEN GELDMÄRKTEN

Der nächste Punkt bezieht sich auf die Preisbildung. Hierbei sind wir durch die eben dargestellten Gegensätze bereits in einen Sekundärkreis eingetreten. – Das aus den Primärfaktoren der Konkurrenz und der Marktwirtschaft hervorgegangene individualistische Profit- und Gewinnprinzip führt zur Akkumulierung des Kapitals, der wirtschaftlichen Macht, zur Bildung von Monopolen und Oligopolen. Worum kann es dann bei der Preisbildung nur gehen? Nicht um den gerechten Ausgleich der beiderseitgen ›Vorteile‹ beim Kauf und Verkauf, sondern um Marktbeherrschung: die Preise werden – der Tendenz nach! – nicht durch Kooperation (von polaren Verbänden der Produktion und Konsumtion, wie wir es gerne sehen möchten) marktmäßig gebildet, sondern korrumpiert.[86] Das führt zu weiterer Geld- und Kapitalanschwemmung, zum Flugsand-Kapital, das ohne soziale Verpflichtung international seine Rendite sucht und im Prinzip die Währungen und Notenbanken dadurch zwangsläufig manipuliert, daß es international gerade ihre Währungsmaßnahmen für sich ausnutzt. Damit paralysiert das bindungslose Finanzkapital das Notenbankinstrumentarium.

Drittes Ergebnis: *Das Spiel des objekt- und subjektlosen Finanzkapitals verlagert den Kampf um Gewinn und Profit auf das Feld der internationalen Währungen.* In dem Schachspiel zwischen beiden ist die Notenbank immer der Spieler, der erst den zweiten Zug hat; sie befindet sich im Zwielicht in bezug auf die wirkliche Situation, weil schon zwei Faktoren in undefinierbarer Weise ineinandergreifen, der Kampf auf dem Arbeitsmarkt und auf den Geldmärkten.

Die Widersprüche in den individualistischen Verhaltensweisen kann die Notenbank weder rechtzeitig deuten noch mit währungstechnischen Mitteln und mit Aussicht auf sicheren Erfolg in ihrer Wirkung auf das Geldwesen ausmanövrieren.

Auf einer dritten Ebene haben wir es mit einem Tertiärkomplex zu tun, in welchem das Wirtschaftsprinzip und die Eigentumsordnung, die Häufung der Macht durch den Kapitalzusammenfluß in den Händen von Personen, »die lediglich Verwahrer von Kapitalien sind«, und der Dualismus von Sozialprinzip und Individualprinzip ein undurchdringliches Dickicht von Tendenzen, Aktionen, Lobbyismus im Kreise von Wirtschaft und Banken bilden. In diesem Knäuel von Gegensätzen haben alle im Instrumentarium der Notenbank gegebenen Eingriffsmöglichkeiten eine ambivalente Wirkung.

Die Notenbank kann mit ihrem Instrumentarium wohl die Geldmenge und das Kreditvolumen beeinflussen, aber ihre Maßnahmen wirken sich im Bereich des Großkapitals und der Banken, im politischen Sektor und in der Wirtschaft oft in unerwünschter Weise aus. Ihre Eingriffe gleichen scharfen Medikamenten mit unausbleiblichen Nebenwirkungen – die man allerdings in Ermangelung eines Besseren dann glaubt, in Kauf nehmen zu müssen.

Viertes Ergebnis: *Währungsstabilität ist aufgrund der aus der Wirtschaft, der Politik, dem internationalen Kapital über das Geschäftsbankensystem in das Währungsgebiet eingeschleppten undefinierbaren individualistischen Strategien auf Dauer nicht durchzusetzen* – wie die Untersuchung von Veit bestätigt.

Die Schlußfolgerung ist: In diesem System gibt es keine *sachgemäßen* Verantwortlichkeiten. Die Kompetenzen und Verantwortungen sind nicht dort, wo sie organisch hingehören, und da, wo sie liegen, sind sie nicht voll wirksam. Das hat seinen Ursprung in den falschen Funktionsprinzipien dieses Systems. Kann es wirklich Meinungsverschiedenheiten – jedenfalls heute noch – geben, in welchem Bereich ›Währung‹ entsteht und infolgedessen gewährleistet werden muß? Wo man auch immer das Problem anpackt: das Geld ist zwar im gesamten sozialen Organismus als Dynamismus, als ›virtuelle‹ Anlage vorhanden, aber das konkrete Geld läßt sich von den konkreten Vorgängen in der Wirtschaft so wenig trennen wie der Schatten als untrennbarer Begleiter von Peter Schlemihl.

Die Verantwortung für das Geld obliegt der Wirtschaft. Durch wirtschaftliche Tätigkeit erhält das Geld seinen Wert, nicht durch Gold. Unter wirtschaftlichem Aspekt haben auch staatlich-rechtliche Funktionen (als Dienste) und kulturelle

Leistungen (als Zukunftserträge) einen in Geld ausdrückbaren Wert. Da nun aber gerade die Wirtschaft für sich selbst am meisten (abgesehen vom Kulturleben) auf kaufkräftiges Geld angewiesen ist, kann man es nur als Paradoxie bezeichnen, daß sie die Verantwortung dafür der Notenbank aufbürdet. Aber die Wirtschaft kann die Verantwortung in ihrer jetzigen Verfassung gar nicht übernehmen, weil ihr Individualprinzip im vollen Widerspruch zum Sozialprinzip steht, dem sie bei der Übernahme der Währungsgarantie verpflichtet wäre.

Die Folgen des Individualprinzips der freien Konkurrenzwirtschaft: es entsteht kein Wirtschaftsorganismus, sondern nur ein mühsam manipuliertes Chaos; so hat es begonnen und so hat es Krisen über Krisen erzeugt. Die Kapriolen des Geldes sind daher doch nur die Indikatoren für das Versagen des Wirtschaftsprinzips!

Es ist überraschend, wie wenig Aufmerksamkeit in der Geldliteratur diesem Zusammenhang zugewendet wird. Man lebt in der fixen Idee, die Forschung auf die Möglichkeiten und Grenzen der bestehenden Währungseinrichtungen beschränken zu müssen. Obgleich dann in jedem Fall das Urteil negativ ist, wird nach den tieferen ursächlichen Zusammenhängen nicht gefragt. Man kann daraus nur den Schluß ziehen, daß der Zukunftshorizont der Menschheit umwölkt und konfliktgeladen ist, solange die Eigengesetzlichkeit des heutigen Geldwesens nicht erkannt ist und die Forschung, in den Kerker des bestehenden Denksystems eingeschlossen, nur in Faktizitäten wühlt.

AUSWEG AUS DEM DILEMMA

Welchen Beitrag kann diese Isolierung der Einzelkomplexe Wirtschaft/Gesellschaft/Lohn/Preis/Dualismus des Bankensystems leisten, um die Eigengesetzlichkeit des dreigliedrigen Geldes noch etwas plastischer hervortreten zu lassen?

Wenn das Geldwesen in der Verantwortung der Wirtschaft steht, wenn diese sich kooperative Organe geschaffen hat – Assoziationen anstelle der heutigen Dissoziationen –, dann liegt die Verantwortung einzelwirtschaftlich, technisch und volkswirtschaftlich bei solchen Branchenverbänden.

Innerhalb dieser Branchenassoziation gibt es keine Konkurse mehr.

Heute gibt es diese Branchenvereinigungen auch; wenn eines

der Mitglieder Konkurs macht, freuen sich die anderen, weil sie die einzig brauchbare Hinterlassenschaft zu übernehmen hoffen – die Kunden. Da jeder Konkurs eine Ausbuchung aus der geldwirtschaftlichen Gesamtbuchhaltung bedeutet, wäre die selbstverständliche Solidarität innerhalb der Branche demgegenüber die Garantie gegen Fehlplanungen und volkswirtschaftliche Geldverluste, die heute die Allgemeinheit trägt, ohne gefragt zu werden.

Die Solidarität innerhalb der Branchen begründet die Solidarität der Wirtschaft im ganzen. Diese kann und wird ihren Vorteil vor allem in einer Stabilität der Währung und des Geldes sehen, weil dadurch allein eine gerechte Preisbildung und eine Stetigkeit der Kalkulation möglich ist; nur so kommt Vernunft in die Beziehungen der Einzelunternehmungen und der Verbände untereinander. Es ist nicht zu berechnen, welche Arbeitsersparnisse und welche Verbesserung der menschlichen und der arbeitsmäßigen Beziehungen die Folge wären.

Der Dualismus von Notenbank und Geschäftsbanken verliert damit seinen Boden.

Ist dieser Dualismus aufgehoben, dann ergibt sich die sachgemäße Funktion der Geschäftsbanken als Mittler zwischen der Wirtschaft und der Notenbank. Insgesamt sind die Geschäftsbanken Zentren der Hauptströme des Geldes einerseits, während andererseits bei ihnen die mikro-ökonomischen Erfahrungen und Sachkenntnisse mit den makro-ökonomischen des Währungsgebietes zusammentreffen.

Die Geschäftsbanken können dadurch Währungs- und Urteilsorgane für den sozialen Organismus werden. Die Sorge um die Währungsstabilität obliegt mithin nicht mehr der Notenbank allein, sondern der Kooperation und Solidarität aller Banken.

Aufgabe der Wirtschaftsbanken ist es nun, das Geld zu sammeln und den Kredit zu beurteilen, Aufgabe der Notenbank ist die Geldschöpfung, Geldausgabe und Geldeinziehung.

In ihrer Aufgabe ist die Notenbank autonom und privilegiert. Bei der Notenbank liegt die Geldemission, so wie die Schöpfung der roten Blutkörperchen im roten Knochenmark. Wie der Organismus in der Lage ist, diese Lieferung von roten Blutkörperchen in das Blut – jederzeit! – auszuweiten und zu reduzieren, so ist auch die Notenbank das elastische Organ für eine in den Wirtschaftsvorgängen begründete Geldversorgung des Geldkreislaufes.

Die wissenschaftliche Analyse sieht die Zusammenhänge wohl und formuliert ihr Fazit folgendermaßen: »Das System leidet heute unter einer inhärenten Tendenz zur Inflation, weil es weder für die Geldschaffung noch bei der Festsetzung des Lohnniveaus feste Grenzen gibt. Die Freiheit in der Geldschaffung ermöglicht die Finanzierung nachfrageinduzierter Inflation, und die Möglichkeit zur Festsetzung einer mit Preisstabilität nicht zu vereinbarenden Lohnhöhe bringt die Gefahr einer lohn-induzierten Inflation mit sich. Die Verhältnisse sind in den meisten Ländern der freien Welt etwa die gleichen, so daß das Weltpreisniveau gewissermaßen von zwei Seiten hochgeschaukelt wird.«

Weil das so ist, schlagen Bosch und Veit einen »Zentralrat« vor, »bestehend aus etwa den Zentralbankpräsidenten der ökonomisch bedeutendsten Länder der freien Welt«, der »laufend den Geldbedarf zu ermitteln hätte, wie er im Hinblick auf das Ziel der Vollbeschäftigung im System als Ganzem besteht«. Ferner hätte er »dafür Sorge zu tragen, daß das Geldangebot in der Welt in dieser Größe bereitgestellt wird«.[87]

2. *Weltwirtschaft und internationaler Währungsausgleich*

Im vorigen Kapitel sind die Faktoren dargestellt worden, die es unter den gegenwärtigen Umständen zu einer Sysiphusarbeit machen, Währung und Preise zu stabilisieren; dieses alte Bild des steinwälzenden Riesen beleuchtet treffend die Situation der Notenbankleitungen. Erst recht in der Verflechtung der nationalen Währungen (die einzeln ja schon in diesem Dilemma stecken) mit dem internationalen Handel und durch die spekulativen Momente im internationalen Geldverkehr geht jede Sicherheit durch die Unberechenbarkeit der im Geldwesen wirksamen Aktivitäten verloren. Die Geldtheoretiker tun zwar so, als ob man diese Quadratur des Kreises doch noch lösen könne, in Wirklichkeit handelt es sich jedoch bei ihren Theorien nicht um Lösungsversuche, sondern um Balanceakte, bei denen sich die Gewichte fortwährend verschieben. Der Fachausdruck dafür heißt internationaler Zahlungsausgleich.

Es ist aber ganz aussichtslos: Wenn die Verhältnisse so kompliziert geworden sind, dann zeigt dies nur an, daß in der eingeschlagenen Richtung kein Fortkommen mehr möglich ist; das System verzehrt sich in seiner Kompliziertheit. Und so ist es ein empirisch bestätigtes Gesetz aller Entwicklung, daß nach solchen Stadien erst die Vereinfachung wieder Fortschritt ermöglicht, gewissermaßen einen neuen Start.

Eine solche Vereinfachung ist das dreigliedrige Geldwesen von Kaufgeld, Leihgeld und Schenkungsgeld, weil darin das Wesen des Geldes konkret und die Geldordnung durch einfache, aber grundlegende Veränderungen so praktikabel wird, daß das Geld nicht auch als sozialer Störungsfaktor wie heute, sondern als soziales Organ tätig ist. Und wie wir den Blutkreislauf nicht bemerken, solange er gesund ist, sondern nur dann, wenn er krank wird, so ist es auch beim Geld: gesundes Geld würde eine ähnlich selbstverständliche Funktion erfüllen wie ein gesunder Blutkreislauf – lebenförderndes Geld! Die Geld-*Probleme* kommen nur vom kranken Geld.

Die Gliederung des Geldwesens in der beschriebenen Weise setzt aber voraus, daß für eine internationale organische Geldordnung überhaupt ein Organismus vorhanden ist, denn das Geld kann – was hoffentlich ganz deutlich geworden ist – nur durch die in einem sozialen Organismus wirksamen geistigen Aktivitäten als ›Organ‹ entstehen und tätig werden. Das läuft auf die Frage nach einem – wirtschaftlichen – Weltorganismus und einer dazugehörenden Weltwährung hinaus. Ein weltwirtschaftlicher Organismus ist uns indessen nicht so gegenständlich wie der ›soziale Organismus‹ heute im sozialwissenschaftlichen Sprachgebrauch; hingegen ist mit dem Wort Weltwährung ein akturelles Thema berührt.

Es gibt etwa einhundertundvierzig nationale Währungen, die durch Wechselkurse aneinander gebunden sind, gleichgültig, ob dies durch freie, flexible oder feste Relationen geschieht. Die Quintessenz dieser verschiedenen Währungen und ihrer Relationen *ist* de facto ›Weltwährung‹, nämlich die *gegenwärtige* Form einer Weltwährung; sie ist in dieser Assoziierung aller Währungen eine reale Tatsache, die allerdings mit den Einzelwährungen leider durch deren Unstabilität das Schicksal teilt, als Währung – nicht zu ›währen‹; sie ist eine Währung, bei der man eigentlich gerade nicht mit der Stabilität, sondern mit ihren Schwankungen rechnet – und dafür sind die ›Währungsklauseln‹ erfunden worden.

Gesetzt, diese Währungen wären stabil, dann brauchte man nur eine gemeinsame Recheneinheit, um alle Währungen in dieser auszudrücken; man könnte dann international in dieser ›Welt-Währung‹ Preise und Werte einheitlich ausdrücken, wodurch Handel und Geldverkehr ungeheuer vereinfacht und erleichtert würden. Man könnte ..., aber man kann nicht, weil die nationalen Währungen Mittel der Politik sind und nicht, wie es sein sollte, Gegenstand der Eigenverantwortung der Wirtschaft.

So wie die Dinge heute liegen, ist eine auf derartig schwankendem Grund ruhende Weltwährung mit keinen theoretischen mathematischen Mitteln zu definieren, obwohl sie als Faktum besteht; sie ist als Weltwährung nicht rechenbar. Ihre Wirklichkeit ist begründet in der einfachen Tatsache, daß es seit dem vorigen Jahrhundert Weltwirtschaft gibt. Und so wie eine Volkswirtschaft *ihr* Geld hat und braucht, so braucht und hat die Weltwirtschaft *ihre* Weltwährung. In dieser großen, der Makro-Wirtschaft, sieht es in bezug auf das Geldwesen heute allerdings so aus wie einst im Münzen-Labyrinth, aus dem das moderne Papiergeld, die Banknote, erst hervorging; mit dem verworrenen, schwerfälligen Münzgeld konnte es nicht weitergehen; etwas Neues, universell Praktikables kam, das substanzlose, das Nur-Geld.

Die Weltwirtschaft ist das Ende eines Jahrtausende währenden Wachstumsprozesses. Es gab in der Vergangenheit schon weitreichende Handelsbeziehungen zwischen Völkern, Staaten und Erdteilen, deren wechselnde Schicksale mit dem Aufstieg und Abstieg der Kulturen, den Völkerbewegungen und den kriegerischen Auseinandersetzungen eng verknüpft waren. Aber Weltwirtschaft und Weltverkehr im heutigen Sinne gab es nicht. Zum Handel gehört der Begriff der Grenze, zum Begriff der Weltwirtschaft die Durchbrechung und Überwindung der Grenzen und eine Verschiebung im Wesen und in der Bedeutung der Volkswirtschaften.

Vom Gesichtspunkt der Weltwirtschaft aus sind politische und wirtschaftliche Grenzen Überbleibsel einer zurückliegenden Stufe der Wirtschaft; die Realität *ist* die Weltwirtschaft, während die Volkswirtschaften nur durch die historischen politischen Grenzen zwangsweise noch ein eigenes Leben führen. Darin liegt eine Zäsur, deren Konsequenzen noch ausstehen; sie beruht hauptsächlich auf der Tatsache, daß die Volkswirtschaften allein unter den Bedingungen ihrer begrenzten Territorien nicht mehr – wie die Naturvölker früher – leben könnten; sie würden dahinvegetieren. Die Weltwirtschaft ist die zweite, die wichtigere Existenzgrundlage geworden, weil durch sie die ganze Erde mit ihrer Produktivität und ihren

Bodenschätzen für alle Einzel-Volkswirtschaften erst voll nutzbar geworden ist (man denke nur an die Welt-Öl- und Energieversorgung). Mit Hilfe des Weltverkehrs haben die Völker und Staaten gewissermaßen durch den Übergang zur Weltwirtschaft ihre eigenen Territorien in die Weltwirtschaft ›eingebracht‹ (aber sie wollen diese Tatsache aus politischem und nationalem Eigennutz nicht realisieren). Das ist so einschneidend, daß seitdem eine durch die wirtschaftliche Expansion erdumspannende Dynamik in die Wirtschaftsentfaltung eingegriffen hat, die parallel in der Geldwirtschaft in intensiven Bemühungen des westlichen Systems ihren Ausdruck findet, auf kooperativem Wege Ordnung in den internationalen Zahlungsverkehr zu bringen.

Was ist durch den Übergang zur Weltwirtschaft wirklich Umwälzendes geschehen? Zum Wesen des Organismus gehört es, daß er entweder räumlich nach außen oder nach innen wachsen muß, wenn er nicht zugrunde gehen soll; das Gesetz des Organismus ist Wachstum und Wandlung. Nun, da die Erde ›politisch‹ und wirtschaftlich ›urbar‹ geworden ist[88], ist die *absolute Grenze* der äußeren Ausdehnungsmöglichkeit erreicht. Der Prozeß, der durch die egoistischen Triebkräfte der Menschen wie im Pflanzenwachstum nach dem Keimvorgang zunächst nur Sproß an Sproß in den Volkswirtschaften ansetzte, ist nun, im Stadium erdumspannender Weltwirtschaft, als Organismus voll entfaltet und muß sich in Knospe, Blüte und Frucht ›involvieren‹.

Das Beute-machen-Wollen ist in einer mündig gewordenen Menschheit an den Grenzen der Weltwirtschaft sinnlos geworden; ohne neue Kulturimpulse müßte der Kampf um die Märkte, der in Wirklichkeit nur noch Ausdruck ist für den auf dem Tiefpunkt angelangten Geld-Imperialismus, in eine allgemeine Zerstörung führen, deren Beginn erkennbar ist. Sie ist das Resultat eines Finanzkapitals, das den Charakter des absolut gewordenen, bedingungslosen und verantwortungslosen Egoismus angenommen hat, der den heutigen wirtschaftlichen ›Geilwuchs‹ erst hervorbringt und fortlaufend die Erde zerstört. Die menschlichen Beziehungen werden dadurch kulturlos und auf den Stand der politischen und moralischen Barbarei erniedrigt.

In dieser Situation spielen die Staaten, große wie kleine, eine verhängnisvolle Rolle, indem sie den definitiven Übergang zur Weltwirtschaft durch die Nationalstaatlichkeit und ihre politische Souveränität verhindern und durch ihre militärischen Rüstungen – unter Mißbrauch der volkswirtschaftlichen Produktivkräfte – sich auf künftige Kriege vorbereiten, anstatt auf Zusammenarbeit und internationale Solidarität durch Abbau ihrer Souveränität.

Worauf mit dem Bilde der Involution als Ansatz zum Blühen und Fruchten hingedeutet wurde, das müßte eine organische Geldordnung von selbst vollziehen, nachdem die Wirtschaft in der Weltwirtschaft ihre äußere Grenze erreicht hat: Kaufgeld, Leihgeld, Schenkungsgeld wären dann das Mittel, durch welches sich die Involution so vollziehen könnte, daß die wirtschaftlichen Kräfte sich nach innen kehren und das Kulturgebiet weltweit befruchten.

Der wirtschaftliche Wildwuchs, verursacht durch das ungebändigte Geld, das ohne soziale Verpflichtung sich den internationalen Währungsschwankungen zu entziehen und sie sogar auszunutzen versteht, würde durch die dreigliedrige Geldordnung zugunsten des Kultur- und Bildungswesens in der richtigen Weise zurückgestaut, das wirtschaftliche Wachstum würde dadurch aber keineswegs gehemmt.

Wenn man den gegenwärtigen Lauf der Dinge konsequent zu Ende denkt, wird man zu der Gewißheit kommen, daß die weltwirtschaftliche Stagnation mit tödlicher Sicherheit und unabsehbaren Folgen eintreten wird, wenn nicht durch Reduzierung der Wildformen des Geldwesens auf die einfache dreigliedrige Gesetzmäßigkeit für die wirtschaftliche Tätigkeit eine neue Expansionsmöglichkeit geschaffen wird – in einem pädagogischen, kulturellen Weltreich. *Innere Kolonisation* – dieser Begriff wurde nach dem Ersten Weltkrieg geprägt, als das Deutsche Reich seine überseeischen Kolonien verloren hatte; man könnte ihn für unseren Zusammenhang aufgreifen, um zu verdeutlichen, wie die Weltwirtschaft durch ›Erweiterung‹ des ›kulturellen Lebensraums‹ ein neues dynamisches Gleichgewicht gewinnen könnte. Das Mittel zu diesem Zweck – Schenkungen an den Kulturbereich – wurde ausführlich erläutert.

Eine internationale Geldordnung auf dieser Grundlage würde vor allem das Problem der Entwicklungshilfe wirklich lösen, die in der gegenwärtigen Form eher eine ›Verwicklungshilfe‹ genannt werden könnte. Darüber gibt es eine umfangreiche Literatur, deren Charakteristikum ist, daß am Ende die Resignation zu stehen pflegt, weil sich die heutige Kapitalverwendung in diesem Falle nolens volens als neue Methode des alten kolonisatorischen Ausbeutungssystems erweist. Was sich darin durch eine dreigliedrige Geldordnung ändert, soll noch kurz angedeutet werden, weil es zugleich den Begriff einer ›inneren kulturellen Kolonisation‹ verdeutlichen kann.

Die Entwicklungshilfe, so wie sie heute gehandhabt wird, rechnet nicht mit der Tatsache der Weltwirtschaft. Dadurch ist internationale Entwicklungshilfe nur eine andere Form von Handel. Auch die ›Schenkungsgelder‹, die reiche Staaten den armen Brüdern als Almosen geben, stehen nur auf der Anfangsstufe der Handelsbeziehungen, dem Austausch von Geschenken oder des ›do, ut des‹: man schenkt nicht Schenkungsgelder für die Überwindung des Bildungsrückstandes, sondern – Kaufkraft für den gegenseitigen Warenverkehr; das führt am Ende unweigerlich zu Stockungen.

Solange eine funktionierende internationale Währung und eine dreigliedrige Geldordnung fehlen, sind Ein- und Ausfuhr siamesische Zwillinge, sie beschränken sich auf eine – auf die Wirtschaftsebene. Baut man in einem Entwicklungsland große Stahlwerke (wie in Indien), dann kann es dahin kommen, daß dieses Land bald danach ein Dumping in Rohstahlblöcken machen muß, um Zinsen und Tilgung zahlen zu können, selbst wenn es damit preislich nicht auf seine Kosten kommt.[89]

Etwas anderes wäre es, wenn das in den hochindustrialisierten Ländern abgenützte Leihgeld für den kulturellen Aufbau in den Entwicklungsländern verwendet würde, durch den ja – wie wir dies dargestellt haben – nur konsumtive Kaufkraft geschaffen wird; in diesem Falle würde also keine Schleuderkonkurrenz der Entwicklungsländer mit Hilfe niedriger Löhne hochgezüchtet. Es ist wichtig, sich von der Tatsache zu überzeugen, daß – durch die erreichte Stufe der Weltwirtschaft – die Weltwirtschaft selbst der soziale Organismus ist, in welchem die einzelnen Volkswirtschaften dann keinen eigenen Wirtschaftsorganismus mehr darstellen, sondern höchstens eine Art von Zellen.[90]

Eine organische Geldordnung ließe sich heute aber auch für eine gegliederte Gesellschaftsstruktur im Rahmen einer Volkswirtschaft verwirklichen, solange es einen globalen Wirtschaftsorganismus noch nicht gibt; sie würde sich gegen internationale Störungen und Geldattacken schon zu schützen wissen; sie würde indessen durch das gesunde Geld ›anstekkend‹ wirken. Die Weltwirtschaft aber wird dem Kulturfortschritt erst durch eine organische Geldordnung dienen; bis dahin ist noch viel Lehrgeld zu zahlen.

In dem gegebenen Rahmen ließen sich hier nur wenige Aspekte der heilsamen Wirkung eines gesunden Geldes im internationalen Bereich darstellen. Wie die Situation wirklich ist, soll wenigstens durch einige Schlaglichter noch beleuchtet werden.

3. Bretton Woods – oder zurück zur Goldwährung?

Man könnte über dieses Kapitel auch die Fragen setzen: Bullionismus oder Weltwirtschaft? Oder: Wohin mit dem Gold?

Das Ideal für Weltwirtschaft und Weltverkehr ist die sogenannte freie Konvertierbarkeit der internationalen Währungen und eine ›Weltwährung‹. Man hat nach dem Zweiten Weltkrieg zwischen den wirtschaftlich führenden Ländern feste Wechselkurse festgelegt, die zweifellos dem Wiederaufbau der weltwirtschaftlichen Beziehungen gute Dienste geleistet haben. Solange bilateral abgerechnet wird, wie zum Beispiel zwischen den beiden deutschen Teilstaaten, handelt es sich nur um einen Kontenausgleich in den beiden staatlich fixierten Währungen; damit sind diese Handelsbeziehungen wieder nur die exakte Form des ›do, ut des‹; der Handelsverkehr vollzieht sich dadurch in staatlichen spanischen Schnürstiefeln.

Im Gegensatz zu dieser a-tempo-Verrechnung ist der multilaterale Handels- und Geldverkehr nach dem liberalen Prinzip viel freizügiger, weil sich der Ausgleich währungsmäßig vollzieht und durch internationalen Zahlungsausgleich ein elastisches Zwischenglied eingebaut ist. Export- oder Import-Überschüsse können dadurch eine Zeitlang aufgefangen werden. Wenn aber bei fortdauerndem Ungleichgewicht nicht glückliche Umstände oder internationale Hilfeleistungen dazukommen (um die Salden bei Defizit- und Überschußländern auszugleichen), dann kommt der Tag für den Offenbarungseid: das »fundamentale Ungleichgewicht« zwingt zur Änderung der Währungsparität. (In der Europäischen Zahlungsunion EZU hat man ein Instrument geschaffen, durch welches Überschüsse und Defizite der einzelnen Länder saldiert und abgerechnet werden. Daraus ergibt sich ein Plus- oder ein Minus-Saldo dem Fonds gegenüber, der durch Kredite des Fonds an die Mitglieder ausgeglichen wird – solange der Fonds dies leisten kann.)

Der Begriff ›Fundamental Disequilibrium‹ ist ein Hauptpunkt im Abkommen von Bretton Woods und will sagen, daß man sich auf der Suche nach einem neuen ›fundamentalen Gleichgewicht‹ befindet. Im Jahr 1944 versammelten sich in Bretton Woods, New Hampshire (USA), vierhundert Finanzsachverständige aus vierundvierzig Nationen zur ›Währungs- und Finanzkonferenz der Vereinten Nationen‹. Was hat sie zusammengeführt?

Äußere Anlässe dafür gab es wohl genug: das Ende des Zweiten Weltkriegs war abzusehen; in überwältigender Größenordnung erhoben sich die Aufgaben, die der Wiederaufbau nach den Zerstörungen des Krieges der Weltwirtschaft stellen mußte. Aber nicht weniger dringlich war die Frage, wie dann der Weltwirtschaft durch eine neue internationale Ordnung des Währungsausgleichs und des Kredites fortschrittliche Impulse gegeben werden könnten. Denn nur bis zum Ersten Weltkrieg war das internationale Geldwesen noch in Ordnung – scheinbar, muß man rückblickend sagen, denn die Geldkrankheit saß schon tief im Organismus der Wirtschaft, und der Erste Weltkrieg war für eine tiefere Betrachtungsweise wesentlich eine Folge dieser Krankheit. Aufgabe der Konferenz war es, einen Plan zu entwerfen, durch den der Handelsaustausch zwischen den Völkern wieder in Gang gebracht, das Geldwesen stabilisiert und ein Kapitalaustausch zwischen reichen und armen Nationen ermöglicht werden sollte.

Zuvor hatten zwei prominente Finanzsachverständige schon ihre Pläne für ein international geltendes Zahlungsmittel entworfen: Lord Keynes mit seinem ›Bancor‹, einem in seinem Wert eindeutig fixierten Geld, nach dem sich die Währungen aller Staaten ausrichten sollten. Ein Mechanismus sollte den Ausgleich der Zahlungsbilanzsalden der einzelnen Länder ermöglichen, ohne daß die Versendung von Gold notwendig würde, also eine Art Weltgeldunion, ein Währungsclearing, das den Ausgleich zwischen den Verpflichtungen der Länder in ›Bancor‹ schaffen sollte.

Im Gegensatz zu dem konkreten Bancor-Geld sollte durch die ›Unitas‹ von Harry O. White der internationale Ausgleich rechnerisch mit Hilfe einer ein für allemal festzusetzenden ideellen Geldeinheit über einen Stabilisierungsfonds (mit Hilfe von Einzahlungen in Gold, nationalem Geld und Staatsanleihen) erfolgen. Was aber dann, wenn irgendwann einmal die Gold- und Devisenreserven des Stabilisierungsfonds aufgebraucht sein könnten? Das war ein Haupteinwand. Dagegen stützte sich der Keynessche Plan gleichzeitig auf einen Warenindex, der die Möglichkeit geben sollte, den Geldwert jeweils den Veränderungen auf der Güterseite anzupassen.

Das Gold sollte also gewissermaßen in beiden Plänen nur noch im Hintergrund stehen als Grundlage einer rechnerischen Beziehung, bei der es keine feste Geldrelation darstellen sollte; denn niemand weiß, was auch der Goldpreis durch Marktvorgänge und Spekulationen – wie die Erfahrung zeigt – noch für Kapriolen machen könnte! Er hat ja zu den wirklichen Vorgängen der Produktion nicht die geringste Beziehung, ist also nur noch ein historisches Geldphantom. ›Das Gold‹ machte schon gleich seine Schwierigkeiten, weil einige Länder nicht geneigt waren, ›ihr‹ Gold anteilmäßig für den Stabilisierungsfonds zur Verfügung zu stellen. »Die Furcht, durch ein solches Abkommen könnte die Währungssouveränität der einzelnen Staaten allzu sehr eingeengt werden, ist weit verbreitet; einzelne Staaten haben außerdem Sonderwünsche, und die Angst vor dem wachsenden Einfluß der Gläubigerstaaten ist sehr groß.«[91] Das sind die Stichworte, die die Situation kennzeichnen, auch heute noch: Pochen auf Souveränität, Sonderwünsche und Mißtrauen, die politische Krankheit, das unverkennbare Konterfei des anachronistischen omnipotenten Einheitsstaates.

Die Verhandlungen in Bretton Woods begannen schon mit einem Kompromiß zwischen den beiden Plänen: zwar Einschränkung des Wirtschaftsliberalismus durch internationale Kooperation, aber unter »Beibehaltung der größtmöglichen Freiheit der einzelnen Staaten« mit dem Ziel, die wirtschaftlichen Schwierigkeiten der Mitgliedstaaten durch gegenseitige Stützung auszugleichen. Immerhin ein kleiner Schritt nach vorwärts aus purer Angst vor einem neuen Währungschaos und einer Weltkrise wie vor dem Zweiten Weltkrieg.

Um es kurz zu machen: Bretton Woods wurde zu einem gewissen Erfolg: Der Internationale Währungsfonds wurde gegründet und die Verpflichtung der Staaten festgelegt, jeder Einschränkung des gegenseitigen Zahlungsverkehrs und jeder Diskriminierung einer Währung entgegenzuarbeiten – also Abkehr von Devisenbewirtschaftung, von Autarkiebestrebungen und dem alten System, sich durch eigene Abwertung zu Lasten anderer Währungen Vorteile (im Export) zu verschaffen. Das Erstkapital von 8,8 Milliarden Dollar wurde zur Einzahlung in Quoten auf die Mitgliedstaaten aufgeteilt. Dazu kam ›die Internationale Bank für Wiederaufbau und Entwicklung‹, Weltbank genannt, die mit zehn Milliarden Dollar Kapital die Finanzierung von Großobjekten durch Ausgabe eigener Wertpapiere fördert (im Wochenausweis der Deutschen Bundesbank finden diese Geldbewegungen, soweit sie die Bundesrepublik Deutschland betreffen, ihren Niederschlag).

Die Sowjetunion hatte an den Beratungen und Beschlüssen teilgenommen, ratifizierte die Verträge aber nicht – die politische Melodie hatte bald danach andere Töne! Man sieht: Die Kompetenzen sind falsch geordnet, die Verantwortungen liegen falsch. »Sämtliche Länder ... haben in ihren Kassen Geld genug. Aber es besteht aus wertlosen Scheinen. Diese Zahlungsmittel, die ihre Eigenschaft als Tauschvermittler nur durch nationale Gesetze erhalten ... bleiben weiter der böse Dämon einer Welt, die nach Frieden, Ruhe, Klarheit und Wohlstand strebt. Die Welt ist weiter denn je davon entfernt, den Idealzustand zu erreichen, den der britische Außenminister Ernest Bevin (damals!) an die Wand malt: der Zustand, in dem jeder Angehörige irgendeines Staates der Erde an den Schalter seines Bahnhofs gehen kann, um sich eine Fahrkarte nach irgendeinem Platz der Welt zu lösen und diese Reise tatsächlich auch ohne sonderliche Schwierigkeiten des Geldwechsels, der Paßkontrolle und des Sichtvermerks ausführen kann.« Politiker als Währungsutopisten!

Das Währungswesen sollte nach dem Zweiten Weltkrieg von Grund aus geordnet werden. »Aber«, fährt Ritter fort, »bei dieser Absicht bleibt es. Sie wird überschattet von der Politik und der Wirtschaft. Es zeigt sich, daß die Menschheit in Gelddingen nichts oder nur Falsches gelernt hat. Die Politik dominiert, und in ihrem Fahrwasser geht die Wirtschaft den Weg von der ökonomischen Vernunft zu irrationalen Ideen in das politische Alltagsleben zurück.«[92] Was heißt ökonomische Vernunft da, wo die ökonomische Unvernunft das Geldsystem geschaffen hat und es so vernunftlos benutzt?

Zu diesem Alltagsleben gehört auch die Rückkehr zum Gold. Die Sowjetunion hat in Bretton Woods noch mit den Vereinigten Staaten zusammen durchgedrückt, daß dem Gold nicht nur die Rolle eines Ausgleichsmittels im internationalen Zahlungsverkehr zukommt, sondern daß »im Grunde der Goldstandard wieder eingeführt wird«; bald danach zog sie sich zurück. Die westliche Welt blieb in der Weltwährungsfrage auf sich gestellt und stützte die Weltwährung auf den Dollar, den man damit zur ›Leitwährung‹, zu einem ›Austausch-Bancor‹ gemacht hat. Seitdem ist die Dollarkrise der Mittelpunkt in den Diskussionen der obersten Zentralbankleitungen; die ›Dosierung der Inflation‹ der einzelnen Länder durch eine zentrale Liquiditätssteuerung für die Mitgliedstaaten von einem ›monetären Dach der Welt‹ aus spielt eine wichtige Rolle neben dem Gedanken regionaler Währungsblock-Bildungen, die das Ganze von unten stützen sollten, wie zum Beispiel eine stabile Europa-Währung.

Der Zweifel an der Allmacht des Dollars zwingt dazu, nach neuen Wegen zu suchen. Die Vorgänge nach dem Ersten Weltkrieg erfahren dabei eine neue Beleuchtung. Damals gab die Übermacht der Produktivität der amerikanischen Industrie dem amerikanischen Finanzkapital eine beherrschende Stellung. Die amerikanischen Banken konnten große Kredite an das Ausland geben, die den amerikanischen Export steigerten. Während in USA ein Prosperity-Taumel entstand und eine Spekulation, die an die Zeiten von John Law erinnerte, begannen in den anderen Ländern mit der Devisenbewirtschaftung die Autarkiebestrebungen, die in die Weltwirtschaftskrise, die Massenarbeitslosigkeit und damit in den politischen Umsturz und den Zweiten Weltkrieg führten.

Wohin geht diesmal die Reise, nachdem man sich der »amerikanischen Herausforderung«[93] bewußt geworden ist? Der europäische Ausverkauf durch die ungerechtfertigte Überbewertung und Sonderstellung des Dollars als internationale Kaufkraft geht weiter. Es hat sich das gleiche Übergewicht des US-Finanzkapitals herausgestellt wie damals, und heute wird es zudem noch künstlich durch das Abkommen von Bretton Woods gestützt.

In dieser Verwirrung gibt es eine verbreitete Stimmung, die wieder nach der Devise der alten Goldparität greift. Diesem in den Tresoren der Notenbanken ›verfaulenden‹ Reichtum der notleidenden Menschheit trauen manche noch mehr Verstand zu als den schon übergescheiten Geldwissenschaftlern und sich selbst. Die Golddeckung ist sozusagen der ›Abfall‹ aus der Zeit des Metallgeldes. Da liegt nun dieser ›Rest‹ in den Tresoren der Notenbanken. Niemand weiß eigentlich recht, welche Art von Geld dieses Gold ist. Soll man es als einen Rückfall in das Hortgeld betrachten, das Gerloff an den Anfang stellte? Da es genormte Goldbarren sind: Ist es eine Wiederholung des Rollen- oder Wiegegeldes der ägyptischen Zeit? Oder sind es eingeschmolzene Goldmünzen aus der hohen Zeit der Münzwährung? Oder ist es das einzige international stabile Zahlungsmittel – der Indexträger einer provisorischen Weltwährung –, das deswegen einen hohen Gebrauchswert hat, weil es für den internationalen Währungsausgleich, den Ausgleich des Handelsvolumens zwischen den nationalen Wirtschaften, kein anderes internationales Zahlungsmittel gibt?

Seit fast zwei Jahrhunderten bewegt die Frage der Goldparität die Gemüter. Mit den modernen Methoden der Goldgewinnung ist ein Goldstrom in die Geldwirtschaft der Welt hereingeflossen. Der Wert der gesamten Welt-Goldgewinnung seit Entdeckung Amerikas 1492 auf der Grundlage des amtlichen amerikanischen Goldpreises von 35 Dollar je Feinunze wird auf etwa 73 Milliarden Dollar geschätzt, davon entfällt ein Produktionswert von 55 Milliarden Dollar auf die letzten sechzig Jahre, und ein Goldschatz von 66 bis 67 Milliarden Dollar wird in der sogenannten freien Welt gehortet. Ende 1962 lagerte Gold für 41,4 Milliarden Dollar in den Tresoren der Zentralbanken, die private Goldhortung wird auf 13 bis 14 Milliarden Dollar geschätzt, etwa 12 bis 13 Milliarden sind in Schmuck- und Kunstgegenständen angelegt, industriell und zahnärztlich verbraucht oder bei Katastrophen untergegangen. Die jährliche Goldproduktion steigt durch verbesserte Gewinnungsmethoden und hat 1962 neunhundert Tonnen im Werte von 1,5 Milliarden Dollar betragen, während die Jahresproduktion von 1493 bis 1850 nur von 7,5 auf 22,5 Tonnen gestiegen war![94]

Da etwa sechzig Prozent des Goldes ›im Keller liegen‹ und in diesem Prozentsatz laufend den amtlichen Goldbeständen zugeführt werden, liegen gewaltige Schätze wirtschaftlich nicht nur brach; ihre laufende Gewinnung, ihre Wartung und Transporte binden große Kapitalien und verschlingen einen nicht unbeträchtlichen Teil der Arbeitskraft. Die Menschen, die damit ›ihr Brot‹ verdienen, daß sie ›Kellerwerte‹ schaffen, sind Sklaven der Gold-Phantasmagorie eines ›wissenschaftlichen‹ Zaubers, der das Unsoziale dieses offiziellen Gelddenkens offenbart. Aber das berührt die Notenbanken nicht, nachdem sich diese Goldschätze nun einmal routinemäßig in ihren Tresoren sammeln und sie des Denkens, wohin damit, entheben. Es berührt jedoch den einzelnen Menschen, zu dessen Lasten die unproduktive Arbeit geht; denn durch die weltwirtschaftliche Interdependenz muß er diese ›Goldlast‹ mittragen, wie versteckt sie auch immer in den Preisen, Einkommen, Steuern usw. sein mag.

Der nachdenkliche Bürger könnte auf den Gedanken kommen, den Notenbankpräsidenten eine Rationalisierung des Goldaustausches vorzuschlagen (die diesen allerdings nicht ganz fremd sein wird): Im Rahmen des internationalen Währungsausgleichs entstehen hohe Transport- und Versicherungskosten dadurch, daß laufend Mengen von Goldbarren von einer Zentralbank zur anderen, per Schiff, zu Land oder durch die Luft von Erdteil zu Erdteil transportiert werden müssen.

Eines Tages, so träumt dieser von Geldwissenschaft unbeleckte Bürger – es ist nur ein Traum! –, sind die Häupter der Währungsbanken übereingekommen, die Währungsreserven aller Nationen auf einem einsamen Atoll in der Südsee – sicher gegen Diebe à la Gebrüder Sasse – zu konzentrieren. Jede Nation errichtet dort einen Pavillon, um ›ihre‹ Goldbarren darin zu lagern. Ein automatisches Greifer- und Transportsystem gestattet, auf Kommando bestimmte Goldmengen aus einem Pavillon in einen anderen zu ›verschicken‹. Siehe da, die Notenbanken fanden – so träumt er – diese Regelung vernünftig und gingen darauf ein. Und da die Technik weit fortgeschritten war, wurden diese Kommandos jeweils durch Funksignale von den fernen Nationen erteilt und durch die Apparatur ausgeführt. An Ort und Stelle bedurfte es nur eines kleinen Trupps, um die Anlagen zu überwachen. Das funktionierte eine Zeitlang wunderbar. Aber die vulkanischen Gewalten in diesem Gebiet machten ihre Besitzrechte an diesen Goldschätzen geltend, und eines Tages versank das ganze Atoll in unberechenbare Tiefen mitsamt allen unersetzlichen Goldreserven der Welt.

Als nun die Führer der Nationen dieses Unglück vernahmen, wagten sie nicht, ihren Völkern zu sagen, daß ihr Gold-Idol für immer verloren sei, da sie fürchteten, ihre hohen Stellungen zu verlieren. So kamen sie überein, die Funksignale wie bisher in die Südsee zu schicken – und da sie ein ewiges Leben haben, funktioniert diese Golddeckung heute noch...

Zurück zur grauen Realität! »Während der Goldwährung waren die Zentralbanksysteme in ihrer Geldpolitik noch dem Gold – als der übergeordneten und objektiven Größe – verantwortlich; sobald aber die Goldwährung von der nominalistischen Währung abgelöst wurde, waren die Zentralbanksysteme zunächst nur sich selbst gegenüber verantwortlich. Die Währungspolitik wurde damit nicht mehr automatisch, sondern nach dem Willen des Zentralbanksystems geleitet. Die Zentralbanksysteme erhielten zwar einerseits freie Hand in der Gestaltung ihrer Kreditpolitik, um binnenwirtschaftliche Ziele zu erreichen, andererseits gerieten die Zentralbanksysteme in gegenseitige Abhängigkeit.« Dadurch entsteht eine irreparable Konfliktsituation: »Befindet sich die Zentralbank in einer derartigen Konfliktsituation, so fällt die Entscheidung immer zugunsten der binnenwirtschaftlichen Ziele (zum Beispiel Vollbeschäftigung, Stabilität des Binnenwertes der Währung) aus.«[95] Welche Folgen ergeben sich daraus?

Keynes, dessen Plan in Bretton Woods nicht durchkam, hat in einer Rede im Mai 1944 gesagt: »Statt den Grundsatz aufrechtzuerhalten, daß der *innere* Wert einer nationalen Währung dem gesetzlich vorgeschriebenen *äußeren* Wert angepaßt werden soll, sieht der Plan vor, daß der äußere Währungswert, falls notwendig, so geändert werden soll, daß er *jedwedem* inneren de-facto-Wert entspreche, der sich aus der *nationalen Wirtschaftspolitik* ergibt, welch letztere der Kritik des Währungsfonds nicht unterliegen soll. Es ist dem Fonds tatsächlich zur Pflicht gemacht worden, Wechselkursänderungen zu billigen, welche diese Wirkung haben. Daher stelle ich fest, daß diese Regeln das genaue Gegenteil des Goldstandards sind.«[96] Damit ist der Vorrang der nationalen Wirtschaftspolitik vor der weltwirtschaftlichen sanktioniert. Ob dieser Vorrang nicht grundsätzlich bestehe, darüber gehen die Meinungen schon auseinander. Die Verwirrung ist darin eine vollständige. Man hat aus der Tatsache der Weltwirtschaft nichts gelernt und auch nicht aus den bisherigen katastrophalen Prioritäten der nationalen Wirtschaftspolitik. Damit ist die Grundfrage gestellt, was Währung ist und wie sie zustande kommt.

4. Was ist Währung?

Ein alter Spruch sagt: eher geht die Wahrheit hervor aus dem Irrtum als aus der Verwirrung. – Keynes hatte die Goldwährung das »barbarische Überbleibsel des wirtschaftlichen Liberalismus« genannt; er wollte eine Gesamt-Vernunft erreichen durch eine Gesamt-Verantwortung der nationalen Währungen für eine internationale Währung – seine Welt-Geldunion für den ›Bancor‹.

Aber schon der Ausdruck ›Währung‹ ist, wie wir sahen, ein unklarer Begriff. Wenn Staaten sich in eine finanziell nicht mehr bewältigte Situation hineinmanövriert haben, werden sie immer technische Mittel finden, um ihre ›Blüten‹ als nichtkaufkräftiges Geld in Verkehr zu bringen, und die Notenbanken werden dann in staatlichem Auftrag weiter ihre »Währungspolitik des Als-ob« betreiben, indem sie mit ihrem Instrumentarium spekulative Eingriffe in das Geld- und Kreditvolumen vornehmen; und die Geldtheoretiker werden weiter bis zu Aristoteles zurückgreifen, um das Wesen des Geldes zu erklären. Hier feiert die Verwirrung Triumphe!

Der Grundirrtum der westlichen Geldwissenschaft beruht darauf, daß sie, wohl wissend, daß das Geldsystem in keiner Weise befriedigend funktioniert, doch die Theorie dieses Systems in diesem System selbst analytisch herauszufinden sucht; sie endet in Kritik, Kontroversen und Skeptizismus. Geldpolitik ist anstelle der Geldordnung zum Mittelpunkt der Wirtschaftspolitik geworden. Das »Magische Dreieck« von Preisstabilität, Wirtschaftswachstum und Vollbeschäftigung ist zum magischen Viereck erweitert worden, das außenwirtschaftliche Gleichgewicht kommt als besonders wichtig hinzu. Das Schema Seite 202/203 verdeutlicht die Unmöglichkeiten des Systems. Die Stabilisierung der Währung ist bei diesen divergierenden Kräften nicht möglich.

Das Wichtigste ist zunächst, daß man unterscheidet zwischen der Grundlage der Währung selbst und der Bildung der Preise.

Was ist Währung? Die Frage ist undeutlich gestellt. Die Währung ist erstens nicht identisch mit irgendeiner Geldsubstanz, auch nicht des Goldes, weil heute auch Gold selbst als Währungsmetall erst eine volkswirtschaftliche Bewertung erfahren müßte, wenn es als Beziehungsgröße für andere Werte oder internationale Währungen eine objektive internationale Wertgröße darstellen sollte. Das Gold wird aber der volkswirtschaftlichen Wertbildung entzogen, es wird ihm ein fiktiver Wert aus einem künstlichen Notenbankbedürfnis angedichtet. Der Goldpreis, der fortlaufend notiert wird, ist nur ein Scheinwert. Denn wenn man zu dem Ergebnis käme, daß man das ›faule‹ Gold in den Tresoren für die Ordnung der Währung gar nicht braucht, und wenn dann die Notenbanken ihr Gold ›losschlagen‹ müßten – wie würde sich wohl dann der Preis gestalten? Der Gedanke ist nicht zu Ende zu denken, denn diese Goldmengen könnten einem nützlichen Gebrauch über-

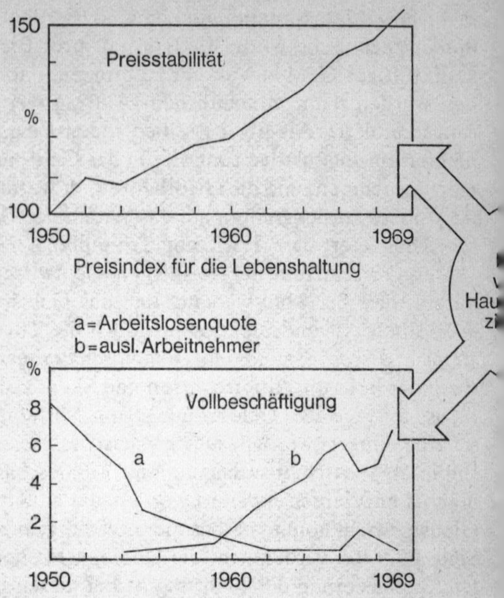

haupt nicht zugeführt werden. Man müßte sie als ›Kopfgeld‹ für Schmuck- (oder kultische?) Bedürfnisse verschenken, damit das Gold nicht neuen Unfug anrichten kann.

Das ist der erste Punkt: Währung hat mit Goldsubstanz ebensowenig zu tun wie das Papier der Banknote. Dies führt zur Frage nach dem Zusammenhang von Währung und Zeichenwert des Geldes. Der Zeichenwert der Geldzeichen ist bei allen 140 Währungen der Welt verschieden, aber jede Währung erhebt Anspruch darauf, ›Währung‹ zu sein. Diese Geldzeichen haben verschiedene Namen; gemeinsam ist ihnen, daß sie durch ihren Zahlenaufdruck gruppiert werden können. Auch für diese Zahlen gibt es keine absolute Basis.[98] Man könnte zwar eine gemeinsame Basis für alle Währungen wählen, aber man ist keineswegs gezwungen, dafür einen Goldstandard (wie zum Beispiel 1 Reichsmark = $^{1}/_{2799}$ kg Feingold) zu wählen. Ebensogut könnte man ›Weizen‹, ein Standardprodukt von Weltmaßstab, zu den auf den Noten stehenden Zahlen in eine Relation setzen (wie öfter vorgeschlagen wurde). Das

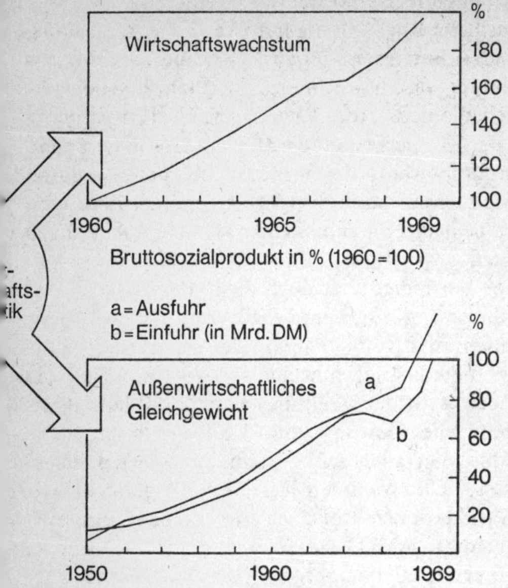

hätte auch nur ideelle Bedeutung, es würde nämlich eine bessere Beziehung zur menschlichen Existenzgrundlage bilden als das Gold. (Weizen kann man als Brot essen, Gold nicht; in der russischen Revolution hat einer den goldenen Pokal des letzten Zaren vergeblich gegen ein Brot zu tauschen versucht.)

Der zweite Punkt ist: Auch die Geldeinheit (ideelle Einheit) hat mit Währung unmittelbar nichts zu tun. Was ist also der Ursprung der Währung? Diese Frage lenkt den Blick auf die Produktionsmittel, die natürlichen: Grund und Boden, und die produzierten. – Wenn man die Urtatsache berücksichtigt, daß die natürlichen Produktionsmittel sich nicht verbrauchen, die produzierten dagegen im Produzieren sich verschleißen, dann muß dieses Urphänomen sein Gegenbild im Geld haben. Verschlissene oder veraltete, ausrangierte Produktionsmittel muß man volks- und geldwirtschaftlich ›ausbuchen‹; sie ›währen‹ in der Währung nur so lange, wie sie im Produktionsprozeß stehen; nur so lange stellen sie einen volkswirtschaftlichen Wert dar, der in der Währung seinen Bilanzposten hat. Fragt man also, was Währung *ist*, dann könnte man etwa sagen, daß sie die verschlüsselte volks- (oder welt-) wirtschaftliche Bilanz darstellt, deren unzählige Einzelposten ›das Geld‹ sind.

Jede wirtschaftliche Buchhaltung hat zwei Teile, die Bilanz, die die brauchbaren Betriebsmittel ausweist, und die Gewinn- und Verlustrechnung, durch welche sich die Bilanz erst beurteilen läßt. Dadurch allein, daß die Gewinn- und Verlustrechnung ›stimmt‹, kann sie gewissermaßen die Bilanzwerte ›bewahren‹, erhalten, nur dadurch ›währt‹ das, was das Unternehmen durch die Bilanz darstellt. Man kann also zu den beiden Aussagen hinzufügen: *Währung ist die Summe der wirtschaftlich tätigen Produktionsmittel.*

Diese Aussage befriedigt aber noch nicht, denn damit wird wohl für die meisten Leser nur eine vage Vorstellung verbunden sein, weil man im allgemeinen von dem, was eine Bilanz für ein Unternehmen aussagt, nur eine verschwommene Vorstellung hat. Doch wird der ›Geltungs‹wert der Bilanz deutlicher, wenn man die Gewinn- und Verlustrechnung hinzunimmt, aus der man auch sehen kann, *wie* gewirtschaftet worden ist, ob das Unternehmen in seiner Tätigkeit erfolgreich, ob die Produktionsmittel auch ihrer Zielsetzung entsprechend ›brauchbar‹ sind. Dieses Ziel ist die wirtschaftliche Fruchtbarkeit, der sozial berechtigte Vorteil als wirtschaftlicher Indikator, von dem die Rede war. Man wird der Gewinn- und Verlustrechnung entnehmen, ob die fach- und sachkundige Einrichtung der Produktion durch die Ertragsrechnung ihre Bestätigung gefunden hat.

Die Volks- und Weltwirtschaft ist – um das Bild ins Große fortzusetzen – die Summe alles dessen, was sich im gesamten sozialen Organismus in bezug auf Gütererzeugung und Güterverbrauch vollzieht. In diesem makro-ökonomischen Welt-Unternehmen sind auch die geistigen, die kulturellen, die volkspädagogischen Leistungen in *wirtschaftlichen* Werten ausdrückbar und tatsächlich enthalten; sie sind darin ›Gebrauchsware‹, wenn man die Wirtschaft durch den Tatbestand von Produktion und Konsumtion zusammengenommen definiert. Die Gewinn- und Verlustrechnung zeigt aber auch, ob das Unternehmen rationell oder unrationell, schlampig oder exakt arbeitet und ob es sinnvoll im Gesamtzusammenhang eingeordnet ist. Kurz, ob menschliche Vernunft sich im Unternehmen institutionell betätigt hat; ob man miteinander oder gegeneinander gearbeitet hat. Nur dadurch wird das, was in der

Bilanz steht, ›Währung‹, das heißt nur dadurch entsprechen die Einrichtungen den für sie eingesetzten Zahlenwerten. Übertragen auf die Währung heißt dies: *Währung wird erst durch die in den wirtschaftlichen und geldmäßigen Vorgängen sich realisierende Vernunft.*

Was dabei unter ›Vernunft‹ zu verstehen ist, gerade das wurde durch die Zusammenfügung organisch zueinandergehörender, das heißt polarer Vorgänge darzustellen versucht: Produktion, Zirkulation, Konsumtion; Wirtschaftsbereich, staatlicher Rechtsbereich, Kultur- und Geistesleben; Kaufgeld, Leihgeld, Schenkungsgeld. Man kann wirklich nicht sagen, daß diese polaren Gegen-Teile heute institutionell ›vernünftig‹ zugeordnet sind. Im Dualismus des Bankensystems, im Antagonismus von Gewerkschaften und Arbeitgebern, im Ungleichgewicht von Wirtschaft und Kulturleben, von Produktion und Konsumtion, in der Unordnung des Geldkreislaufs durch die ausschließliche Vermehrungstendenz des Geldes, in dem objekt- und subjektlosen Imperialismus des internationalen Finanzkapitals, in dem Wirrwarr der internationalen Handels- und Geldvorgänge – man könnte die Aufzählung lange fortsetzen – zeigt sich die *Unvernunft*, die sich in den gesellschaftlichen Einrichtungen, in den Währungskatastrophen und der säkularen Inflation offenbart.

Wenn der gesamte Wirtschaftsorganismus vernünftig eingerichtet wird, dann *hat* das Geld seine Stabilität durch die natürliche, die Nahrungsmittelproduktion; und diese Stabilität wird erhalten, wenn das Leihgeld sich abnutzt und institutionell in den Kulturbereich in dem Maße übergeleitet wird, wie die produzierten Produktionsmittel ihre wirtschaftliche Produktivität verlieren. *Dadurch bleibt die Währung konstant.*

Die andere Frage nach dem Geldwert ist nun auch leicht zu beantworten. Wenn die Währung stabil bleibt, drückt sich der Geldwert in der Kaufkraft des Geldes aus. Wird rationeller und mit kooperativem Minimalverlust gearbeitet, dann werden die Preise *sinken.* Sie werden weiter sinken durch technische Produktivitätsfortschritte, wenn nicht fortwährend an der Lohnschraube gedreht wird und wenn nicht auf der anderen Seite wirtschaftlich ›unproduktive‹ Aktienbesitzer ›ewige‹ Gewinne mitnehmen, die durch nichts als eine überholte Eigentumsordnung sanktioniert sind.

Und schließlich wird man jetzt überschauen können, daß diese Prozesse durch Leihkapital, durch Intelligenz, gefördert werden, wenn neue fortschrittliche Methoden gefunden werden. Dazu ist Sparkapital nötig. Das kann auf zweierlei Weise gebildet werden: durch Einsparung von Kaufgeld und durch Einsparung von Arbeit. Die Einsparung von Arbeit ist eine Funktion des Kapitals und der darin zum Zwecke der Arbeitseinsparung angewendeten Intelligenz. Die Intelligenz ist eine Leistung des Kultur- und Geisteslebens, das damit seinen Beitrag zum Geldwert leistet – und dafür in den Geldkreislauf eingeschaltet sein muß. Damit schließt sich der Gedankenkreis.

IX

Machen wir das Geld gesund!

Wer sind diese ›Wir‹? Die Wissenschaft fühlt sich in der Regel nur dazu berufen, Probleme zu untersuchen und Zusammenhänge darzustellen. Dann verabschiedet sie sich, sie geht nicht selbst auf die Barrikaden; sie überläßt es denen, die es angeht, die Konsequenzen zu ziehen. – Wen geht es an, wenn es sich darum handelt, das Geld gesund zu machen? ›Machen‹ hängt mit ›Macht‹ zusammen. Zwar geht es uns alle an, aber machen können es nur diejenigen, die dazu die Macht haben. Das ist die allgemeine Meinung, und für die meisten ist damit – der Fall erledigt; es war zwar interessant, was man über ein gesundes Geld und ein dadurch aufblühendes Kulturleben hat aufnehmen können; es ist alles ›sehr schön‹ und mag alles ›ganz richtig‹ sein, aber – machen? – das mögen die, die die Macht haben, der Staat und die Politiker und die Parteien und überhaupt: ›die Großen da oben‹. (Warum dies eine Illusion ist, braucht hier nicht erörtert zu werden: das Geld befindet sich, seit es profaniert wurde, in den Händen der Macht; da das Geld ein entscheidender Teil dieser Macht ist, wird die Macht es nicht freiwillig lassen. Die Geld-Macht am allerwenigsten.)

NOTWENDIG IST EINE STRATEGIE

Es wäre immerhin denkbar, daß ein Teil des ›Publikums‹ endlich sich der millionenfachen Ungerechtigkeit bewußt wird, die darin liegt, daß durch die einseitige Entwertung des Geldes die einen fortlaufend ›enterbt‹ werden, während die Eigentümer an Grund und Boden, an Produktionsmitteln und Gütern bekanntlich nicht nur nichts verloren haben, sondern fast automatisch reicher werden. Also es könnte sein, daß eine genügend große Anzahl Menschen dies merkt und die Bundesbank in Frankfurt zu belagern beschließt. Aktivisten könnte dies befriedigen. Der Erfolg wäre wohl – wie in andern Fällen – dieser: der Barrikadenkampf als einziges Mittel dieser Strategie würde vermutlich dazu führen, daß die Macht sich noch besser in ihren Festungen verbarrikadiert.

Man kann grob zwei Menschentypen unterscheiden: die einen, denen es auf Erkenntnis ankommt und die sich durch Erkenntnis befriedigt fühlen; und die andern, die vor allem handeln, konkrete Ziele im Ansturm erreichen wollen (denen diese strategischen Überlegungen schon viel zu lang sind). Zu kurz kommt dabei in der Regel das eigentlich Menschliche: das Aus-Erkenntnis-Handeln. Das Geld ist krank; das war das Generalthema dieses Buches. Gesundmachen sollen es die, die dazu die Macht haben, der Staat also und seine Repräsentanten, die (Partei-)Politiker. Aber gerade der Nur-Politiker steht vor dem Problem, das Geld heilzumachen, wie ein blutiger medizinischer Laie auf einem Schiff im Stillen Ozean vor einer notwendig gewordenen Blinddarmoperation am Schiffskapitän. Ist es der Blinddarm, ist es die Galle? Er ist weder Diagnostiker, noch kann er operieren: der arme Patient! Wenn der ›Nur-Politiker‹ am ›Nur-Geld‹ dennoch aus Verzweiflung zu operieren sich entschließt, so kann das nur schiefgehen!

DIE STRATEGIE DER WAHL: AUS ERKENNTNIS HANDELN!

Bleiben wir beim Bild der Krankheit im Blick auf das soziale Versagen des heutigen Geldwesens. Mit Krankheiten geht die Medizin auf zweierlei Weise um: Entweder sie weiß die Krankheitsursache und hat das Heilmittel – dann kann sie auch heilen. Oder sie weiß die Krankheitsursache nicht, dann hat sie ihre Palliativmittel zur Hand; mit diesen Linderungsmitteln versucht sie, quälende Krankheitserscheinungen zu ›verdecken‹ (*pallium* = Mantel). Sie kann damit einen Heilungsprozeß vortäuschen, denn die Natur hilft sich in den meisten Fällen selbst. Verglichen mit dem Arzt ist die Geldwissenschaft in einer übleren Lage; das kranke Geld kann nicht mit Palliativmitteln hingehalten und so von selbst gesund werden. Man pfuscht an den Symptomen herum, als ob man ewig in der (Geld-)Krise leben könnte! Was in diesem Buch zu entwickeln versucht wurde, könnte man – dem medizinischen Bild entsprechend – eine ›Ätiologie des kranken Geldes‹ nennen, das heißt (im Sinn der Medizin) eine ›Wissenschaft von den Krankheitsursachen‹ des Geldes. Als Heilmittel ergaben sich die drei Geldkategorien. Aber wer führt die ›Operation‹ durch, damit der Geldorganismus durch die Beseitigung seiner Wucherungen wirklich ein organisches Leben entfalten kann im Gleichgewicht seiner drei Geldfunktionen?

Die Sache fällt also auf uns selbst zurück mit der Frage: Wie kommt man aus richtiger Erkenntnis zum kollektiven Handeln? Gewiß muß eine differenzierte Theorie, die uns als aktive Mitwirkende, als Leidtragende der Geldkrankheit in den Mittelpunkt stellt, eine politische Strategie haben; aber wenn man mit diesem Wort an den parteipolitischen Parlamentarismus und den Kuhhandel der Interessen darin denkt, verfällt man in Resignation. Andererseits sind wir ohne eine politische Strategie ein wirkungsloser Haufen verärgerter Zeitgenossen; das ist das Dilemma der ›Als-ob-Demokratie‹. Wie ist es mit den Fachleuten, den Experten? Hat die Strategie in ihnen nicht ein wichtiges Ziel?

DIE STRATEGIE MUSS MIT DEM EIGENEN ›GEIST-KAPITAL‹ ARBEITEN

Das Geist-Kapital jeder Strategie ist die Erkenntnis der sozialen Gesetze. Die Aufgabe der Strategie ist es, die Wege (oder auch Umwege) zu konkreten sozialen Zielen (oder Teilzielen) zu bereiten. Hier heißt es, Schritt für Schritt an Terrain gewinnen! – Der Wille zum kollektiven Handeln ist die Macht des Geistkapitals; dabei begegnet dieser Wille der Barriere des ideologischen Gesellschaftsdenkens. Niemand aber kann gehindert werden, sich in bezug auf seine Einsicht in das Geldwesen selbst so ›fit‹ zu machen, daß er seine Erkenntnisse mit eigenen Argumenten auch gegenüber der Fachwelt mit Erfolg vertreten kann (die Experten müssen so von der Seite der Erfahrung *und* von der Seite der Erkenntnis der organischen Gesetze in ihrer Sicherheit erschüttert werden!). Es wird für eine Strategie des Erfolgs darauf ankommen, diejenigen zu sammeln, die auf diese Weise in die politische Arena zu treten vermögen, wo auch immer sich dafür eine Gelegenheit ergibt. Erst die umfassende Erkundung des strategischen Terrains gibt die Möglichkeit zum strategischen Vorstoß!

DIE STRATEGIE UND DER KAIROS

Alles Handeln im kleinen wie im großen steht unter dem Gesetz dessen, was die Griechen *kairos*, den rechten, günstigen Augenblick genannt haben. Für die politische Strategie wird das Planen zu einer Vorbereitung auf den Augenblick, der das erfolgreiche Eingreifen möglich macht; erfolgreich dadurch, daß es damit zur Einleitung einer evolutionären Wandlung der Dinge kommt. Von der ›Reife der Zeit‹ wird es wesentlich abhängen, ob eine Aktion im Vorstoß zu einem raschen Wandel führt (im Sinne des Wortes *kairos* zu einer entscheidenden Wende) oder ob keine andere Möglichkeit bleibt als der »lange Marsch durch die Institutionen«. – Als die Griechen den Begriff *kairos* prägten, waren indessen die Zeiten noch andere. Damals lag der Fortgang der Welt noch allein in den Händen der Götter, und das Bewußtsein der Menschen war der Schauplatz ihrer Taten. Das ist anders geworden.

Es ist die Aufgabe der Strategie, bewußt auf einen günstigen Zeitpunkt hinzuarbeiten oder seinen Eintritt herbeizuführen. Die Strategie kann auf die absolute Gewißheit bauen, daß ein solcher Zeitpunkt kommen muß, wenn es in der Welt weitergehen soll. Sie wird aber nicht damit rechnen können, daß dieser Zeitpunkt genutzt wird, wenn die Menschen nicht darauf vorbereitet sind. Kein *deus ex machina* rettet die Welt vor dem Untergang, wenn die Menschen nicht selbst wollen, daß die Menschheit als Kulturmenschheit weiter fortschreitet. Wir haben erkannt, wie sehr es von einer organischen Geldordnung abhängt, ob sich die Menschheit in ihrem jetzigen Kulturabstieg wieder fangen kann. Die Strategie braucht für ihre Ziele und Aufgaben die Organisation. Organisieren kann man alles; man braucht dazu keinen Geist. Es ist wichtig, daß es in diesem Falle nicht um die Organisation geht, sondern um den Geist, der sie braucht.

FREIRÄUME FÜR DAS GESPRÄCH

Indem man neue Organisationen schafft, läuft man Gefahr, als Organisation gegen Organisationen kämpfen zu müssen. Eine politische Strategie brauchte ideologiefreie Begegnungsräume, in welchen die sozialwissenschaftliche Erkenntnis mit der sozialen Erfahrung zu einer fruchtbaren Begegnung kommen kann. Dies müßte bewußt angestrebt werden, weil es das noch nicht gibt. Es kann sich dabei zeigen, auf wen es ankommt, damit ein entscheidender Augenblick herbeigeführt oder genutzt werden kann, um die Welt vorwärts zu bringen. Freie Gesprächsräume zu schaffen, ist die Kunst des Möglichen auch in einer politisch orientierten Strategie. Man kann das erforderliche Niveau im Rahmen der politischen Parteien nicht erwarten; niemand wird glauben, man könne eine Partei für eine organische Geldordnung – und was dazugehört – gewinnen oder neu gründen; man kann sich nicht auf das Parteiniveau begeben, aber man kann die Parteiideologie durch aktiven Geist ›verunsichern‹ – die andere Seite ist die Verunsicherung der etablierten Sozial- und Geldwissenschaft.

DIE STRATEGIE BEDARF DER ORGANISATION NACH BEIDEN RICHTUNGEN

Nach der einen Seite ist der wissenschaftliche Ausbau der Geldordnung und ihrer Voraussetzungen notwendig; nach der andern Seite muß man ›dem Volk‹, dem sozialen Wollen Raum geben, wo es nach sozialer Gerechtigkeit ruft. – Zwei Richtungen, zwei Organisationen wären nötig, die sich gegenseitig ergänzen und helfen: ein ideologiefreier, verantwortungsbewußter Kreis für alle geistigen Richtungen als ›Freiheitsraum der Gesellschaft‹ und ein ›Volksverband‹ (für die Neuordnung des Geldwesens) als Ort der sozialen Begegnung der Schichten. – Beides kann seinen Keim und seine Wurzeln nur finden in realem Geist und in konkreten Ansätzen, wie diesem hier, die versuchen, den Geist bis in die materiellen Dinge des Lebens (wie das allgegenwärtige Geld) hinein zu realisieren. Die Strategie hat die Aufgabe, Organisationsformen zu schaffen, in denen der Geist tätig werden kann, damit der rasante Abstieg der Kultur aufgefangen wird und ein neuer Kulturaufstieg beginnen kann.

Am Anfang steht die Verbreitung richtiger sozialer Gedanken.

X

Schwanengesang des Kapitalismus?

> ... wird aus dunklen Höhlen hervorgehen, was der ganzen menschlichen Gattung große Schmerzen, Gefahr und Tod bringen wird: Manchen von ihrem Gefolge wird es Genuß bereiten, doch wer nicht ihr Parteigänger ist, wird in Kümmerlichkeit und Not sterben ... wird sich vermehren, wird die Menschen mit sehr vielen Künsten, Trug und Verrat untereinander aufwiegeln. O ungeheuerstes Wesen! Um wieviel besser wäre es für die Menschen, wenn du zur Hölle zurückkehrtest.
>
> *Leonardo da Vinci*

Die Nationalökonomie ist eine von Pessimismus und Resignation durchtränkte Wissenschaft. Godwin nannte Malthus im Blick auf dessen Theorie von dem bleibenden Mißverhältnis zwischen Bevölkerungsvermehrung und Nahrungsspielraum »jenes schreckliche und schwarze Genie, das bereit ist, jede Hoffnung des Menschengeschlechtes auszulöschen«. Man könnte finden, daß ein noch viel düstereres Kapitel der Kapitalismus selbst ist; denn er müßte, wenn das imperialistische Finanzkapital nicht durch eine soziale Geldordnung gebändigt werden kann, schon in einem Menschenalter zum Kampf aller gegen alle führen, wofür es genug Anzeichen gibt.

Lord Keynes war durch die Kühnheit seiner Fragestellungen und durch die Unbestechlichkeit seines Urteils, vor allem aber durch sein geistiges Ringen um die Lösung des Rätsels des Kapitalismus eine äußerst sympathische Persönlichkeit. Der Baseler Nationalökonom Edgar Salin sagt über ihn: Das »Glück, für eine lange Zukunft die Bahnen des Denkens und Handelns abstecken zu können, war John Maynard Keynes versagt; als tragischer Mensch einer Endeswelt hat er nur mit dauernd verbesserten Mitteln dauernd stärkere Deiche gegen die Sturmflut zu errichten gesucht und hat sich ohne Glauben und ohne allzugroße Hoffnung in heroischem Skeptizismus verzehrt ... hinter tief-visionären Ausblicken steckt die tiefe Erschütterung des Engländers, der als erster erkennt ..., daß zu Versailles die Chance der Neugestaltung Europas in einem echten Frieden vertan ist... erst nachdem seine politischen Visionen Gestalt gewonnen haben, schafft er sich das analytische Werkzeug, um sie zu begründen. Daher sein unablässiges Ringen, daher ein häufiger Wechsel des Standpunktes, daher ein Hinausschleudern von Theorien, die wieder aufgegeben und durch ebensogut oder ebenso schlecht gesicherte ersetzt werden...«[100] Schwanengesang des Kapitalismus?

Dieser Kapitalismus erscheint uns wie ein Rätsel. »Es ist wahr, sie hat mehr Reichtum geschaffen als alle Wirtschaftsperioden vorher zusammen, aber sie muß in Krisen münden, die immer mehr von diesem Reichtum verschlingen. Es ist wahr, sie hat Lebensraum für mehr Menschen geschaffen, als jemals zuvor in den Ländern ihrer Herrschaft gelebt haben, aber sie muß verhängnisvollerweise nebenher Kräfte der Vernichtung entfesseln, die in grauenhafteren Katastrophen, als jemals die schwerste Sturmflut oder der fürchterlichste Vulkanausbruch herbeiführten, ungezählte Millionen unschuldiger Opfer dem gräßlichsten Tod ausliefern. Und es ist schließlich wahr, sie hat durch Herstellung der Internationalwirtschaft mehr dafür geleistet, die Völker zu verbinden und zum gegenseitigen Verständnis zu bringen, als irgend eine Periode vor ihr. Aber sie muß verhängnisvollerweise diese gleichen Völker in Kriegen von beispielloser Dauer, Wut und Zerstörung gegeneinander hetzen und sich aneinander verbluten lassen.«

Franz Oppenheimer formulierte dies vor etwa fünfzig Jahren. Als er 1937 im vierundsiebzigsten Jahre seines Lebens das Vorwort zu seiner großen Kritik am Marxismus schrieb, zu dem Buch, dem er wie Karl Marx den Titel *Das Kapital* gab, da zitierte er den Erzbischof Whately, der gesagt hatte, »daß selbst die Theoreme des Euklid angefochten werden würden, wenn einmal finanzielle und politische Interessen mit ihnen in Widerstreit geraten würden«. Irving Fischer, der auf geldwissenschaftlichem Gebiet einen bedeutenden Namen hat – so fügt er hinzu –, halte diesen Ausspruch für »kaum übertrieben«. Finanzielle und politische Interessen! Man muß darauf achten, was sich darin verbündet: Geld und Gewalt! Oppenheimers großer Vorläufer, Karl Marx, dessen *Kapital* nun wieder in neuen Auflagen erscheint, zitierte vor etwa hundert Jahren in diesem so umstrittenen Werk gegen Schluß auch den Ausspruch eines Zeitgenossen: »Kapital, sagt *Quarterly Reviewer*, flieht Tumult und Streit und ist ängstlicher Natur. Das ist sehr wahr, aber doch nicht die ganze Wahrheit. Das Kapital hat einen Horror vor Abwesenheit von Profit, oder sehr kleinem Profit, wie die Natur vor der Leere. Mit entsprechendem Profit wird Kapital kühn. Zehn Prozent sicher, und man kann es überall anwenden; zwanzig Prozent – es wird lebhaft; fünfzig Prozent – positiv waghalsig; für hundert Prozent stampft es alle menschlichen Gesetze unter seinen Fuß; dreihundert Prozent, und es existiert kein Verbrechen, das es nicht riskiert, selbst auf die Gefahr des Galgens. Wenn Tumult und Streit Profit bringen, wird es beide encouragieren. Beweis: Schmuggel und Sklavenhandel.«[101]

Instinktiv wissen wir das alles. Der tiefeingewurzelte Bürger in uns nimmt es hin – fatalistisch. Wo die Empörung dagegen die Überhand bekommt, wird die Fahne des Umsturzes ergriffen und der Marxismus zum Ideal erhoben; aber wohin der Staatskapitalismus führt, das hat das letzte halbe Jahrhundert auch gezeigt. Wir lesen bei Bernt Engelmann[102] (nach einer illustren Beleuchtung der großen Börse des legalen und illegalen Waffenhandels, der »Interarmco« des Mr. Cummings) über die Familie Trujillo mit ihrem Haupt, dem »blutigen Hektor«: die Trujillos waren es, die das kleine San Domingo mit 2,2 Milliarden Dollar ausgeplündert hatten, als sie vertrieben wurden, wobei sie »gründlich waren« in der wirtschaftlichen und physischen Vernichtung ihnen unliebsamer Personen: »Inzwischen sind die Trujillos wohlbehalten in Paris, Madrid und an der Riviera gelandet. Ihre Milliarden arbeiten gut verteilt, auch in der Bundesrepublik. Würdige Herren, die niemals eine wegen lumpiger tausend Dollar betriebene Folterung unter Anwendung hierzu besonders geeigneter tropischer Ameisen erlebt haben, geschweige denn dulden würden, hüten nun den Trujillo-Schatz in Aufsichtsräten und Konsortien zwischen Paris, Genf, Düsseldorf und Frankfurt. In spätestens zwanzig Jahren, wenn von den höchstens hundertzwanzigtausend Opfern der Trujillo-Herrschaft nur noch ein paar weiße Skelette im tropischen Sumpf übriggeblieben sind, werden die in Cannes, Lugano oder San Sebastian geborenen Trujillo-Töchter zu den allerbesten Partien des europäischen Geldadels zählen, und die Trujillo-Söhne, die dann in den Aufsichtsräten der großen Banken, Chemie- und Stahlkonzerne sitzen werden, mögen vielleicht mit leichtem Schaudern ihren Geschäftsfreunden bei einem Cocktail das Aktien-Portefeuille aus Menschenhaut zeigen, das ihnen Großpapa Hektor, Träger der Sonderstufe des Bundesverdienstkreuzes, hinterlassen hat – der liebe alte Barbar ...«

Oh, diese Schatzkammer, genannt Aktien-Portefeuille, ist ja so bequem gegen früher! Die Tresore der Banken sind mit allen Mitteln der modernen Technik verbarrikadiert, und gegen Revolutionen steht die Macht des Staates: brillante Journalistik und ein bißchen Gänsehaut für das bürgerliche Gemüt – und dann schütteln wir das alles wieder ab, um uns in den Konsum-Alltag zu stürzen, damit die Aktien Dividenden, Bonus und Gratisaktien bringen – in alle Ewigkeiten ... »Gerechtigkeit und Ungerechtigkeit, das sind nur Lumpereien.«

Was tun? Schwarmgeisterei ist zur Stelle; sie ersetzt exaktes kohärentes Denken durch den Überschwang, der alles mit dem Mechanismus eines systemimmanenten patentfähigen Programms lösen möchte, wo es nötig wäre, umfassend und revolutionär zu *denken* – während der bürgerliche Materialismus schöpferische Ideen mit seinen ›Tatsachen‹ ins Nichts katapultieren möchte. In Wirklichkeit hat die verformende geheime Macht der materialistischen Lebensform gerade die Denkfähigkeit für produktive Gedanken bereits ins Jenseits ›katapultiert‹; die den Ideen entgegenstehenden Tatsachen sind nur übermächtig, weil und solange sie die Denkkräfte fesseln und vergewaltigen:

»Nichts kann Schädlicheres und eines Philosophen Unwürdigeres sein als die pöbelhafte Berufung auf vorgeblich widerstreitende Erfahrung, die doch gar nicht vorhanden wäre, wenn jene Anstalten zur Zeit nach den Ideen getroffen würden, und an deren Statt nicht *rohe Begriffe*, eben darum, weil sie aus der Erfahrung geschöpft werden, alle gute Absicht vereitelt hätten« (Immanuel Kant).

Dieses Zitat möge zur Rechtfertigung dienen, wenn in dem Vorangehenden auch ein heller Schein des Kapitalismus und des Bankiers durchschimmerte, das Bild eines ›menschenfreundlichen‹ Kapitalismus, wie es sich unter Zugrundelegung der Ordnungsprinzipien für das Geldwesen ergibt. Wer diese Schilderung nach der eingangs erwähnten Methode des Diagonal-Lesens zufällig findet und liest, wird das Buch vielleicht gleich beiseite legen – eben weil er glaubt, seine Tatsachen dem entgegenhalten zu sollen; aber es ist ja in Wirklichkeit die hinter der ›Erfahrung‹ stehende Meinung, die zu Worte kommt; und nicht um Meinungen geht es, sondern um soziale Gesetze und geistige Kräfte. Wir brauchen auch die Erfahrung, aber nicht, um sie als grobes Geschütz zu benutzen und damit die Erkenntnis zu tyrannisieren!

Anstatt ›Geld und Gewalt‹ könnte man auch Kapitalismus und Staat sagen. Wenn sie zusammenkommen, hat die Freiheit ausgespielt. – Als Montesquieu mit dem unglücklichen John Law in Venedig freundschaftlich verkehrte, mögen in ihre Gespräche die Erfahrungen des Gescheiterten mit eingeflossen sein und beigetragen haben zu dem 1748 erschienenen Buch *Über den Geist der Gesetze*, an dem er, wie er sagte, zwanzig Jahre gearbeitet hat. Im Mittelpunkt steht dabei die Freiheit der Individuen, die er als ein absolutes Gut sowohl gegen die Despotie wie auch gegen die Anarchie verteidigen will, diese chaotischen Triebe, die aus der niederen Natur des Menschen aufsteigen; er betrachtet diese als das Böse, weil »nach ständiger Erfahrung jeder Mensch geneigt ist, die Gewalt, die er hat, zu mißbrauchen, bis er Schranken findet«; er erkennt auch, daß die Freiheit als solche noch nicht moralisch, aber die Voraussetzung jeder Moralität ist. Und nun soll dem Streben nach absoluter Gewalt und Eigenmacht gewissermaßen ein Riegel vorgeschoben werden in der gesellschaftlichen Struktur durch die *Teilung der Gewalten* in Legislative, Exekutive und richterliche Gewalt.

Warum Montesquieu gerade diese drei Aufgabenbereiche als die für eine Balance von der Sache her gegebenen ansieht, ist jetzt nicht wichtig, wichtig ist vielmehr ein bestimmter historischer Aspekt, der in einem inneren Zusammenhang mit dem Grundgedanken dieser Darstellung steht: Während vorher die Aufteilung der Gewalt in der Gesellschaft eine Frage der Gesellschaftsstruktur selbst war, so daß sich in mehr oder weniger hierarchischer Rangordnung die Einzelgewalten zur Gesamtgewalt der Gesellschaft steigerten – wobei die individuelle Freiheit im Sinne von sozialer Moralität überhaupt nicht zur Diskussion stehen konnte –, ist der Ansatz bei Montesquieu *die Gewalt selbst:* er spaltet sie gewissermaßen innerhalb der Rechtssphäre in drei ihrer Natur nach eigenständige Bereiche. – Diese Lehre gehört zu den bedeutendsten und erfolgreichsten Staatslehren. Montesquieu gründete sie auf die Natur des Menschen und die Sache selbst (natura rei), und er fand darin ein Urbild, in welchem die von ihm im Blick auf England – als die damalige Hochburg der Freiheit – gefundene zeitgemäße Form nur einen möglichen Anwendungsfall darstellt, der sich in dieser Weise aus dem damaligen noch aristokratischen Gesellschaftsaufbau ergab.

Durch die Entwicklung der demokratischen Gesellschaftsform ist die Gewaltenteilung nunmehr als Problem auf einer neuen und nun allgemeinen Ebene wieder neu präsent durch die Tyrannis der demokratischen Mehrheit. Aus dem demokratischen Parteienapparat ist ein dialektischer Umschlag in der Gewaltausübung hervorgegangen, vom Absolutismus zum ›Volk‹ – »alle Gewalt geht vom Volke aus« –, wobei am Wesen der Gewalt sich nichts geändert hat, als daß an die Stelle des einzelnen Machthabers trügerischerweise die Quantität gesetzt wurde. Es war eine Fata Morgana der individuellen Freiheit, denn nun bemächtigte sich das Geld, der Kapitalismus, dieser quantifizierten Machtform und schuf die wirtschaftliche und politische Über-Macht, die wir als die ›nackte‹ Macht erleben, so wie sie in den vorangestellten Sätzen von Egon Friedell unübertrefflich gezeichnet ist. Die Gewaltentrennung im Sinne Montesquieus hat sich gegenüber dieser Allianz von Geld und Macht als unwirksam erwiesen.

Die neue Idee ist die der polaren Gliederung des sozialen Organismus, durch welche das Gleichgewicht hergestellt wird, indem nicht nur *eine* Kraft – der omnipotente Staat – gesellschaftliche Macht hat, sondern drei Kräfte sich gegenseitig im Gleichgewicht halten – Wirtschaft, Staat und Kulturleben. Nachdem die historischen ›Stände‹ restlos aufgelöst sind, ist die pluralistische Gesellschaft ein neuer Anwendungsfall für die Idee der Gewaltenteilung, und die zeitgemäße Form ist die soziale Dreigliederung.

In dieser Gleichgewichtsform des sozialen Organismus kann Kapitalismus zum Ausdruck und Mittel für Verwirklichung der individuellen Freiheit durch Selbstbestimmung und Selbstverwaltung werden.

Die Summe der hier vorgetragenen Erkenntnisgrundlagen konzentriert sich auf den Satz: die Entelechie Geld ist die spirituelle Potenz der Individualität und ist als solche die »allen Individuen der bürgerlichen Gesellschaft inhärente Eigenschaft«. Aber erst durch die dreigliedrige Geldordnung und den Kreislauf des Geldes durch die drei Glieder des sozialen Organismus wird diese organische Erscheinungsform des Kapitalismus ein prägnantes Phänomen der individuellen Freiheit und der menschheitumspannenden Zukunftskultur – in einer neuen Form des Kapitalismus, in welcher die Banken und der Bankier eine völlig veränderte Rolle haben – ein hohes für das Wohl der Gesellschaft verantwortliches *Amt.*

Der heutige Kapitalismus ist das bösartige Zerrbild des

Kapitalismus der Zukunft, durch welchen der Mensch als Kulturträger heute noch gar nicht zu ermessende Möglichkeiten zur Selbst- und Kulturentfaltung haben kann. Man kann den Kapitalismus nicht einfach abschaffen wollen, indem man Kapitalbesitz und -verwendung ausmerzt; denn dann müßte man die individuelle Freiheit abschaffen. Die Resignation und der düster-visionäre Blick in die Zukunft – sie verschwinden, wenn man das *Wesen des Geldes* in seiner *dreigliedrigen Gestalt* und die damit verbundenen Konsequenzen durchschaut. Dann kann sogar aus der schwierigen Materie der Geldwissenschaft ein starker Zukunftsenthusiasmus erblühen.

XI
Epilog

> Wenn die Kultur ausartet, geht sie in eine weit bösartigere Verderbnis über, als die Barbarei je erfahren kann. Der sinnliche Mensch kann nicht tiefer als zum Tier herabstürzen; – fällt aber der aufgeklärte, so fällt er bis zum Teuflischen herab und treibt ein ruchloses Spiel mit dem Heiligsten der Menschheit.
>
> *Schiller, Briefe über die ästhetische Erziehung des Menschen*

Man dürfe einen Gegenstand nicht immer so erschöpfen, daß für den Leser nichts zu tun übrigbleibt, sagte Montesquieu. Dem Leser dieses Buches über die Heilung des kranken Geldes bleibt wahrlich viel zu tun übrig: seine Unvollständigkeiten kennt der Verfasser allzugut. Doch Vertrauen auf die Wirksamkeit von Gedanken ist ein schwacher Lichtschimmer von der anderen Seite. »Wird das nächste Kapitel der europäischen Kulturgeschichte die Geschichte dieses Lichtes sein?« fragt Egon Friedell am Schluß seiner Kulturgeschichte.

Die Erfolge der Eroberer und der Finanzgenies, der Millionäre und Milliardäre sind bei aller ihrer Macht über die Menschen nichts gegen die Wirkung, die ein einziger großer Gedanke ausübt, *wenn seine Zeit gekommen ist.* Er springt wie ein Funke in die Welt, verbreitet sich stetig und unwiderstehlich – mit der Kraft eines Elementarereignisses; nichts und niemand kann ihn mehr ungeschehen machen.

Die herrschende Geldwissenschaft kennt den Gedanken des Schenkungs- und Kulturgeldes nicht. Welch ein Glücksgefühl, dann in Zukunft wieder – wie in der hohen Zeit des Mittelalters – zu erwerben, um kultur- und geisterfüllt *zu leben*, anstatt nur zu leben, um zu *erwerben*! – Arme Millionäre! Am gesunden Geld scheiden sich die Geister. Oh, fluchwürdiger Hunger nach Geld – auri sacra fames.

Anmerkungen

1 Friedell, Egon; *Kulturgeschichte der Neuzeit*, Beck München, S.1033 ff
2 Die ›Geldmaschine‹ ist ein gängiger Begriff bei Geldtheoretikern; sie kann »außer Kontrolle geraten«; Theorien über Geldmenge und Umlaufgeschwindigkeit beherrschen das Feld, die Koryphäen wechseln alle zehn Jahre. Derzeitiger Star der Geldtheorie ist der USA-Professor Milton Friedman (Chicago) mit seinem Buch *The Optimum Quantity of Money*, Moderne Industrie München, 1970: ein »ökonomisches Modell, das mit Hilfe mehrerer Gleichungen das nominale und das reale Sozialprodukt, die Raten der Inflation und der Arbeitslosigkeit vorausberechnet«.
3 Olivecrona, Karl; *Ideologie und Realität des Geldes, Lunds Universitäts-Arsskrift*, Lund, Gleerup, Bd. 44, Nr. 6, 1948
4 Knapp, Georg Friedrich; *Staatliche Theorie des Geldes*, Duncker und Humblot München 1921, 3. Aufl.:
»... das Geld eines Staates wird nicht am allgemeinen Annahmezwang erkannt, sondern an der Annahme bei den öffentlichen Kassen; und die Währung wird nicht gewählt nach Eigenschaften der Metalle, sondern zu zweckmäßiger Einwirkung auf die Wechselkurse der handelspolitisch wichtigsten Nachbarn ... Ich habe mich genötigt gesehen, ... ganz und gar das Theoretische ... in den Vordergrund zu rücken. Dadurch gerate ich in Gefahr, den Monometallisten beider Richtungen gleichmäßig zu mißfallen, ganz zu schweigen von den Bimetallisten, die ebenfalls wenig befriedigt sein werden. Hingegen hoffe ich den Beifall und vielleicht den Beistand derjenigen zu finden, welche das Geldwesen, richtiger Zahlungswesen überhaupt als einen Zweig der Staatswissenschaft auffassen. Die Herleitung aus einer staatslosen Betrachtungseise halte ich für ganz veraltet, ja sogar für ganz verkehrt, so verbreitet diese Anschauungen noch immer sein mögen. Um alle Polemik zu vermeiden, habe ich jene Anschauungen stets als metallisch bezeichnet und bekämpfe also den Metallismus als solchen ...«
Diese Lehrmeinung ist zwar inzwischen bereits auch ›ganz veraltet‹, was nicht hindert, daß der Staat fälschlicherweise als die letzte Zuflucht für das kranke Geld angesehen wird.
5 Andreae, Wilhelm; *Das Geld*, Humboldt Stuttgart, S. 59
6 Olivecrona, a.a.O. S. 8
7 Olivecrona, a.a.O. S. 8
8 Olivecrona, a.a.O. S. 26

9 Simmel, Georg; *Philosophie des Geldes,* Duncker und Humblot München, 4. Aufl. 1958:
»Die Bedeutung des Geldes liegt darin, daß es fortgegeben wird. Sobald es ruht, ist es nicht mehr Geld seinem spezifischen Wert und Bedeutung nach. Es ist sozusagen actus purus. Es lebt in kontinuierlicher Selbstentäußerung aus jedem gegebenen Punkt heraus und bildet so den Gegenpol ›die direkte Verneinung jedes Für-sich-Seins‹.« (S. 87)

10 Schmölders, Günter; *Psychologie des Geldes,* Rowohlt 1966, S. 30f und Fußnote S. 31

11 Schneider, Erich; *Einführung in die Wirtschaftstheorie,* Mohr Tübingen 1965, S. 7
Böhler, Eugen; *Der Mythos in Wirtschaft und Wissenschaft,* Rombach Freiburg 1965, S. 20:
»Die Gründe für diese enttäuschenden Resultate der modernen Methoden sind vielfältig: Alle Modelle beruhen auf einer willkürlichen Auswahl von isolierten Tatbeständen, die als Hauptursache angesehen und zu einem geschlossenen System zusammengefaßt werden. Diese Annahmen sind offenbar in den Naturwissenschaften erlaubt. Die Erfahrungsobjekte der Geisteswissenschaften sind aber historische Prozesse, die einem festgesetzten Strukturwandel unterworfen sind. Die einzelnen Faktoren sind weder konstant, noch handelt es sich um ein geschlossenes System. Dieses wird vielmehr in die Wirklichkeit hineingedacht.«

12 Fischer-Lexikon: *Soziologie,* 1958, S. 316f

13 Samhaber, Ernst; *Das Geld, eine Kulturgeschichte*; Keysersche München 1964 und
Ascain, A. und J. M. Arnaud; *Geschichte des Geld- und Finanzwesens,* Rencontre Lausanne

14 Schacht, Joachim; *Die Totenmaske Gottes,* Müller Salzburg, S. 177f

15 Marx, Karl; *Nationalökonomie und Philosophie,* Kiepenheuer Köln 1950, S. 127ff

16 Hegel, Georg Wilhelm; *Realphilosophie 1*

17 Laum, Bernhard; *Heiliges Geld,* Mohr Tübingen 1924

18 Gerloff, Wilhelm; *Die Entstehung des Geldes und die Anfänge des Geldwesens;* Klostermann Frankfurt 1947

19 Helfferich, Karl – zitiert von Gerloff a.a.O., S. 25; s. dazu auch Andreae, a.a.O. S. 10f. In den zwanziger Jahren herrschte noch die Vorstellung, das Geld sei als Tauschgeld eine »Erfindung«, die sich durch Zerlegung des Tauschaktes in zwei Handlungen erklären lasse: Man tauscht überflüssiges Gut, das man hingeben will, nicht mehr unmittelbar gegen das begehrte, sondern schiebt ein Zwischentauschgut als Warengeld ein. So Friedrich von Wieser 1927: »Das Geld ist nach und nach ... zu seiner fertigen Gestalt emporgewachsen. Es ist dies so gekommen, daß dieser oder jener besonders findige Wirtschafter im einzelnen Falle die Vorteile erkannte, die er

davon hatte, wenn er seine Tauschabsicht in zwei Akte der Hingabe und der Erwerbung teilte, indem er sich damit behalf, ein Zwischengut einzuschieben, um dessen Gebrauch es ihm nicht zu tun war, sondern das er im ersten Akt nur entgegennahm, um es im zweiten wieder wegzugeben. Das Beispiel ... reizte zur Nachahmung. Diese findigen Wirte wurden die Führer für die anderen, die ihnen in der Verwendung des Geldes nachfolgten, bis die Massengewohnheit seiner Annahme gebildet war.«

Dazu sagt Andreae: »Man sieht: es handelt sich um die freie Erfindung eines geschichtlich in keiner Weise belegten, sondern aus Gründen wirtschaftlicher Zweckmäßigkeit abgeleiteten Vorganges, geradezu ein Schulbeispiel für die utilitaristisch-individualistische Wirtschaftslehre! Die Gefährlichkeit dieses Ansatzpunktes liegt in der Vermischung geschichtlicher und systematischer Momente. Denn geschichtliche Tatsache ist es, daß Güter unterschiedlicher Art, wie Opfergeräte, Werkzeuge, Stoffe, Schmuckstücke, Nahrungs- und Genußmittel unter zeitweiligem oder dauerndem Verlust ihrer Eigenschaften als ›reale‹ Bedarfsgüter die ›zirkulatorische Befriedigung‹, den Gelddienst, übernommen haben; aber ungeschichtlich ist die Unterstellung, daß das Geld als Tauschmittel entstanden sein müsse, weil dies dem systematischen Denken einer fortschrittsfreudigen Erklärung der Wirtschaftsgeschichte entspricht.« (a.a.O., S. 10f)

Die jüngere »universalistische« Auffassung des Geldes charakterisiert Andreae, indem er den auf Fichte fußenden Adam Müller zitiert: »Geld ist eine allen Individuen der bürgerlichen Gesellschaft inhärente Eigenschaft, was freilich nicht ausschließt, daß das in den Gesellschaftsgliedern keimhaft liegende Geld durch die wirtschaftende Gesellschaft zu den mannigfaltigen Geldformen der Vorgeschichte, Geschichte und Gegenwart erst ausgebildet werden mußte. Aber das geschah eben nicht abstrakt und systematisch nach der Zweckmäßigkeit des Tauschhandels, wie die Individualisten vermeinen, sondern aus der ganzheitlichen Fülle der im Keim geballten Kräfte gesellschaftlichen Seins, aus der gesellschaftlichen Dynamis des Geldes heraus, die sich zur Energeia wirtschaftlicher Handlungen entfaltete.« (a.a.O., S. 11f)

20 Ritter, Hugo; *Der Mensch und das Geld*, Goldmann München 1952, S. 32

21 Samhaber, a.a.O., S. 32ff

22 Im Gilgamesch-Epos (1854 auf Tontafeln ausgegraben) wird dem Namen »Gilgamesch« die Bezeichnung »Gott« vorangesetzt. Hatten die Griechen noch ihre »Halbgötter«, so heißt es von Gilgamesch: »Ein Drittel ist Mensch in Gilgamesch, zwei Drittel ist Gott.«

23 Bindel, Ernst; *Die ägyptischen Pyramiden*, Stuttgart 1932, S. 9

24 Samhaber, a.a.O., S. 32. Dazu aus Wooley, *Vor 5000 Jahren*. Die Ausgrabungen von Ur und die Geschichte der Sumerer, Stuttgart 1931, S. 78f:

»In den Archiven hat man Tausende von Tontafeln gefunden, die von den verschiedenen Beschäftigungsarten berichten, die in den Tempelbezirken ausgeübt worden sind. Die riesigen Mengen von Gütern, die man dem Gott als Opfergaben und Abgaben brachte und in seinen Lagerräumen aufstapelte, wurden den verschiedensten Zwecken zugeführt. Außer den Unterhaltungskosten, die in einer Gemeinschaft, die dem Tempel diente, unvermeidbar waren, gab es noch Ausgaben, die mit den Handelsinteressen des Gottes in Zusammenhang standen. Innerhalb der Tempelbezirke gab es regelrechte Fabriken, in denen die Frauen des Tempels arbeiteten: hier wurde die von den Bauern zugeführte rohe Wolle gesponnen und gewebt.« Darüber wurden die »Fabrikbücher« geführt: »Das war nichts anderes als eine monatliche Gewinn- und Verlustrechnung. Die Sumerer waren überhaupt in der Buchführung wie in allem sonst ein äußerst geschäftstüchtiges Volk« – ohne daß sie dazu Geld brauchten! Das Urbild des kommunistischen utopischen Ideals also!

»Die Tempel glichen weniger einer Kirche als vielmehr einem Kloster des Mittelalters, in dem man neben den religiösen Übungen auch gewerblichen Beschäftigungen aller Art oblag; und die Werkstätten und die Schulen waren von kaum geringerer Bedeutung als das Heiligtum selbst.«

25 Hahl, Willy; *Verhältnis zwischen Geschäftsbankensystem und Zentralbankensystem in verschiedenen Ländern;* Anton Hain, Meisenheim/Gl. 1962, S. 2

26 Krasensky; *Kurzgefaßte Bankgeschichte,* Poeschel Stuttgart 1968, S. 38f (Hervorhebung v. Verf.)

27 Nach Menz, Gertraud; *Das sowjetische Bankensystem,* Duncker und Humblot 1963, S. 54

28 Hahl, a.a.O., S. 10f

29 Hahl, a.a.O., S. 13

30 Hahl, a.a.O., S. 14

31 So Reinhold Veit, zitiert nach Hahl, a.a.O., S. 12

32 Wagemann, Ernst; *Narrenspiegel der Statistik,* Hanseatische Hamburg 1935, S. 3 und 5ff

33 Wagemann, a.a.O., S. 7

34 Wagemann, a.a.O., S. 6f

35 Friedell, a.a.O., S. 380

36 Ritter, a.a.O., S. 99f

37 Smith, Adam, in seinem berühmten Buch *An Inquiry into the Nature and Causes of the Wealth of Nations,* 1776. Die Erstauflage war in sechs Monaten ausverkauft; vier weitere Auflagen erschienen noch vor dem Tode des Verfassers. Der Egoismus, das Selbstinteresse in einer staatsfreien Wirtschaft sollte dazu führen, daß jede Hand schließlich doch das tut, was zum Wohl des Ganzen dient. Darin sah Smith die »prästabilierte Harmonie« in der Wirtschaft.

38 Der Merkantilismus wird bisweilen nach seinem französischen Repräsentanten Colbert, dem Minister Ludwigs XIV., auch Colbertismus genannt, der sagt: »Ist Geld im Lande, so bewirkt die allen Menschen gemeinsame Gewinnsucht, daß sie es umlaufen lassen (d.h. ihre Wirtschaftstätigkeit davon anregen lassen), und in diesem Geldumlauf findet der königliche Schatz seinen Anteil.«

39 Salin, Edgar; *Geschichte der Volkswirtschaftslehre*, Mohr Tübingen 1951, S. 55

40 Kerschhagl, Richard; *John Law.* Die Erfindung der modernen Banknote, Verlag des Notringes der wissenschaftlichen Verbände Österreichs, Wien 1956

41 Spann, Othmar; *Volkswirtschaftslehre*, Quelle & Meyer Leipzig 1928, 18. Aufl.

42 Physiokratische Schule, volkswirtschaftliche Lehrmeinung, die im Gegensatz zu ihrer Vorläuferin, dem Colbertismus oder Merkantilismus, die Quelle des Volksreichtums nicht im Außenhandel, sondern im Grund und Boden und in der Landwirtschaft erblickte.

43 Samhaber, a.a.O., S. 156

44 Ritter, a.a.O., S. 125

45 Marx, Karl; *Das Kapital*, Bd. I, II. Kap. S. 97, Fußnote 47, Dietz Berlin 1958

46 Andreae, a.a.O., S. 15

47 Andreae, a.a.O., S. 109 (Hervorhebungen v. Verf.)

48 Unter Sichteinlagen versteht man Einlagen, die fällig werden, wenn der Kunde »in Sicht« ist oder seine Anwesenheit durch Überweisungsauftrag oder Scheck indirekt dokumentiert. Sicht heißt also kurzfristig, täglich fällig, auch Giroeinlagen genannt; sie werden in manchen Ländern gar nicht, bei uns gering verzinst (Ende 1968 insgesamt rd. 50 Milliarden DM). Termineinlagen sind Liquiditätsreserven für bestimmte Termine (Ende 1968 etwa 21 Milliarden DM mit variabler Verzinsung): (Zinszahlungs-, Steuer- usf. Termine). Spareinlagen sind längerfristig angelegte Gelder zu höherem Zinsfuß (1968 etwa 165 Milliarden DM). Das gesamte Geldvolumen betrug bei rd. 32 Milliarden DM Notenumlauf Ende 1968 rd. 280 Milliarden DM; s. auch Wilhelm Seuss; *Das Buch vom Geld*, Herder Freiburg 1969. Die Mindestreservesätze sind gestaffelt: bei Sichtverbindlichkeiten darf die Bundesbank nicht über 30 Prozent, bei Termineinlagen nicht über 20 Prozent, bei Spareinlagen nicht über 10 Prozent der bei den einzelnen Banken eingelegten Beträge als Mindestreserven hinausgehen. Das gewogene Mittel bewegte sich von 1948 bis 1967 zwischen 7 und 12,3 Prozent (Könnecker, Wilhelm; *Die Deutsche Bundesbank*, Knapp Frankfurt 1967, S. 60)

49 Marbach, Fritz; *Die Kreditschöpfung der Handelsbanken und das Postulat der Verstaatlichung des Kredits*, veröffentlicht in der *Festgabe für Konrad Ilg* vom Schweizerischen Metall- und Uhrenarbeiterverband, Bern 1947

50 Neuerdings findet man in der Literatur auch die mathematische Ableitung dieses Ergebnisses, so in Obst-Hintner, »Geld-, Bank- und Börsenwesen«, 1967 (S. 43 ff); dazu wird ausgeführt:
»Auf der Basis einer Zentralbankgeldmenge von DM 1000,–, die dem Bankensektor zufließt, kann das *Bankensystem als Ganzes* unter den gegebenen Voraussetzungen bis zur *Höchstgrenze* von DM 10 000,– (ursprüngliches und abgeleitetes) Buchgeld schaffen. Es liegt auf der Hand, daß umgekehrt ein *Abzug* von *Zentralbankgeld* aus dem Kreditbankensystem in gleicher Weise eine *multiple Giralgeldvernichtung* auslöst. Diese Erkenntnis bietet den Ansatzpunkt für das Verständnis der Rolle, die einerseits die Zahlungssitten und andererseits die gesetzlichen Vorschriften über die Barreservehaltung der Geschäftsbanken für das Giralgeldvolumen spielen.«
Die daran anschließenden Ausführungen lassen das Dilemma dieser Pflichtguthabenregelung für die Geschäftsbanken (und damit die Wirklichkeitsfremdheit des Geldschöpfungsmechanismus den Bedürfnissen der Wirtschaft gegenüber) erkennen.
Marbach sagt dazu: »Wenn die Banken Kredit erteilen und damit den Kredit produzieren, so tun sie es letzten Endes also nur im Hinblick auf die Möglichkeit des Rückgriffs auf die zentrale Notenbank. Man geht in den Sonnenschein hinaus spazieren, aber man weiß, daß man den Regenschirm für alle Fälle bei sich hat. Dieser Regenschirm ist das Symbol der Nichtautonomie der dargelegten Kreditschöpfung.« a.a.O., S. 24 f

51 Könnecker, a.a.O., S. 56 f

52 Näheres siehe Menz, a.a.O., S. 131 ff

53 Nach Menz, a.a.O., S. 140

54 Nach Menz, a.a.O., S. 135

55 Formell ist erforderlich, daß der Wechsel enthält: a) im Wortlaut die Bezeichnung ›Wechsel‹; b) die zu zahlende Geldsumme; c) die Unterschrift des Ausstellers; d) Ort und Tag der Ausstellung; e) Namen oder Firma des »Bezogenen«, das ist: der zur Zahlung Verpflichtete; f) Namen oder Firma des Remittenten, das ist derjenige, an den oder an dessen »order« gezahlt werden soll.
Wenn der Wechsel vom Bezogenen durch Unterschrift angenommen ist oder »akzeptiert« wird, dann ist der »gezogene Wechsel« (oder »Tratte«) dadurch zum »Akzept« geworden. In der Vulgärsprache wird die Annahme des Wechsels als »Querschreiben« bezeichnet, weil der Bezogene seine Unterschrift quer auf die Vorderseite des Wechsels setzt.
Wird der Wechsel weitergegeben, sei es als Zahlungsmittel (wie Geld), sei es, daß er »diskontiert«, d. h. unter Abzug des Diskontes, des vorweg erhobenen Zinses für die Laufzeit des Wechsels – normalerweise 3 Monate –, verkauft wird, so unterschreibt ihn jeweils auch derjenige, der den Wechsel weitergibt oder »begibt«.

Der Wechsel wird so giriert oder indossiert (weil die Unterschrift auf die Rückseite des Wechsels gesetzt wird). Alle Personen, deren Unterschrift der Wechsel trägt, also auch die Giranten oder Indossanten, haften solidarisch für die Bezahlung des Wechsels. Für die Stelle, die den Wechsel diskontiert, Geschäftsbank oder zuletzt Notenbank, ist der Wechsel normalerweise ein risikoloses Zahlungsmittel, das so gut ist wie Bargeld. Im Gegensatz zum Akzept fehlt beim Sola-Wechsel die zweite Unterschrift. Der Wechsel ist dann die Kreditunterlage, mit der Firmen sich von ihrer Bank bisweilen auf vereinfachte und für den Gläubiger ebenso durch das Wechselrecht gesicherte Weise Kredit beschaffen können. Der Sola-Wechsel wird im Überseeverkehr nicht verwandt (daher »trockener Wechsel«). Das Reich und die Golddiskontbank bedienten sich des Sola-Wechsels zur kurzfristigen Kreditaufnahme.

56 Der Verkäufer der schwimmenden Ware übergibt dem Käufer gegen bar oder Wechsel das »indossierte Konnossement«, was dieselbe Wirkung hat wie die Übergabe der Ware.

57 Fehr, Hans; *Recht und Wirklichkeit*, Orell Füssli Zürich 1928, S. 106

58 *Der Große Brockhaus*, 1936

59 *Frankfurter Allgemeine Zeitung* vom 9. Januar 1970

60 Die drei Großaktionäre von Daimler-Benz: Flick 42, Deutsche Bank 27, Quandt 16 Prozent

61 Samhaber, a.a.O., S. 180f

62 So Hilferding, Rudolf; *Das Finanzkapital*, Europäische Frankfurt

63 Kohlhammer Stuttgart 1955, S. 148

64 Siehe auch *Macht des Eigentums*, vom Verfasser, Radius Stuttgart 1970, und Folkert Wilken, *Selbstgestaltung der Wirtschaft*, Die Kommenden Freiburg 1949

65 Siehe auch vom Verfasser *Das Eigentum an den Produktionsmitteln*, Institut für soziale Gegenwartsfragen e.V., Berlin, 1963

66 Marx, Karl; *Lohn, Preis und Profit*, Vortrag, Dietz Berlin 1948, S. 37

67 Spengler, Oswald; *Untergang des Abendlandes*, Beck München 1920, S. 612

68 *Grundlagen des Marxismus-Leninismus*, Dietz Berlin 1960, S. 90

69 Vergleiche vom Verfasser: *Der reine Staat*, Institut für soziale Gegenwartsfragen e.V., Berlin 1967

70 Siehe dazu Steiner, Rudolf; *Die Kernpunkte der sozialen Frage in den Lebensnotwendigkeiten der Gegenwart und Zukunft*, Steiner Dornach 1920. In dieser Veröffentlichung hat Steiner, als die zeitgemäße Lösung der sozialen Frage eine Gliederung des sozialen Organismus in die drei relativ autonomen Glieder des Wirtschaftslebens, des Rechtsstaates und des Kultur- und Geisteslebens dargestellt im Gegensatz zu dem sozialistischen Programm der Vergesellschaftung der Produktionsmittel. Das Buch enthält Vorschläge für

eine neue Eigentumsordnung und im Zusammenhang mit einer neuen Kapitalordnung Vorschläge für eine Wirtschaftsordnung, die Rudolf Steiner im Gegensatz zum planwirtschaftlichen Zentralismus und zur Konkurrenzwirtschaft eine assoziative Wirtschaftsform genannt hat.

71 *Von den Vorteilen der Errichtung einer Nationalbank*, zitiert von Andreae, a.a.O., S. 173

72 Schneider, a.a.O., S. 17 ff

73 Schneider, a.a.O., S. 63

74 Steiner, Rudolf; *Nationalökonomischer Kurs*, Dornach 1965, IV. Vortrag. In diesem Vortrag ist vor allem der für diese Arbeit so wichtige Zusammenhang von Geld und Geist in bezug auf den Wert des Geldes dargestellt. Dadurch, daß der Geist durch die Arbeitsteilung mit Hilfe der Rationalisierung der Arbeitsprozesse in den Wirtschaftsprozeß eingreift, erhält das Geld in seiner gegenwärtigen Gestalt als Papiergeld eine »individualistische« Geld-Substanz; erst wenn man diesen Gedankengang voll realisiert, gelingt der erkenntnismäßige Übergang vom Metallismus und Chartalismus des Geldes zum »substanzlosen« Geld. Das Geld verliert seinen Substanzwert damit erst vollständig und wird jetzt als »Zeichen für Geist« ganz in die Vollmacht des menschlichen Geistes gestellt, wobei die chartalische, die Rechtsfunktion keine Souveränitätsstellung mehr haben kann, wie sie Knapp glaubte begründen zu können, sondern nur noch eine ordnende, eine Hilfsfunktion, wenn auch eine unentbehrliche. Denn »ob einer ein Dummkopf ist und das Geld auf etwas, was sich nicht fruktifiziert, hinausschmeißt, oder in einer bestimmten Weise anwendet, das zeigt sich jetzt als ganz realer Wert des Geldes« (S. 51)

75 Näheres bei Haverbeck, Werner; *Das Ziel der Technik*, Walter Olten 1965, S. 55 f

76 Ritter, a.a.O., S. 15

77 Andreae, a.a.O., S. 50

78 Fischer-Lexikon, *Soziologie*, S. 248

79 Kruse, Alfred; *Geschichte der volkswirtschaftlichen Theorien*, Pflaum München 1948, S. 11

80 Wilken, a.a.O., im Kapitel »Wesen des Kapitals«, S. 160

81 Vergleiche Landmann, Julius; *Der kuriale Ursprung der hohen Finanz*, Vorträge aus dem Nachlaß, Schwabe Basel 1935

82 Näheres zum Begriff »assoziative Organe« in: *Macht des Eigentums*, a.a.O.

83 Im Jahr 1969 betrug die Sparleistung in der BRD 62,5 Milliarden DM (Spareinlagen, Anlagepapiere, Bausparbeiträge und Lebensversicherungen). Die Investitionen betrugen 146,9 Milliarden DM und im Durchschnitt der letzten zehn Jahre rd. 100 Milliarden DM. Da die investierten Eigenmittel auch in das Leihgeldgebiet gehören, aber nicht leicht schätzbar sind, läßt sich die Größenordnung

des aus dem Leihgeldgebiet in die pädagogische Provinz fließenden Stromes nur schwer überschauen. (aus: *Leistung in Zahlen*, Bundesministerium für Wirtschaft 1969, leider ohne Zahlen über den Erziehungs- und Kulturhaushalt von Bund und Ländern; schätzungsweise nur 25 bis 30 Milliarden DM). Man erkennt daran das Ungleichgewicht von Wirtschaft und Kulturleben.

84 Steiner, Rudolf; *Nationalökonomischer Kurs*, a.a.O. Dieses Beispiel ist dort näher ausgeführt. Im Vortrag XIII (S. 162ff) ist der Begriff der »ersparten Arbeit« erläutert, mit welchem es allein möglich ist, zu verstehen (und durch geeignete statistische und rechnerische Methoden auch genau zu verfolgen), wie ein organisches Gleichgewicht zwischen Warenproduktion und Warenkonsumtion oder zwischen Wirtschaftsleben und Kultur- und Geistesleben zustandekommen kann – das Gleichgewicht, das im organischen Geldprozeß der Tendenz nach gesucht wird. Die Krankheit des Geldes hat gerade darin ihr Hauptsymptom, daß es nicht zustande kommen kann.

85 Veit, Otto; *Die Welt unseres Geldes*, Knapp Frankfurt 1958, S. 28ff

86 Galbraith, J. K.; *Die moderne Industriegesellschaft*, Droemer München 1968

87 Bosch, Alfred und Veit, Reinhold, a.a.O., S. 95. Analysen und Postulate dieser Art führen zwar zu fachinternen Auseinandersetzungen, aber an den tieferen Ursachen vorbei, genau so wie das Postulat der Kommune von Paris, die Armut abzuschaffen. Dafür hat die unter dem Übergewicht des Anglo-Amerikanismus stehende Geldwissenschaft sich neuerdings ebenso eine eigene Sprache geschaffen wie die Medizin. Was hier versucht wurde, als irreparablen circulus verständlich zu machen, lautet dann so: »Die availability doctrine umfaßt ein heterogenes Bündel von strukturellen Voraussetzungen und theoretischen Begründungen. Teilweise widersprechen die Prämissen einander. Allen Hypothesen gemeinsam ist aber die heftige Opposition vieler Geldtheoretiker. Die bekannteste Hypothese ist der locking-in-effect... Für die Darstellung der theoretischen Wirkungsweise der Offenmarktpolitik wollen wir uns der Systematik von A. Lindbeck anschließen. Danach sind fünf Effekte zu unterscheiden: 1. der locking-in-effect, 2. der valeu-of-portfolio-effect, 3. der yield-differential-effect, 4. der expectional effect und 5. der credit risk bzw. credit rationing effect.«
Die »Geldpolitischen Strategien« und »Kontroversen« (Kapitelüberschriften) stehen im umgekehrten Verhältnis zum Effekt des Systems. So schreibt Bernhard Gaude (*Die Mechanismen der Zentralbankgeldschöpfung und ihre Kontrollierbarkeit durch die Zentralbank*, Duncker und Humblot Berlin 1969, S. 142) in einem ähnlichen Fachdialekt über das englische System der Notenbankstrategie: »Der ›Bank ratecum-open market mechanism‹ läuft wie folgt ab: Die Bank of England entzieht dem Geldmarkt durch

Offenmarktoperationen Zentralbankgeld. Dies führt zu einem Einlagenabzug bei den discount houses, die sich nun das benötigte Geld nicht mehr vom Markt borgen können, sondern die Bank of England als lender of last resort in Anspruch nehmen müssen. Damit der Diskontmechanismus nicht als generelle Umgehungsmöglichkeit der beabsichtigten Restriktionspolitik dient, wird die Bankrate stets über dem Marktzinssatz gehalten (penalty rate). Diese Zangenpolitik ist zwar geeignet, das Niveau der kurzfristigen Zinssätze zu beeinflussen, aber dennoch zeigt sich, daß die Refinanzierung der discount houses auf wöchentlicher und monatlicher Basis erheblich schwankt. Von einer präzisen Steuerung der Zentralbankgeldmenge kann auch in Großbritannien keine Rede sein.« »Mit Worten läßt sich trefflich streiten, mit Worten ein System bereiten...«

88 Noack, Ulrich; *Geist und Raum in der Geschichte*, Musterschmidt Göttingen 1961, S. 241

89 Kaum war vor einigen Jahren das vielbesprochene Hüttenwerk Rourkela in Indien angelaufen, als bereits Platinen in Südeuropa zu niedrigeren Preisen von dort angeboten wurden, als sie die deutschen Werke, die das Hüttenwerk errichtet hatten, herstellen könnte.

90 Steiner, Rudolf, a.a.O. Der erste Vortrag in dem angeführten Vortragszyklus über Nationalökonomie schließt mit dem Hinweis, daß die alten Staatsbegrenzungen in unheilvoller Weise eingreifen in den weltwirtschaftlichen Prozeß: »Die ganze Erde, als Wirtschaftsorganismus gedacht, ist der soziale Organismus... Das, womit Sie die einzelnen Staaten vergleichen können, sind höchstens die Zellen des Organismus... Das ist mit Händen zu greifen, seit wir Weltwirtschaft haben... Als Volkswirtschaftler brauchen wir schon ein Verständnis für den gesamten sozialen Organismus.« Ein Organismus kann nur seine eigene Existenz entfalten, wenn er Abstand, »Leere« um sich herum hat, wie dies bei den menschlichen Einzelorganismen der Fall ist. Das Prinzip der Arbeitsteilung hat vom allgemeinmenschlichen Entwicklungsstand eine menschheitliche Dimension. Wann werden die Staaten und die politische Ideologie das begreifen?

91 Ritter, a.a.O., S. 345

92 Ritter, a.a.O., S. 354f

93 Titel des bekannten Buches von Servan-Schreiber, Hoffmann und Campe Hamburg 1968. Franz Josef Strauß am Schluß seines Vorworts: »Wenn nichts dagegen unternommen wird, dann wird die dritte Weltmacht nach den Vereinigten Staaten und der Sowjetunion in fünfzehn Jahren nicht Europa, sondern die amerikanische Industrie in Europa sein.«

94 Bergemann, Ernst; *Gold gestern und heute*, Knapp Frankfurt, S. 46ff

95 Hahl, a.a.O., S. 14
96 Nach Andreae, a.a.O., S. 237
97 Nach einer Darstellung des Bundesministeriums für Wirtschaft in: *Leistung in Zahlen* 1969
98 Zur Frage der Wechselkurse: Die freien Wechselkurse waren es, die nach dem Ersten Weltkrieg zur Stagnation, zu den Autarkiebestrebungen und einem Rückgang der Weltwirtschaft geführt hatten, weil sich die Weltwirtschaft nicht erfolgreich auf den Moorboden spekulativer Wechselkurse gründen kann. Ursachen waren die Unordnung in den einzelstaatlichen Wirtschaften und die gewaltsamen politischen Eingriffe durch wechselnde Regierungen, die den Währungsuntergrund zu befestigen versuchten, während sie seine Tragfähigkeit durch politische, parteiliche und wirtschaftlich-utilitaristische Maßnahmen dauernd überbelasteten. Daran hat sich im Prinzip nichts geändert. Abgesehen davon, daß jede neue Regierung sich durch Geldausgeben Liebkind machen will und daß man schon aus Angst vor einer Rezession die Geldschleusen öffnet, weil keine Regierung sich Deflation und Arbeitslosigkeit leisten kann, ist es jetzt der selbstmörderische Kampf der Gewerkschaften und Arbeitgeber um ihr Prestige, der jede einzelstaatliche Stabilisierung der Preise verhindert (abgesehen von dem militärischen Rüstungsverschleiß). Dann kamen sie wieder, die Anhänger der flexiblen oder freien Wechselkurse, die glauben, daß das, was heute in den einzelstaatlichen Wirtschaften nicht geschieht, unter der Drohung des Währungsverfalls geschehen würde, ohne zu bedenken, daß damit die Unsicherheit wieder lähmend sich auf die internationalen Wirtschaftsbeziehungen legen müßte. Die Staaten aber werden sich nicht ändern, weil sie es in ihrer heutigen universalstaatlichen Form gar nicht können. Sie werden, dann, wenn ihre Wirtschaft durch die währungsmäßige Übermacht starker Wirtschaftsgebiete (wie die EWG!) ins Gedränge kommt, am Ende wieder mit Währungsmanipulationen zu retten suchen, was zu retten ist... Was ist für die Währungswissenschaft aber dafür der Ausweg? Der starke Mann! Der »Geldpolitische Zentralrat« soll die Vollbeschäftigung in allen Ländern gewährleisten, indem mit Hilfe der »Geldbedarfsrechnung« in Ländern mit niedrigeren Lohnkosten je Produkteinheit die Löhne via »›Wagedrift‹ auf die dem Weltpreisniveau entsprechende Höhe angehoben werden« – so Bosch und Veit (a.a.O., S. 97)
99 Herbert Gross hat dieses Wort *Geist-Kapital* als Titel seines bei Econ Düsseldorf 1970 erschienenen Buches gewählt; aber er hat darin nichts damit anfangen können.
100 Salin, a.a.O., S. 171 ff
101 Marx, Karl; *Das Kapital*, Fußnote 250, S. 801
102 Engelmann, Bernt; *Meine Freunde, die Millionäre*, Schneekluth, 10. Aufl. München 1967

ZUM THEMA

Der Mensch in der Gesellschaft
Die Dreigliederung des sozialen Organismus als Urbild und Aufgabe. Herausgegeben von Stefan Leber
191 Seiten, kartoniert
Inhalt: Demokratie als Problem (Christoph Lindenberg). Privatrecht - Öffentliches Recht - Strafrecht (Dietrich Spitta). Elemente einer sozialen Baukunst - Ein Beitrag zum Unternehmungsverständnis (Benediktus Hardorp). Die Zeit und ihre sozialen Forderungen (Wilhelm Schmundt). Das assoziative Wirtschaftsleben (Heinz Eckhoff). Die Problematik des modernen Wirtschaftslebens (Hartwig Wilken). Bemerkungen zu einer organischen Geldordnung (Hans Georg Schweppenhäuser). Neue Wirtschaftsordnung - Skizze der Assoziationen (Hans Georg Schweppenhäuser).

RUDOLF STEINER
Zur Dreigliederung des sozialen Organismus
Gesammelte Aufsätze 1919–1921. 2. Aufl., 147 Seiten, Taschenbuch
Inhalt: In Ausführung der Dreigliederung des sozialen Organismus (21 Aufsätze). Soziale Zukunft (4 Aufsätze).

RUDOLF STEINER
THEMENTASCHENBÜCHER
Band 8
Geschichtserkenntnis
Zur Symptomatologie der Geschichte. 6 Vorträge von Rudolf Steiner. Ausgew. und hrsg. von Christoph Lindenberg. 169 Seiten, Taschenbuch
Die Geschichtsbetrachtung Rudolf Steiners versteht die historischen Tatsachen als Symptome für einen Prozeß, aus dem die Entwicklungsimpulse der Menschen, ihres Lebens und ihrer Kultur hervorgehen, als Symptome der inneren Geschichte des individuellen Menschen, dessen Entwicklung mit der geistigen Führung der Menschheit verbunden ist.

Band 9
Wiederverkörperung
Zur Idee von Reinkarnation und Karma. 10 Vorträge von Rudolf Steiner. Ausgew. u. hrsg. von Clara Kreutzer. 214 S., Taschenbuch
Eine genaue, sachgemäße Betrachtung des menschlichen Daseins zeigt, daß der individuelle Mensch selbst Ursache für die Entwicklung seines Lebens ist. Der Ursprung sowohl seines Schicksals als auch der Fähigkeiten, durch die er auf sein Schicksal eingeht, liegen in ihm selbst, in den Handlungen und Erfahrungen seiner früheren Erdenleben.

ZIVILISATION DER ZUKUNFT

Arbeitsfelder der Anthroposophie

Herausgegeben
von Herbert Rieche und Wolfgang Schuchhardt

432 Seiten, Paperback

Die Leistungen anthroposophischer Einrichtungen auf den verschiedensten Gebieten finden heute steigendes öffentliches Interesse und wachsende Anerkennung. Dieser Sammelband trägt deshalb einem breiten Informationsbedürfnis Rechnung; er bietet eine umfassende Übersicht, die durch Beiträge kompetenter Fachautoren für die einzelnen Themen gegeben wird. Dabei zeigt sich Anthroposophie als ein Weg, der für die Zukunft wieder hoffen läßt, weil er in der Gegenwart bereits zahlreiche konkrete Realisierungen gezeigt hat.

Die Themen:
I. Aufgaben der Naturwissenschaft: Goetheanismus und Naturwissenschaft (Schad); Medizin (Schürholz); Pharmazie (Ulrich, Weber); Arzneimittelprüfung (Burkhardt); Landwirtschaft (Koepf); Wasserforschung (Schwenk).
II. Der Mensch und seine Bildung: Christentum (von Wistinghausen); Schulungsweg (Smit); Dramatische Kunst (Greiner); Eurythmie (Heidenreich); Kunstimpulse Mitteleuropas (Gerbert); Architektur (Raab); Kindergarten (von Kügelgen); Waldorfschulpädagogik (Lindenberg); Heilpädagogik (Müller-Wiedemann).
III. Geschichte und Sozialgestaltung: Geschichts- und Geisteswissenschaft (Tautz); Generationenprobleme (Schuchhardt); Geld und Bankwesen (Barkhoff); Europa (Schmidt-Brabant); Soziale Dreigliederung (Leber).

VERLAG URACHHAUS STUTTGART

Perspektiven der Anthroposophie

Erhard Fucke
Lernziel: Handeln können
Erfahrungen u. Überlegungen zu einem erweiterten Bildungskonzept.
Band 5501

Frans Carlgren
Erziehung zur Freiheit
Die Pädagogik Rudolf Steiners.
Berichte aus der internationalen Waldorfschulbewegung
Band 5502

Rudolf Frieling
Christentum und Islam
Der Geisteskampf um das Menschenbild.
Band 5503
Christentum und Wiederverkörperung
Band 5516

Rudolf Meyer
Die Weisheit der deutschen Volksmärchen.
Band 5505

Emil Bock
Wiederholte Erdenleben
Die Wiederverkörperungsidee der deutschen Geistesgeschichte
Band 5506

Karl König
Die ersten drei Jahre des Kindes
Erwerb des aufrechten Ganges
Erlernen der Muttersprache
Erwachen des Denkens
Band 5507

Johannes Hemleben
Das haben wir nicht gewollt
Sinn und Tragik der Naturwissenschaft
Band 5508

Perspektiven der Anthroposophie

Hermann Poppelbaum
Mensch und Tier
Fünf Einblicke in ihren Wesensunterschied
Band 5509

Friedrich Husemann
Vom Bild und Sinn des Todes
Geschichte, Physiologie und Psychologie des Todesproblems
Band 5510

Alfred Schütze
Das Rätsel des Bösen
Band 5511

Ehrenfried Pfeiffer/Erika Riese
Der erfreuliche Pflanzgarten
Anleitung zur Gartenpflege nach der biologisch-dynamischen Wirtschaftsweise
Band 5512

Walter Abendroth
Rudolf Steiner und die heutige Welt
Ein Beitrag zur Diskussion um die menschliche Zukunft
Band 5513

Walther Bühler
Nordlicht, Blitz und Regenbogen
Metamorphosen des Lichts
Band 5515

Friedrich Hiebel
Goethe.
Die Erhöhung des Menschen
Perspektiven einer morphologischen Lebensschau
Band 5517

Die Veränderung der Zukunft

Helmut Swoboda
Der Kampf gegen die Zukunft
Band 4004
Helmut Swoboda hat sich mit seinem Buch über Utopien einen Namen gemacht. Auch im vorliegenden Buch geht der Autor von der Utopie einer kreativen Gesellschaft aus, in der sich jeder entfalten kann. Dabei malt Swoboda nicht ein Schlaraffenland an die Wand, er geht viemehr in schriftstellerischer Detailarbeit an die Analyse unseres Alltags. Dabei kommt der Autor zum Schluß, daß wir uns durch eine »realistische« Lebensweise den Weg in die Zukunft selber verbauen. Auf der einen Seite halten wir an starren Strukturen fest, um andererseits den Fortschritt aus kurzfristigen Überlegungen immer weiter voranzutreiben. Bestehendes, das wir einst in bester Absicht geschaffen haben, verliert so seinen Sinn, wodurch auch die Zukunft immer sinnloser wird.

Wege aus der Wohlstandsfalle
Herausgegeben von H. Chr. Binswanger/Werner Geissberger/Theo Ginsburg
Band 4030
Die Ratlosigkeit der offiziellen Wirtschaftspolitik erfordert mutige und realisierbare Konzepte, die in Neuland vorstoßen. Solange die Alternative auf umweltschädigendes Wachstum *oder* Arbeitslosigkeit beschränkt wird, öffnet sich kein Weg aus der Wohlstandsfalle. Eine Strategie wie man Lebensqualität *und* Vollbeschäftigung erreichen kann, hat die Schweizer Gruppe für »**N**eue **A**nalysen **W**irtschaft **U**mwelt« (NAWU) entworfen. Dabei zeigt es sich immer mehr, daß unser Lebensstil überhaupt zur Diskussion steht. Wir müssen unsere Vorstellungen über die industrielle Massenproduktion, das Geld, die Eigentumsformen und unsere Art miteinander zu leben von Grund auf neu überdenken.

Fischer Taschenbuch Verlag

Lexika

Werner F. Bonin
Lexikon der Parapsychologie und ihrer Grenzgebiete
Band 4500

Der »Bonin« ist nicht nur eine Enzyklopädie, die für das Verständnis außersinnlicher Wahrnehmungen und verwandter Phänomene sowie bei der Lektüre parapsychologischer Bücher unentbehrlich ist. Er ist zugleich auch ein spannendes, reich illustriertes Lesebuch.

Jörg Krichbaum
Lexikon der Fotografen
Band 6418

Im Vorwort gibt der Autor einen Überblick über Grundlagen und Geschichte der Fotografie als Kunst. Der Lexikon-Teil enthält rund 500 Biographien, von den Fotopionieren um 1830 bis zu den schöpferischen Fotografen heute, und weiterführende Literaturangaben. Über 50 Fotobeispiele runden das Bild von der künstlerischen Fotografie, das in diesem Lexikon gezeigt wird, ab.

Frank Schoonmaker
Das Wein-Lexikon
Die Weine der Welt
Band 1872

Dieses Lexikon enthält über 2000 Stichwörter. Für jeden Freund des Weines erklärt es Fachausdrücke und Qualitätsbezeichnungen. Ratschläge für Lagerung und Servieren des Weins sowie Hinweise für Weinkauf machen das Wein-Lexikon zu einem nützlichen Ratgeber.